生鲜农产品冷链物流
管理决策与优化

陈久梅　但　斌　著

国家自然科学基金项目（71101159）
国家社会科学基金重大项目（15ZDB169）
重庆市自然科学基金面上项目（cstc2019jcyj-msxmX0569）　　资助
重庆工商大学科研平台开放基金项目（KFJJ2019036）

科　学　出　版　社

北　京

内 容 简 介

　　本书以生鲜农产品冷链物流为研究对象，构建生鲜农产品冷链物流服务商选择指标体系；建立基于熵权-模糊综合评价的生鲜农产品冷链物流服务质量评价模型；采用三阶段数据包络分析测算碳约束下生鲜农产品冷链物流效率；建立基于随机 Petri 网的生鲜农产品冷链物流配送流程优化模型；建立经典的、带时间窗的、考虑碳排放的生鲜农产品冷链物流配送路径优化问题数学模型，并设计高效的启发式求解算法。

　　本书适用于物流管理、物流工程、管理科学与工程、工商管理等经济管理专业教学、科研人员，也可供从事物流管理工作的政府经济部门和企事业单位管理人员阅读与参考。

图书在版编目（CIP）数据

　　生鲜农产品冷链物流管理决策与优化/陈久梅，但斌著. —北京：科学出版社，2023.2

　　ISBN 978-7-03-073472-3

　　Ⅰ．①生… Ⅱ．①陈… ②但… Ⅲ．①农产品－冷冻食品－物流管理－研究 Ⅳ．①F252.8

　　中国版本图书馆 CIP 数据核字（2022）第 193452 号

责任编辑：李　嘉／责任校对：贾娜娜
责任印制：赵　博／封面设计：有道设计

科学出版社 出版
北京东黄城根北街 16 号
邮政编码：100717
http://www.sciencep.com
北京建宏印刷有限公司印刷

科学出版社发行　各地新华书店经销
*
2023 年 2 月第 一 版　开本：720×1000　1/16
2025 年 2 月第四次印刷　印张：13 1/4
字数：264 000
定价：128.00 元
（如有印装质量问题，我社负责调换）

前　　言

随着社会经济的发展及人们消费能力的提高，生鲜农产品的需求量逐渐上涨、质量要求不断提高、品种需求日趋多样化。为了保证在运送过程中生鲜农产品安全与品质不受外部环境损害，减少农产品损耗，需要冷链物流来保护其鲜活特性。生鲜农产品冷链物流存在的成本高、配送效率低、碳排放量高等问题，成为生鲜农产品冷链物流发展的瓶颈。同时，实际物流活动受客户分布、送达时间要求、车流量、道路交通等诸多因素的影响，在实际操作中存在难以按时交货、配送绩效评价标准不明确、生鲜农产品损耗高等难题。在此背景下，如何运用科学方法进行生鲜农产品冷链物流管理决策与优化成为企业和学术界面临的重要课题。

本书基于生鲜农产品冷链物流国内外研究现状，针对生鲜农产品冷链物流存在的成本高、配送效率低及碳排放量高等问题，运用运筹学、可拓学、模糊集、三阶段数据包络分析、随机 Petri 网、智能优化算法等理论与方法，研究生鲜农产品冷链物流管理决策与优化中冷链物流服务商的选择、冷链物流服务质量、冷链物流效率评价、冷链物流配送流程及配送路径优化。

全书共六章。第 1 章为绪论，主要介绍研究背景及意义、研究现状及主要研究内容。第 2 章，介绍生鲜农产品冷链物流管理决策与优化所用到的基本理论，包括生鲜农产品冷链物流概述、服务商选择理论与方法、评价模型与方法、流程建模方法、路径优化求解算法。第 3 章，首先，在建立生鲜农产品第三方冷链物流服务商选择指标体系的基础上，运用粗糙集理论和区间直觉模糊集对指标体系进行约简，并以企业 Y 为例进行分析；其次，在分析生鲜电商冷链物流服务商服务能力影响因素的基础上，构建生鲜电商冷链物流服务商选择指标体系，分别基于下层可拓学和上层突变级数建立生鲜电商冷链物流服务商决策模型，并以 10 家物流服务商选择为例进行分析。第 4 章，首先，从服务接收方的角度，以顾客为导向对生鲜农产品冷链物流服务质量评价展开研究，构建基于熵权–模糊综合评价的生鲜农产品冷链物流服务质量评价模型，以邮政物流为例，在数据信度和效度检验的基础上进行案例研究；其次，基于物流经济学、效率相关理论，采用三阶段数据包络分析对碳约束下长江经济带 11 个省市生鲜农产品冷链物流效率进行测算，分析生鲜农产品冷链物流效率的投入和产出指标的合理性。同时利用 σ 收敛和 β 收敛分析生鲜农产品冷链物流效率的空间分布特征，根据实证结果对长江经济带不同地区生鲜农产品冷链物流发展提出政策建议。第 5 章，在分析生鲜农产品冷链物流配送流程的基础上，建立生鲜农产品冷链物流配送流程随机 Petri 网，据此对生鲜农产品冷链物流配送流程进行优化。第 6 章，针对经典生鲜农产品冷链物流配送路径优化问题、带时间窗的生鲜农产品冷链物流配送路径优化问题和考虑碳排放的生鲜农产品冷链物流配送路径优化问题，分别建立数学模型，并设计高效的启发式求解算法进行求解。第 1 章由陈久梅、但斌、毛国伟撰写，第 2 章由但斌、李俊撰写，第 3 章由陈久梅、吴汶书、朱丽婷撰写，第 4 章由但斌、向卓、原雅坤撰写，第 5 章由陈久梅、陈颢撰写，第 6 章由陈久梅、胡婷撰写。全书由陈久梅、但斌统稿。另外，熊一博、周楠、李英娟、魏芳鑫也参与了本书的研究工作，在此一并表示感谢。

本书是国家自然科学基金项目（71101159）、国家社会科学基金重大项目（15ZDB169）、重庆市自然科学基金面上项目（cstc2019jcyj-msxmX0569）和重庆工商大学科研平台开放基金项目（KFJJ2019036）部分研究成果的体现。本书的编写与出版得到科学出版社的大力支持和重庆工商大学管理科学与工程学院的资助，在此表示衷心感谢。

在本书撰写过程中，我们参考了大量国内外文献资料，在此向相关作者表示衷心感谢！

陈久梅　但　斌

2021 年 12 月于重庆

目　　录

第1章 绪 论

1.1 研究背景及意义

随着社会经济的发展及人们消费能力的提高,人们对生鲜农产品的需求量日益增加且购买渠道更加多样化。受 2020 年新冠疫情的影响,传统电商企业对生鲜农产品电子商务更加关注,生鲜电商成为企业间重要的新竞争领域。无论是传统的购买模式还是新兴的生鲜电商模式,生鲜农产品从产地到达最终顾客手中都须依赖高效的物流活动,且由于生鲜农产品在鲜活度、品类等方面的特殊要求,通常须采用冷链物流。中物联冷链委发布的《2020 年中国冷链物流百家重点企业分析报告》显示,2020 年我国冷链物流市场规模高达 3832 亿元,冷链需求总量增至 2.65 亿吨。近年来,政府相继出台一系列对生鲜农产品行业发展利好的政策,如《农业农村部办公厅关于做好"三农"领域补短板项目库建设工作的通知》《农业农村部 国家发展改革委 财政部 商务部关于实施"互联网+"农产品出村进城工程的指导意见》《关于开展首批国家骨干冷链物流基地建设工作的通知》等。这些政策的出台,推动了生鲜农产品产业发展,同时也促进了冷链物流的发展。

冷链物流作为发展生鲜农产品的重要基础,对乡村振兴战略的实施及产业升级都具有非常重要的意义。政府、企业对生鲜农产品冷链物流越来越重视,投入越来越大,有效推动了冷链物流产业的发展,冷链物流两端及流通环节的各类基础设施及服务能力有了较大的提高。由于生鲜农产品需求呈现"高鲜活度、多品类、小批量"的特性,给生鲜农产品冷链物流管理提出了更高的要求,生鲜农产品冷链物流环节存在的成本高、配送效率低、碳排放量高等问题,成为生鲜农产品冷链物流发展的瓶颈。同时,实际物流活动受客户分布、送达时间要求、车流量、道路交通等诸多因素的影响,在实际操作中存在难以按时交货、配送绩效评价标准不明确、生鲜农产品损耗高(陈军和但斌,2009)等难题。在此背景下,如何运用科学方法进行生鲜农产品冷链物流管理决策与优化成为企业和学术界面临的重要课题。

我国冷链基础设施的不断完善及冷链物流头部集聚效应的进一步提升为生鲜农产品冷链物流外包给第三方物流服务商提供了较好的基础。生鲜农产品参与企业如何选择第三方冷链物流服务商是重要的决策问题。生鲜农产品产地地理位置特殊、农产品易损等，使得生鲜农产品冷链物流配送流程更加复杂。针对配送流程进行优化，有利于提高物流效率、降低产品损耗、节约物流成本。此外，针对生鲜农产品具有品类多、订单时效性高、部分产品不能混装、需求量小等特点，考虑使用具有多隔室的车辆进行一次性配送，并考虑在时间窗、碳排放等约束条件下，优化其配送车辆路径，从而降低冷链配送成本、提高配送效率。

随着冷链物流的蓬勃发展，学者们关于生鲜农产品冷链物流取得了丰富的研究成果，但已有文献对生鲜农产品冷链物流服务商的选择、约束碳排放情况下对生鲜农产品冷链物流评价、生鲜农产品冷链物流配送流程优化、不同情形下生鲜农产品冷链物流配送车辆路径优化的研究较少。本书拟结合生鲜农产品冷链物流国内外研究现状，针对生鲜农产品冷链物流存在的成本高、配送效率低及碳排放量高等问题，运用图论、运筹学、网络分析、组合数学等理论，主要研究生鲜农产品冷链物流服务商选择、物流评价、配送流程优化和配送路径优化问题。

1.2 研 究 现 状

近年来有关生鲜农产品冷链物流的研究成为热点，研究成果丰富，学者们从不同方面对生鲜农产品冷链物流展开了研究。在此就本书涉及的生鲜农产品冷链物流服务商选择、物流评价、配送流程优化和配送路径优化四个方面进行综述。

1.2.1 生鲜农产品冷链物流服务商选择研究现状

乡村振兴、产业升级等的提出及新冠肺炎疫情等突发事件的发生，进一步促进了生鲜农产品冷链物流的发展。冷链物流企业不断提高自身物流实力，为生鲜农产品冷链物流服务商选择提供了较好基础。选择冷链物流服务商来对生鲜农产品进行配送，利用其专业化优势，降低运营成本。学者针对第三方冷链物流服务商及生鲜电商冷链物流服务商的选择展开了相应研究。

1. 第三方冷链物流服务商选择研究综述

随着对冷链物流研究越来越深入，一些学者对第三方冷链物流服务商选择展开了研究。崔伟（2010）基于冷链物流理论和供应链管理理论建立了以服务水平、软件水平和硬件水平为核心的冷链物流服务商评价指标体系，运用改进 BP（back propagation，反向传播）神经网络构建了第三方冷链物流服务商选择模型，并与未改进 BP 神经网络进行对比分析。吴汶书（2013）基于冷链物流的特点构建了第三方冷链物流服务商选择评价指标体系，利用网络分析法（analytic network process，ANP）建立各层指标非线性组合关系的多指标综合评价决策模型，使用 Super Decisions 软件选取权重排名前 5 的指标作为最终评价指标，运用案例验证了方法的正确性。周盛世等（2016）从物流服务收费、冷链技术水平等方面建立了第三方冷链物流服务商选择的指标体系，运用层次分析法（analytic hierarchy process，AHP）和 TOPSIS（technique for order preference by similarity to an ideal solution，逼近理想解排序法）法进行计算，并通过实例进行了分析。Singh 等（2018）建立了运输和仓储成本、物流基础设施和仓储设施、客户服务和可靠性、网络管理等十个指标，并用模糊层次分析法（fuzzy analytic hierarchy process，FAHP）对其进行排序，然后用模糊理想解法根据绩效选择最佳的第三方冷链物流服务商。Liao 等（2020）针对难以准确评估的定性标准及专家知识和认知的局限性所带来的不确定性，提出了一种基于累积前景理论的毕达哥拉斯模糊前景的权重确定方法。该方法的实用性在一个物流配送中心选择案例中得到了证实。王玖河等（2021）构建了考虑冷链物流服务商冷链能力和水平的冷链物流服务商评价指标体系，并提出一种在传统 BP 神经网络基础上融合粗糙集和粒子群优化（particle swarm optimization，PSO）算法的粗糙 PSO-BP 神经网络模型，以优化数据信息及神经网络权重，为冷链物流服务商选择提供了一种方法指导。Nguyen 等（2022）构建了基于服务水平、经济、环境和社会维度的第三方冷链物流服务商评估指标体系，提出一种整合灰色层次分析法（grey analytic hierarchy process，G-AHP）和灰色复合比例评价（grey complex proportional assessment，G-COPRAS）的评估方法以选择最合适的冷链物流服务商。

2. 生鲜电商冷链物流服务商选择研究综述

对生鲜电商而言，冷链物流服务具有非常重要的作用。因为冷链物流服务水平的高低在一定程度上影响了生鲜电商绩效（Wu et al.，2015）。赵欣（2017）运用层次分析法-灰色关联度分析法，构建了生鲜电商第三方物流服务商选择模型。目前，关于电子商务的第三方物流服务商选择的研究相对较多，但针对生鲜电商的第三方冷链物流服务商选择研究较少。Liu（2019）建立了基于信息化程度、产品质量及价格、服务质量、供货能力 4 个维度的生鲜电商冷链物流服务供应商选择指标体系，借助优化后的 TOPSIS 法，使用熵权法计算各项主观指标的熵权，之后重新算出所有主观和客观指标的权重，利用 TOPSIS 法的有理化排序进行选择。Guiyuan 和 Cho（2019）从生鲜电商冷链物流服务商的基本实力、新鲜运输能力、服务能力 3 个方面建立指标体系，采用 SPSS 软件进行因子分析，然后根据其得分进行选择。刘若阳等（2020）从经营能力、物流能力、服务收费、服务质量及发展能力 5 个维度构建生鲜电商冷链物流服务商选择的 21 个指标，运用三角模糊数改进 AHP-TOPSIS 评价模型，并实例验证合理性和有效性。Wang 等（2021）从经济能力、服务水平、环境、社会及风险等方面构建电商三方物流服务商评估指标体系，提出一种基于 FAHP 和模糊多准则妥协解排序法的集成决策模型。

1.2.2　生鲜农产品冷链物流评价研究现状

1. 生鲜农产品冷链物流服务质量评价研究综述

生鲜农产品冷链物流服务质量目前在学术界尚未有统一的概念界定，从企业角度来看，物流服务质量是企业根据物流运作规律所确定的物流工作的量化标准，而且更应该体现物流服务的顾客期望满足程度的高低。国内外学者对生鲜农产品冷链物流质量进行了相关研究。例如，侯杰玲和李林（2015）参考服务质量（service quality，SERVQUAL）模型与物流服务质量（logistics service quality，LSQ）模型，构建生鲜农产品冷链物流服务质量评价指标体系，采用模糊综合评价法对天猫商城生鲜农产品冷链物流服务质量进行分析。叶缘海（2017）借鉴 SERVQUAL 模型、LSQ 模型，构建了包括时间性、可靠性、信息性、灵活性、移情性 5 个维度 20 个具体指标的生鲜农产品冷链物流服务质量评价指标体系。邱斌（2017）建立了基于改进突变级数法（catastrophe progression method）的生鲜电商冷链物流服务质量评价模型，从可靠性、响应性、方便性、经济性和服务柔性 5 个维度构建了生鲜电商冷链物流服务质量评价指标体系，最后采用"京东生鲜"和"顺丰优选"的实例对所构建的评价模型进行实证研究。耿秀丽和谷玲玲（2020）针对生鲜冷链物流服务质量评价信息的高度冲突问题，使用改进的证据推理（evidence reasoning，ER）方法处理评估指标信息，并以某企业选择生鲜冷链物流服务提供商为例对方法进行了有效性分析。徐兰和唐倩（2022）针对断链而导致的冷链物流质量风险，设计了以质量价值流动为基础的冷链物流质量图解评审法（graphic evaluation and review technique，GERT）网络模型，识别出 3 个冷链物流质量管控的关键环节，提出针对性管控措施，并以质量管控关键点测度系数验证了措施的可行性和有效性。

2. 生鲜农产品冷链物流效率评价研究综述

生鲜农产品冷链物流效率是一个多维概念，目前学术界尚未有统一的概念界定。从企业角度来看，冷链物流效率是企业获得利润和投入成本之间的比较；从社会角度来看，冷链物流效率的衡量标准是以低成本提供高标准的冷链物流服务。Kayakutlu 和 Buyukozkan（2011）基于价值链视角构建了物流计划、物流运作、物流特性和物流目标 4 个维度的冷链物流效率评价指标体系，对第三方冷链物流企业的效率水平进行评价；Soysal 等（2014）基于生鲜农产品易腐坏性和冷链物流成本两个方面对生鲜农产品冷链物流效率的影响提出相关改进措施；胡滢（2015）基于绿色供应链角度，对我国鲜蔬鲜果冷链物流效率进行研究，发现运输损耗较高，并从政府、行业和企业 3 个方面为鲜蔬鲜果冷链物流的发展提出对策建议；赵英霞和赵艳盈（2016）指出，农产品物流效率是指农产品在生产和运输过程中的实际投入与实际产出之比；黄福华和蒋雪林（2017）从物流规模、物流损耗、物流费用和物流滞销 4 个方面构建了生鲜农产品冷链物流效率评价指标体系，以长沙生鲜农产品为研究样本，对其进行评价和影响因素分析；陈云和陈丹婷（2018）综合考虑运营效率、客户服务和质量保证 3 个因素构建冷链物流效率评价指标体系，以西南地区某公司为例进行实证分析；曹武军和郝涵星（2018）采用系统动力学建模仿真方法研究了冷链物流配送效率评估问题，通过实载率、流通损失率、准时交货率等关键指标的敏感性分析提出配送效率提升策略。当前尚未有相关文献对碳约束下生鲜农产品冷链物流效率进行研究，而在生鲜农产品冷链物流运作过程中，制冷需求不仅消耗大量能源，也排放大量的二氧化碳，加快全球变暖进程，因此，有必要在约束碳排放的条件下对生鲜农产品冷链物流效率加以研究。

1.2.3 生鲜农产品冷链物流配送流程优化研究现状

生鲜农产品商务活动的完成依赖于高效的冷链物流，高效的配送流程是提高配送效率的关键。由于生鲜农产品保质期短、产地地理位置较偏等，生鲜农产品冷链物流在业务流程上更加复杂，这难免导致业务流程对生鲜农产品冷链物流效率和质量产生负面影响。因此对生鲜农产品冷链物流配送流程优化研究对生鲜农产品冷链物流的发展具有重要意义。

1. 生鲜农产品冷链物流配送流程分析研究综述

现有研究大多针对普通物流的配送流程进行分析，王健（2007）分析了物流企业配送作业流程的订单处理、货物分拣、货物发运等环节，提出了流程再造方法；陈久梅（2004）根据第四方物流特征和基本功能，设计了"方案集成模式"

下第四方物流的业务流程；蒋丽等（2009）对车间内部配送流程进行了分析，建立模型并通过优化策略缩减了配送时间，解决了生产型企业的车间生产物流配送流程效率问题；Zhu 等（2014）通过 FlexSim 软件对蔬菜等类似产品的冷链物流配送中心的整体流程进行建模与仿真，然后分析输出数据，找出运作流程中存在问题的环节，进而对现有运作过程进行优化，提高其运作效率；王毓彬和雷怀英（2018）通过 AnyLogic 软件对果蔬类农产品冷链系统配送流程进行离散事件建模与仿真，模拟作业事件、农产品到达方式等关键变量对配送系统的影响，从而提出降低物流成本、优化农产品冷链物流配送系统的方案。

2. 生鲜农产品冷链物流配送流程随机 Petri 网建模研究综述

Petri 网理论是由德国科学家 Petri（1962）在其博士论文中提出的，经过后来的不断发展完善，已在很多学科中得到运用。众多学者为了解决复杂模型问题，在经典 Petri 网的基础上提出了广义随机 Petri 网、智能 Petri 网和将 Petri 网与智能算法相融合的优化 Petri 网等用于研究物流问题。例如，Viswanadham 和 Raghavan（2000）将广义随机 Petri 网用于物流的建模，将物流中解耦点位置问题转化为库存成本和延误成本最小问题，采用广义随机 Petri 网和排队网络相结合的方法进行求解。生鲜农产品冷链物流配送因其时间敏感性，适用于在经典 Petri 网基础上引入时间参数的随机 Petri 网方法来进行建模。Zuberek（1991）提出了时间 Petri 网概念，介绍了时间 Petri 网的基本定义、性质和构造方法，解决了模型构建过程中的时间问题。在冷链物流配送方面，孟钊（2015）运用随机时间 Petri 网理论对航空冷链物流流程建立模型，并结合具体公司的实际背景、实际情况与发展规律，提出现实可行的优化方案；张玮珏（2018）以某公司冷链配送流程为例，通过业务流程改进理论及 Petri 网方法找出影响当前流程效率的关键环节，提出了针对性的改进方案并证明了方案的有效性；Ouzayd 等（2018）以疫苗冷链物流配送流程为例，通过 Petri 网方法模拟和获取影响疫苗配送中心存储有效性的关键决策指标，为决策者提供依据。本书针对的是生鲜农产品冷链物流配送流程，相比于以上文献，本书研究内容将更深入、更具体。

3. 冷链物流配送流程的随机 Petri 网模型分析研究综述

李焰和郭俐虹（2010）运用 Petri 网对物流配送系统进行了建模，并利用状态方程和可达树方法对模型性能进行了分析。随着物流系统复杂程度的增长，问题复杂程度增大，学者针对物流业务流程研究使用了 Petri 网的延伸和拓展形式，并分析了改进的 Petri 网模型的自身性能。例如，Wang（1996）构建了面向对象的 Petri 网，该 Petri 网在用于复杂系统建模时简洁易懂，提高了系统建模的柔性。姚丹（2011）运用随机 Petri 网对物流业务流程模式进行了研究，对客户服务、物流配送和仓储管理过程进行建模，并进一步分析了模型性能。因生鲜农产品冷链物流在时间方面的高要求，适用于在经典 Petri 网基础上引入时间参数的随机 Petri 网方法来进行建模。王秀芬（2011）将随机时间 Petri 网用于冷链业务流程建模，并通过数学分析的方法对模型的结构和性能进行分析，找出其中的瓶颈环节，并对模型进行优化；Liu 等（2018）研究了基于 Petri 网物流配送流程建模方法的易腐品冷链物流风险管理问题，通过仿真实验验证了模型在易腐产品冷链物流流程中风险识别的有效性。虽然部分学者针对冷链物流随机 Petri 网模型进行了分析，但目前还未有针对生鲜农产品冷链物流的随机 Petri 网模型分析研究。

1.2.4　生鲜农产品冷链物流配送路径优化研究现状

为降低生鲜农产品供应链冷链物流成本，减少生鲜农产品在运输配送环节的损耗，国内外学者针对经典生鲜农产品冷链物流配送路径优化、带时间窗的生鲜农产品冷链物流配送路径优化和考虑碳排放的生鲜农产品冷链物流配送路径优化展开了研究。

1. 经典生鲜农产品冷链物流配送路径优化研究综述

针对生鲜农产品冷链配送路径问题，曹倩等（2015）以运输成本最小及顾客满意度最高为目标，通过引入惩罚函数对遗传算法（genetic algorithm，GA）进行改进，提高了生鲜农产品配送效率。Amorim 和 Almada（2014）研究了在不同配送环境与不同产品变质系数条件下生鲜农产品的新鲜度和配送成本，并使用多目标进化算法求解；邵举平等（2015）以总配送成本最小和顾客满意度最大为目标，建立生鲜农产品车辆路径优化模型，并使用改进 GA 求解；Devapriya 等（2016）以总配送费用最小为目标构建易腐品生产和配送协同优化模型，并使用进化算法求解；马雪丽等（2017）以利润最大为目标建立易腐品生产与配送协同优化模型，并使用改进的 GA 和随机模拟技术相结合的混合智能算法求解；张文峰和梁凯豪（2017）以农产品冷链物流网点建设与运营成本之和最小为目标构建车辆路径优化模型，并使用量子 PSO 算法求解；吴瑶等（2018）以总配送成本最小、交付产品的新鲜度最大为目标建立易腐品生产与配送协同优化模型，并使用基于双子串编码的带精英策略的非支配排序 GA 求解；范厚明等（2019）以冷链总成本最小为目标构建车辆路径优化模型，并使用蚁群算法（ant colony optimization，ACO）求解；李军涛等（2019）针对冷链物流配送系统中总成本较高及车辆有效利用率低的问题，在考虑拥堵指数的基础上，构建以包含碳排放在内的配送总成本最小化和客户满意度最大化为总目标的多车型路径优化模型，并采用自适应遗传模拟退火（simulated annealing，SA）算法求解；宁涛等（2022）针对生鲜农产品的新鲜度配送要求可能增加其冷链配送过程的碳排放量问题，提出在对碳税机制定量分析的基础上，建立以最小化碳排放量和最小化配送综合成本为目标的数学模型，综合分析物流配送中的产品配送量、配送时间及装卸货时间等常规因素，并使用一种改进的基于自适应旋转角的量子蚁群算法求解。这些文献从不同角度研究了生鲜农产品冷链配送，但均为单隔室问题，现实中多隔室配送路径与传统单隔室产品配送路径存在较大差异。

针对多隔室物流配送路径问题，Avella 等（2004）同时使用基于 C-W 节约算法的启发式算法和分支定价法求解多车型多隔室物流配送路径问题，并用 3 种车型共计 6 辆车设计实验；Muyldermans 和 Pang（2010）提出引导式邻域搜索元启发式算法，通过灵敏度分析并与单隔室配送比较，说明多隔室合并配送成本更优；Kaabi（2016）采用基于 GA 和迭代邻域搜索的混合元启发式算法求解带硬时间窗的多隔室物流配送路径问题；王茜等（2016）提出混合引导反应式禁忌搜索算法求解多车型多隔室物流配送路径问题。以上多隔室物流配送路径问题的研究文献主要集中在油品配送领域，同时考虑多隔室和生鲜农产品冷链物流配送路径优化的研究文献较少。

2. 带时间窗的生鲜农产品冷链物流配送路径优化研究综述

针对城市配送和交通运输中广泛存在的带时间窗车辆路径问题，Fathi 等（2016）通过元启发式算法来解决带时间窗的车辆路径问题，并与其他元启发式算法进行排序检验及事后检验；叶勇和张惠珍（2017）以城市物流配送与交通运输中的带时间窗的车辆路径问题为背景，以总运输成本最小为目标，使用狼群算法求解后的结果比常见的智能优化算法结果更稳定；戚远航等（2018）以车辆数和总行驶距离最小为目标，利用离散蝙蝠算法来求解带时间窗的车辆路径问题；Zhang等（2019）、Marinakis 等（2019）为寻求最佳路径规划，构建了以总运输成本最小为目标的数学模型，并设计了一系列算法求解带时间窗的车辆路径问题；刘春玲等（2019）为了保证冷链末端配送的时效性和充分利用社会闲散资源，以冷链众包物流配送总分担成本和客户满意度为优化目标，建立了基于众包模式下的冷链配送模型，通过配送方动态筛选与优化冷链配送任务有机融合，同时考虑客户服务时间窗要求，采用模糊机会策略，并利用进化算法的过程自适应性来调节交叉和变异概率，设计出一种改进的 GA 进行优化求解；王恒等（2019）为提高配送效率、降低配送成本、提高运输质量，综合考虑道路状况、生鲜损耗及时间窗等因素，构建包括时间窗惩罚成本的总成本函数和客户满意度函数的生鲜农产品冷链物流配送路径的多目标优化模型，并使用基于 SA 思想改进的自适应 GA 求解；姚源果和贺盛瑜（2019）为解决生鲜农产品冷链物流配送成本高、在途时间长等问题，考虑城市道路拥堵，基于实时路况信息分析农产品冷链物流配送的固定成本、运输成本、制冷成本、货损成本和惩罚成本等，建立了总成本最小化的配送路径优化数学模型，并提出在冷链配送中合理设置接驳点，建立了基于实时路况和接驳点的农产品冷链物流配送路径优化数学模型，并利用蚁群算法求解；陈久梅等（2021）以外卖配送中开放式带时间窗的车辆路径问题为背景，以配送总行驶成本最小为目标建立其数学模型，并使用变邻域搜索（variable neighborhood search，VNS）算法求解。

3. 考虑碳排放的生鲜农产品冷链物流配送路径优化研究综述

学者越来越多地关注考虑碳排放的车辆路径优化问题。段凤华和符卓（2015）阐述了考虑碳排放的异质车辆路径问题，并建立了问题的数学模型，采用混合邻域搜索禁忌搜索算法求解；张如云和刘清（2015）构建了综合考虑低碳、节能和成本节约的城市配送车辆路径问题模型（E-TDVRP），并设计了改进的 GA 进行求解；鲍春玲和张世斌（2018）构建了同时考虑客户时间窗和碳排放的路径优化模型，并采用启发式算法对其模型进行求解。

随着研究深入，学者们也将碳排放的研究纳入冷链物流路径优化当中，方文婷等（2019）将碳排放转化为绿色成本，建立以包括绿色成本在内的总成本最小为目标的冷链物流路径优化模型，并采用混合蚁群算法求解，但其碳排放成本未考虑制冷设备的因素；康凯等（2019）综合考虑配送车辆固定成本、运输成本、生鲜农产品的货损成本、制冷成本、在配送过程中产生的碳排放成本及时间惩罚成本，构建了考虑碳排放的生鲜农产品配送路径优化模型，并采用基于 2-opt 局部搜索机制的改进蚁群算法求解；王旭坪等（2019）提出了一种冷链多温车的碳排放计算方法，构建了考虑碳排放与时空距离的冷链配送路径优化模型，设计了一种两阶段启发式算法进行求解，构造多组算例验证了该算法的有效性；刘炎宝等（2019）针对生鲜农产品品质保障和低碳绿色物流的要求，在固定成本、燃油成本、时间窗惩罚成本的基础上增加新鲜度下降惩罚成本和碳排放成本，从而建立生鲜农产品冷链物流配送路径优化模型，结合 GA 全局搜索能力较强和禁忌搜索算法局部寻优能力较好的优势，设计基于禁忌搜索的改进 GA 对其求解；赵志学等（2020）针对目前研究冷链物流车辆路径问题多未考虑交通拥堵对运营成本的影响，将道路拥堵因素融入冷链物流绿色车辆路径优化数学模型中，兼顾经济成本和环境成本，在时变网络下综合考虑冷链物流中车辆管理成本、运输能耗成本、货损成本、制冷成本及客户需求时间窗的惩罚成本，同时引入运输和制冷过程中产生的碳排放成本，设计改进蚁群算法进行求解，用实例对模型和算法进行仿真；任腾等（2020）研究了车辆载重、客户满意度和冷链产品变质率影响下的低碳冷链车辆路径优化问题，并使用邻域搜索与传统蚁群算法结合的改进型蚁群算法对其进行求解；李军涛等（2021）以冷链物流配送路径为研究对象，建立基于碳排放量、配送总成本和客户满意度的多目标配送路径优化模型，并采用贴近实际的模糊时间窗配送方式和自适应灾变 GA，对冷链物流运输车辆路径规划和在实际配送中复杂路径问题下的多目标路径优化进行研究；Tao 等（2021）针对生鲜农产品冷链物流配送过程中大量碳排放问题对碳税机制进行分析，以碳排放成本和总成本最小为目标建立数学模型，并使用改进细菌觅食优化算法进行求解。

1.3 主要研究内容

本书主要针对生鲜农产品冷链物流管理决策和优化问题进行了研究。首先，针对生鲜农产品冷链物流管理决策性问题展开了研究，对生鲜电商冷链物流服务商选择问题进行了分析和研究，以满足生鲜农产品发展需要；其次，对生鲜农产品冷链物流服务商选择进行了研究，考虑到国际及我国近年来对碳排放的高度重视，本书对生鲜农产品冷链物流质量及碳排放约束条件下冷链物流效率评价进行了研究；再次，针对生鲜农产品冷链物流业务流程的复杂性及特殊性，对生鲜农产品冷链物流配送流程优化进行研究；最后，针对生鲜农产品特性、需求特点等因素，进行了多隔室车辆冷链物流配送路径优化研究。

第 1 章，绪论。作为本书的开篇之章，首先，对研究背景及意义进行了阐述；其次，基于生鲜农产品冷链物流，在服务商选择、物流评价、配送流程优化、配送路径优化四个方面对国内外研究现状进行了综述，并指出现有文献的不足及本书对研究问题的贡献；最后，阐述了本书的主要研究内容。

第 2 章，基本理论概述。对相关基本理论进行了详细的介绍，包括生鲜农产品冷链物流概述、服务商选择理论与方法、评价模型与方法、流程建模方法及路径优化求解算法。该章内容为后面的研究奠定了理论基础。

第 3 章，生鲜农产品冷链物流服务商选择。建立基于生鲜电商视角的冷链物流服务商选择指标评价体系，结合突变级数和可拓学方法建立生鲜电商物流服务商选择模型，并通过实际案例检验该评价指标体系及选择方法的有效性和合理性；建立了基于生鲜农产品视角的第三方冷链物流服务商选择评价指标体系，通过粗糙集对指标体系进行了优化处理，并使用粗糙集对优化后的指标确定权重，最后，使用区间直觉模糊法对第三方生鲜农产品冷链物流服务商进行排序和选择，并结合算例予以验证。

第 4 章，生鲜农产品冷链物流评价。首先，研究了物流服务质量对生鲜农产品冷链物流产生的影响，建立生鲜农产品冷链物流服务质量评价指标体系，并采用熵权–模糊综合评价（entropy weight-fuzzy comprehensive evaluation，EW-FCE）对评价指标进行评判。其次，采用三阶段数据包络分析（date envelopment analysis，DEA）方法，对碳约束下长江经济带 11 个省市生鲜农产品冷链物流效率进行测算，同时利用 σ 收敛和 β 收敛对其省际差异的空间收敛性进行分析。最后，根据实证结果对长江经济带生鲜农产品冷链物流发展提出政策建议。

第 5 章，生鲜农产品冷链物流配送流程优化。针对生鲜农产品冷链物流配送流程进行随机 Petri 网建模，并对模型进行结构和性能分析，找出流程中的瓶颈环节并进行针对性优化，最后对优化前后的情况进行对比分析。

第 6 章，生鲜农产品冷链物流配送路径优化。生鲜农产品配送路径问题是指在总成本最小的情况下，为及时将生鲜农产品配送给需求客户，构建满足约束条件的配送路径。本书针对生鲜农产品多隔室冷链配送中的车辆路径优化问题，以配送成本最小为目标函数，建立不同约束条件下多隔室生鲜农产品冷链物流配送路径优化问题的数学模型，并采用 PSO 算法、混合粒子群优化（hybrid particle swarm optimization，HPSO）算法、VNS 算法进行求解。然后通过实例验证该算法在解决配送路径优化问题时的优越性和稳定性，以期降低生鲜农产品配送成本，为生鲜农产品多隔室冷链配送问题提供理论指导。

第 2 章　基本理论概述

2.1　生鲜农产品冷链物流概述

2.1.1　生鲜农产品

生鲜农产品是指由农业从业人员生产的没有加工或者初级加工的、易腐易损的生鲜产品，主要包括新鲜果蔬（如叶子菜、薯类、玉米、葡萄、西瓜、香蕉、苹果等）、新鲜水产品（如鱼、虾、螃蟹等）、新鲜肉蛋奶、零售环节的加工延伸产品（如净菜、半成品和熟食）。

作为日常生活的必需品，生鲜农产品具有以下特点。

1. 易变质、易损耗

生鲜农产品对环境的要求较高且不同的生鲜农产品对环境的要求不同，具体要求有温度、湿度和气体浓度等。例如，苹果的储藏温度为$-1\sim0℃$，湿度为$85\%\sim95\%$，氧气含量为$2\%\sim4\%$，二氧化碳含量为$3\%\sim5\%$比较适宜；香蕉的储藏温度为$11\sim13℃$，湿度为$90\%\sim95\%$，氧气含量为$2\%\sim8\%$，二氧化碳含量为$2\%\sim5\%$比较适宜。在运输过程和流通过程中，环境条件往往达不到生鲜农产品的适宜储存要求，因此生鲜农产品容易变质和损耗，且随着时间的增加，生鲜农产品的新鲜度进一步下降，变质和损耗进一步增加。

2. 易污染

为了提高生鲜农产品的产量和质量，在养殖和培育环节存在大量使用农药和化肥的现象，造成生鲜农产品源头污染、农药残留和重金属含量超标等问题。另外，在流通过程中，生鲜农产品的包装非标准性，易造成串味和细菌滋生等问题，导致生鲜农产品质量下降。

3. 地域性、季节性

由于地理环境条件不同，地域与地域之间的生鲜农产品种类同样存在差异性，如"橘生淮南则为橘，生于淮北则为枳"（《晏子春秋》）。受季节更替的影响，生鲜农产品的产量和价格也会随着季节的变化呈现出周期性的变化，如玉米的生长周期为 100~120 天，适宜在每年的 4 月播种，8 月收获，因此在 8 月以后，市场中玉米的数量激增，价格相对较低，随着时间推移，市场中的玉米数量逐渐下降，价格逐渐上升。

2.1.2　冷链物流

冷链的概念最先由 Albert Barrier 和 Ruddich 于 1894 年提出，但最初没有受到重视，直到 20 世纪 40 年代随着制冷技术的进步才得以迅速发展。我国修订版的国家标准《物流术语》（GB/T 18354—2021）对冷链进行了定义："冷链（cold-chain）：根据物品特性，从生产到消费的过程中使物品始终处于保持其品质所需温度环境的物流技术与组织系统。"冷链物流是随着科学技术的进步、制冷技术的发展而建立起来的，是以冷冻工艺学为基础、以制冷技术为手段的低温物流过程。

1. 冷链物流的定义

目前国内外各界对于冷链物流的定义还未达成共识，日本《明镜国语辞典》定义冷链物流为"通过采用冷冻、冷藏、低温储存等方法，使鲜活食品、原料保持新鲜状态由生产者流通至消费者的系统"。2012 年实施的《冷链物流分类与基本要求》（GB/T 28577—2012）中提出冷链物流是"以冷冻工艺为基础、制冷技术为手段，使冷链物品从生产、流通、销售到消费者的各个环节中始终处于规定的温度下，以保证冷链物品质量，减少冷链物品损耗的物流活动"。我国在 2017 年 5 月发布的《冷链物流从业人员能力要求》中，定义冷链物流是"以冷冻或冷藏工艺为基础要求、制冷技术为基础手段的物流活动，其目的在于使产品从生产到销售的全部环节都能够处在适宜的温度下，以保证易腐品质量，并能够减少产品损耗"。

部分学者也对冷链物流提出了定义。鲍长生（2007）提出"冷链物流是指采用一定的技术手段，使生鲜食品在采收、加工、包装、储存、运输及销售的整个过程中，不间断地处于一定的适宜条件下，最大限度地保持生鲜食品质量的一整套综合设施和管理手段，这种由完全低温环境下的各种物流环节组成的物流体系称为冷链物流"。阎君（2007）提出冷链物流是"为保证易腐食品品质、减少食品损耗，使其从生产到消费的全程中，在规定的低温条件下流通的物流活动"。

综合以上各界学者对冷链物流的定义，笔者认为冷链物流是指为了最大限度地减少质量受温度影响较大的物品的损耗和满足客户需求，采用一定的温控技术手段，经过运输、仓储、包装、装卸搬运、流通加工、配送和物流信息处理等基本活动，将物品从供应地送达接收地的实体流动过程。

2. 冷链物流的服务对象

冷链物流的服务对象主要是冻结温度带和冷却温度带两类产品。冻结温度带产品主要包括市售的调理冷冻食品、冷冻肉禽类和冷冻饮品等，这类产品需要在−30℃以下进行快速冻结，然后在−18℃以下进行储藏、流通；冷却温度带产品主要包括冷藏保鲜肉禽类、蔬菜瓜果、低温保鲜奶制品和一些医疗药物等，这些物品根据品种的不同，通常需要在−15~−3℃的低温环境中进行加工处理及流通（杨博和赵刚，2005）。冷链服务对象按照原材料预加工的等级不同也可以分为初级农产品（包括水果、蔬菜、肉、禽、蛋，水产品，花卉等）、加工食品（包括速冻食品，禽、肉、水产等包装熟食，冰激凌和奶制品，快餐原料等）及特殊商品（包括低温保存的药品、血液制品、生物供体和化工用品等）。冷链物流的服务对象按需求量从大到小可分为四类，即果蔬等其他初级农产品、食材型肉禽类和水产类、乳制品和速冻食品类、医药类。冷链物流的服务对象按照附加值从小到大分类可分为七类，即果蔬等其他初级农产品、肉禽类和水产类、米面、乳制品、快消品、餐饮连锁、医药类。

3. 冷链物流的特点

由于冷链物流的要求较高，相应的管理和资金方面的投入也比普通的常温物流要大。冷链物流在整个操作过程中以保持一定的温度为核心，以保证易腐物品质量为目的，比一般常温物流要求更高，是一种比较特殊的物流模式。除了具有一般食品物流链的满足用户需求、增值性、交叉性等特点外，冷链物流还具有以下鲜明特点。

第一，商品全程温度控制。我们把冷链物流形容成一个由"线"连接起多个"节点"的链条，链条的末端是消费者。为保证商品品质及降低输送过程中的损耗，链条中的"线"与"节点"均需进行温度控制。例如，蔬菜从地里刚采摘下来，经过急速遇冷后放入冷藏库存放，使用冷藏车进行中长途运输，分送到各地批发市场冷藏库，从冷藏库配送到各卖场、超市及其他零售点，最后到消费者手中。在这样一个过程中，蔬菜的急速遇冷、冷藏库存放、冷藏车的运输、超市的展示柜均属在流通过程中的温度控制措施。在这一系列措施的保护下，蔬菜品质得以保证、寿命得以延长、损耗降低到最小，这使我们冬天吃到夏天才有的蔬菜、北方人吃到南方新鲜的水果。

第二，对冷链技术的要求较高。"冷链"一词充分体现了冷链物流的特殊性。为了确保易腐易变质品的质量和安全，更为了保障消费者的合法权益，要求冷链物流需要在一定的低温环境中进行运输和储存。因此，保持一定的低温环境成了冷链物流运作中的核心和基础，这就对冷链运输系统及库存储藏系统的技术水平有了较高的要求。

第三，品质的保证是冷链物流的灵魂。所有的温度控制措施及环节均为延长商品寿命及保证产品的品质服务。

第四，冷链过程中所包括的技术学科、行业跨度很大。从生物学、微生物学到制冷科学，从食品加工工艺到生鲜食品加工中心的规划设计，从农林牧渔业到信息产业。

第五，在供应链的环境下，冷链物流需求企业大多将冷链物流业务外包给第三方冷链物流服务商。由于冷藏冷冻品大多具有快速消费品的特性，更由于冷链物流基础设施设备投资金额巨大、投资回收期长等特点，冷链物流需求企业一般不会花太多的时间和费用来自营冷链物流业务，主要采用部分外包或全部外包的方法与第三方冷链物流服务商进行合作，以节约成本。

第六，与常温物流相比，除包括流通环节外，还包括加工生产环节。如果把冷链物流中的"线"定义为冷藏（冷冻）环境下的运输，则"节点"为各培育基地、生产基地、屠宰厂、制造工厂、生鲜食品加工中心、冷藏（冷冻）库、低温物流中心、卖场超市等贩卖点等，因此冷链物流的"节点"不仅是流通环节，还包括加工生产环节。

冷链物流的储存、加工包装、配送、流通等条件均与一般常温物流存在着很大的差异，所需配合的运送车辆及仓储设备也非常昂贵，因此需要大量的资金投入在冷冻、冷藏保温设备及周边配套设施上。此外，低温冷冻链体系的建立，除了要有节能的冷藏、冷冻库外，还需要有良好的管理及规范的操作，这样才能维护低温食品的质量，它是一个对资金、管理和技术都要求很高的产业。

另外，冷链物流在运营过程中，除了必须严格遵循常规物流系统的各种要求和其自身的特点之外，还应遵循以下五个条件，即 3C 原则、3P 原则、3T 原则、3Q 原则、3M 原则（秦瑶，2012）。各个原则的具体解释如下。

1）加工过程应遵循 3C、3P 原则

3C 原则是指冷却（chilling）、清洁（clean）、小心（care）。也就是说，要保证产品的清洁，不受污染；使产品尽快冷却下来或快速冻结，尽快地进入所要求的低温状态；在操作的全过程中要小心谨慎，避免产品受任何伤害。

3P 原则是指原料（products）、加工工艺（processing）、包装（package）。也就是说，要求被加工原料一定要用品质新鲜、不受污染的产品；采用合理的加工工艺；成品必须具有既符合健康卫生规范又不污染环境的包装。

2）贮运过程应遵循 3T 原则

3T 原则是指储藏和流通时间（time）、环境温度（temperature）、产品耐藏性（tolerance）。3T 原则反映了冷链食品对时间和温度的严格要求。冷链食品在流通过程中品质会随着时间和温度的变化而变化，冷链物流配送的货物种类繁多，因此对不同种类的产品和品种相同、品质不同的货物都应有对应的温度控制和储藏时间的要求。

3）整个冷链过程应遵循 3Q、3M 原则

3Q 原则，即冷链中设备的数量（quantity）协调、设备的质量（quality）标准的一致，以及快速的（quick）作业组织。冷链中设备数量（能力）和质量标准的协调能够保证农产品总是处在适宜的环境（温度、湿度、气体成分、卫生、包装）之中，并能提高各项设备的利用率。因此，要求产销部门的预冷站、各种冷库、运输工具等，都要按照农产品物流的客观需要，互相协调发展。快速的作业组织则是指加工部门的生产过程，经营者的货源组织，运输部门的车辆准备与途中服务、换装作业的衔接，销售部门的库容准备等均应快速组织并协调配合。3Q 原则十分重要，并具有实际指导意义。例如，冷链中各环节的温度标准若不统一，则会导致食品品质极大地下降。这是因为在常温中暴露 1 小时的食品，其质量损失可能相当于在−20℃下贮存半年的质量损失量。因此，对冷链各接口的管理与协调是非常重要的。

3M 原则，即保鲜工具与手段（means）、保鲜方法（methods）和管理措施（management）。在冷链中所使用的贮运工具及保鲜方法要符合农产品的特性，并能保证既经济又取得最佳的保鲜效果；同时，要有相应的管理机构和行之有效的管理措施，以保证冷链协调、有序、高效地运转。

4. 冷链物流流程

冷链物流是对温度和时间敏感产品在特定低温下进行生产加工、储存、运输、配送和销售等的一系列物流过程，可以概括为冷链加工、冷链储藏、冷链运输和配送、冷链销售四个环节。图 2.1 为冷链物流流程图。冷链物流是一项系统工程，兼顾各个环节，其目标在于在尽可能短的时间内将特定产品安全地保质地送达最终使用者。

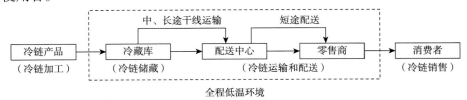

图 2.1　冷链物流流程图

冷链加工包括屠宰后的肉类食品的冷却与冻结，采摘后的蔬菜、瓜果的预冷保鲜，以及低温条件下各种速冻食品、奶制品和禽蛋类的加工过程，此过程运用的是各种冷却冷冻和生产加工设备，并保持加工环境的整洁卫生。

冷链储藏包括鱼、肉类的冷冻储藏和蔬菜、瓜果的保鲜储藏，这些都需要在专门的冷藏库中完成，以达到延长食品保质期的目的。气调保鲜储藏和臭氧保鲜储藏等技术手段逐渐被用于冷链食品的保鲜，一般第三方物流企业也都建有大型的冷藏、冷冻仓库用以储藏商品（但斌等，2022）。

冷链运输和配送是冷链货物的中、长途运输和短途配送，使用专门的冷藏、冷冻运输设备进行装载、运输和配送，包括冷藏轮船、冷藏火车、冷藏汽车及带有冷链运输功能的飞机，冷链运输有长途运输、短途运输和冷链配送，是冷链物流的最耗时环节之一，应当时刻注意产品质量的变化。在冷链运输过程中，温度上下波动是引起冷链货物腐损的主要原因之一，因此冷链运输工具需要具有良好的保温性能，并能够保持温度的稳定性，这在长途干线运输中尤为重要。

冷链销售包括冷链物品的批发和零售等环节，涉及生产商、批发商、零售商和消费者等，其中零售是产品配送到超市、商场等零售终端后在冷藏、冷冻柜进行展示、销售的环节。冷链销售是与消费者直接打交道的环节，也是实现冷链物流价值不可或缺的环节。

2.1.3　生鲜农产品冷链物流

1. 生鲜农产品冷链物流的定义

2010 年国家发展和改革委员会颁布的《农产品冷链物流发展规划》提出，"农产品冷链物流是指使肉、禽、水产、蔬菜、水果、蛋等生鲜农产品从产地采收（或屠宰、捕捞）后，在产品加工、贮藏、运输、分销、零售等环节始终处于适宜的低温控制环境下，最大程度地保证产品品质和质量安全、减少损耗、防止污染的特殊供应链系统"。生鲜农产品冷链物流配送过程中的温度分类如表2.1 所示。

表 2.1　冷链品温度分类表

温区类别	适用温度范围	生鲜农产品品类
冷冻温区	−18℃以下	畜禽肉、水产品、冷冻果汁、奶油等
冷藏温区	0~10℃	鲜奶、酸奶、葡萄、荔枝等
其他温区	10~25℃	巧克力、红酒等

资料来源：《冷链物流分类与基本要求》（GB/T 28577—2012）

生鲜农产品冷链温控环境可以主要分为冷冻、冷藏和其他三种类型，生鲜农产品需要根据自身特性储存在不同的温控环境中以保证鲜活品质。另外,生鲜农产品对物流运输时间和包装等同样有较高要求,产品新鲜度随着时间增加而逐渐下降,包装的合理性也对其品质产生影响,因此科学有效管理生鲜农产品冷链物流对产品品质和产品安全至关重要。

2. 生鲜农产品冷链物流的特点

生鲜农产品的含水量高,适宜微生物的快速生长繁殖,而且呼吸作用强,很容易在短时间内腐烂变质,所以必须根据不同产品的特点设置合适的温度以保证产品品质。因此,生鲜农产品冷链与一般常温物流相比要求更高更复杂,具有以下特点。

1)鲜活易腐性

在日常生活中,冷链物流所服务的对象一般都是生鲜易腐易变质的产品,而生鲜易腐食品在生产、储存、运输过程中,尤其是在运输配送过程中受到温度、储存时间及运输条件影响,它的易腐性决定了随着时间的增长品质会不断下降,这就要求冷链物流必须高效协调运作。它们较短的生命周期决定了该类产品的配送具有时间窗限制,所以物流配送商要在客户(一般为零售商)所能接收的时间范围之内将产品送达,超过了时间约束的范围,冷链生鲜食品品质就会下降不能再食用,因此配送企业必须要提高产品送达的准时性,在约定的时间窗内完成配送。所以在运输配送过程中容易变质造成货损,损耗越大货损成本越高,与一般常温物流相比,它的货损也占用了很大的成本。

2)对温度变化敏感

生鲜农产品的变质主要有呼吸作用、微生物的作用、酶的作用、化学作用及物理作用引起的温度升高、生鲜食品呼吸作用增强、微生物增殖加快、酶的活性升高,所以食品腐烂的速度就会加快;温度降低,生鲜产品本身酶的活性降低,甚至丧失活性,如被冻坏的食品就不能满足人们的需求。生鲜农产品冷链物流在运输时温度变化对其影响较大,所以一定要保持在一个恒定的低温环境条件下。产品特点对温度要求不同,周围环境的温度条件也不同,如车辆制冷设备的不同、季节的不同引起车厢周围温度不同、地区气候差异等,使得维持一个特定温度需要的各种成本不同。所以物流配送商在运输过程中要充分考虑所需温度的具体情况,保持产品品质,减少货损成本。

3)复杂性

在整个生鲜农产品冷链物流过程中,冷链需要各种复杂的技术(如制冷技术、保温技术、温度监控技术等)的支撑。此外,由于不同的冷链物品都有其对应的温度控制和储藏时间,故终期产品的质量取决于时间、温度及产品的耐藏性(time-temperature-tolerance,T-T-T),这就加大了生鲜农产品冷链物流的复杂程度。

4）高成本性

由于生鲜农产品的鲜活易腐性，在冷链物流所有环节中，都必须使用冷冻或冷藏等温控设备使生鲜农产品处于合适的保鲜温度和保鲜湿度中，这些设备在运转过程中会大大增加冷链运输成本。据统计，由于经营分散、运输网络落后、信息不对称等问题，冷链物流成本比普通物流高出 40%~60%。

5）网络分散性

我国生鲜农产品的物流网络节点较为分散，受养殖和培育成本影响，生鲜农产品的产地一般在地理位置较为偏僻的郊区和农村，而生鲜农产品的销售地点集中在城镇和市区，因此出现了产销分离的状况。为了满足供需匹配，在运输过程中生鲜农产品的流向也处于散乱分离的状态。同时，生鲜农产品的生产具有地域性和季节性等特点，导致其流向波动性也较大。

2.2　服务商选择理论与方法

2.2.1　粗糙集属性约简

粗糙集理论（rough set theory，RST）是由波兰科学院院士、数学家 Pawlak（1982）在 1982 年提出的，是处理数据不全面、不完善和不精确的数字工具。该理论以代数学的等价关系和集合运算为基础，定义信息系统和可辨识矩阵，通过寻求信息系统的约简集获得数据的决策规则。

我国粗糙集理论的研究起步较晚，所能搜索到的最早发表的论文时间是1990年，直到 1998 年才由曾黄麟教授编著了国内最早的粗糙集理论专著。粗糙集理论已成为国内外人工智能领域中一个较新的学术热点，引起了越来越多科研人员的关注。

粗糙集理论作为智能计算的科学研究，无论是在理论方面还是在应用实践方面都取得了很大的进展，展示了它光明的前景。粗糙集理论不但为信息科学和认知科学提供了新的科学逻辑和研究方法，而且为智能信息处理提供了有效的处理技术，被广泛用于知识发现与决策分析、模式识别与分类、人工智能、数据挖掘、专家系统、故障检测等领域，而且粗糙集理论能够与其他软计算方法融合使用并已取得良好的应用效果。在物流服务商选择中也得到了较好的应用。

粗糙集理论主要包含以下内容。

1. 知识和知识库

设 $U \neq \varnothing$ 是我们感兴趣的要素组成的有限集合，称为论域。任何子集 $X \subseteq U$ 称为 U 中的一个概念或范畴。为规范化起见，我们认为空集也是一个范畴。U 中的任何概念族称为关于 U 的抽象知识，简称知识。U 上的一簇划分（对 U 的分类）称为关于 U 的一个知识库（knowledge base）。

定义 2.2.1：如果 $P \subseteq R$，并且 $P \neq \varnothing$（P 中所有等价关系的交集）也是一个等价关系，则称为 P 上的不可分辨关系，记为 $\text{IND}(P)$；$U / \text{IND}(P)$ 表示与等价关系 P 相关的知识，称为 K 中关于 U 的 P 基本知识。

2. 上近似与下近似（沈留印，2012）

在粗糙集理论中，信息表知识表达系统是对知识进行表达和处理的基本工具，它的基本组成是所研究对象的集合，关于这些对象的知识是通过指定对象的属性（特征）和它们的属性值（特征值）来描述的。

定义 2.2.2：一般地，一个信息表知识表达系统 S 可以表示为

$$S = \langle U, R, V, f \rangle \tag{2.1}$$

其中，U 为对象的集合，也称为论域；$R = C \cup D$ 为属性集合，子集 C 和 D 分别为条件属性集和决策属性集；$V = \bigcup_{r \in R} V_r$ 为属性值的集合，V_r 为属性 $r \in R$ 的属性值范围，即属性 r 的值域；$f : U \times R \to V$ 为一个信息函数，它指定 U 中每一个对象 x 的属性值。

定义 2.2.3：给定知识表达系统 $S = \langle U, R, V, f \rangle$，对于每个子集 $X \subseteq U$ 和不分明关系 B，X 的上近似和下近似集分别可以由 B 的基本集定义如下：

$$B_-(X) = \cup \left\{ Y_i \mid \left(Y_i \in U \mid \text{IND}(B) \wedge Y_i \subseteq X \right) \right\}$$

$$B^-(X) = \cup \left\{ Y_i \mid \left(Y_i \in U \mid \text{IND}(B) \wedge Y_i \cap X \neq \varnothing \right) \right\}$$

其中，$U \mid \text{IND}(B) = \left\{ X \mid \left(X \subseteq U \wedge \forall x \forall y \forall b \left(b(x) = b(y) \right) \right) \right\}$ 是不可分明关系 B 对 U 的划分，也是论域 U 的 B 基本集的集合。

定义 2.2.4：集合 $\text{BN}_B(X) = B^-(X) \setminus B_-(X)$ 称为 X 的 B 边界；$\text{POS}_B(X) = B_-(X)$ 称为 X 的 B 正域；$\text{NEG}_B(X) = U \setminus B_-(X)$ 称为 X 的 B 负域。

定理 2.2.1：

（1）当且仅当 $B^-(X) = B_-(X)$ 时，称集合 X 是 B 的可定义集，即当 $X \subseteq U$ 时，X 能够用属性子集 B 确切地描述（即属性子集 B 所确定的 U 上的不分明集的并）。

（2）当且仅当 $B^-(X) \neq B_-(X)$ 时，称集合 X 是 B 的粗糙集，即当 $X \subseteq U$ 时，

X 不能用属性子集 B 确切地描述。

3. 属性的约简（孙斌和王立杰，2006）

信息系统中由于属性重要程度的不同，甚至包含着冗余属性，故有必要对信息系统中的信息进行约简。属性约简是粗糙集理论主要的内容。知识约简就是在保证信息系统分类能力不变的前提下，删除其中不相关或不重要的属性。

定义 2.2.5：设 U 是一个论域，P 是定义在 U 上的一个等价关系簇，$R \in P$。如果 $\mathrm{IND}(P \setminus \{R\}) = \mathrm{IND}(P)$，则称关系 R 在 P 中是绝对不必要的（多余的）；否则，称 R 在 P 中是绝对必要的。如果每个关系 $R \in P$ 在 P 中都是绝对必要的，则称关系簇 P 是独立的，否则，称 P 是相互依赖的。

定义 2.2.6：设 U 是一个论域，P 是定义在 U 上的一个等价关系簇，P 中所有绝对必要关系组成的集合称为关系簇 P 的绝对核，记作 $\mathrm{CORE}(P)$。

定义 2.2.7：设 U 是我们感兴趣的对象集合（即一个论域），P 和 Q 是定义在 U 上的两个等价关系簇，并且 $Q \subseteq P$。如果 $\mathrm{IND}(Q) = \mathrm{IND}(P)$ 且 Q 是独立的，则称 Q 是 P 的一个绝对约简。P 的所有 Q 不可省略原始关系簇称为 P 的 Q 核，记为 $\mathrm{CORE}_Q(P)$。

定理 2.2.2：设 U 是我们感兴趣的对象的集合（即一个论域），P 和 Q 是定义在 U 上的两个等价关系簇，$\mathrm{RED}_Q(P)$ 为 P 的所有 Q 约简关系簇，$\mathrm{CORE}_Q(P)$ 为 P 的 Q 核，则 $\mathrm{CORE}_Q(P) = \cap \mathrm{RED}_Q(P)$。

4. 属性的重要性及权重（孙斌和王立杰，2006）

根据粗糙集理论相关概念，$S = \langle U, R, V, f \rangle$ 是一个信息系统，$P, Q \in R$，可以定义属性 r 在指标体系中的重要性为

$$r_{C-i}(D) = \frac{\left| \mathrm{pos}_{C-i}(D) \right|}{\mathrm{pos}_C(D)} \tag{2.2}$$

权重计算方法：

$$q_i = \frac{r_C(D) - r_{C-i}(D)}{\sum_{i=1}^n \left[r_C(D) - r_{C-i}(D) \right]} \tag{2.3}$$

综合权重：

$$\omega = \beta \times q_i + (1 - \beta) \times p_i \tag{2.4}$$

其中，p_i 为主观权重，即评审专家给出的权重；q_i 为客观权重，即通过式（2.4）计算出来的权重；β 为经验因子，反映了决策过程中决策者对主观权重和客观权

重的偏好程度，β 越小，表明决策者越重视专家的经验知识，β 越大，表明决策者越重视客观权重。

2.2.2　突变–可拓学

1. 突变级数法

突变级数法是在突变理论和模糊数学理论的基础上发展起来的综合评价方法。突变级数法不需要计算权重，由研究对象的总指标逐层分解到下层指标，对指标的重要程度进行判断，结合突变理论与模糊数学方法产生突变模糊隶属函数，由归一公式自下而上对模糊隶属函数逐层进行综合计算，求出总隶属函数值，实现对评价对象进行综合评价的一种方法。确定突变类型及相应的突变数学模型，对各层控制变量进行归一化计算，且归一化过程中遵循"互补型"指标按平均值取法，"非互补型"指标按"大中取小"取法的原则。

常用的突变级数模型有折叠突变、尖点突变、燕尾突变和蝴蝶突变，突变的类型及推导结果（周向华等，2016）见表 2.2。

表 2.2　突变的类型及推导结果

突变级数模型	控制参量 n	状态变量 x	势函数 $P(x)$	归一公式
折叠突变	n_1	x	$P(x) = x^3 + n_1 x$	$X_{n_1} = n_1^{\frac{1}{2}}$
尖点突变	n_2	x	$P(x) = x^4 + n_1 x^2 + n_2 x$	$X_{n_1} = n_1^{\frac{1}{2}}, X_{n_2} = n_2^{\frac{1}{3}}$
燕尾突变	n_3	x	$P(x) = \frac{1}{5}x^5 + \frac{1}{3}n_1 x^3 + \frac{1}{2}n_2 x^2 + n_3 x$	$X_{n_1} = n_1^{\frac{1}{2}}, X_{n_2} = n_2^{\frac{1}{3}}, X_{n_3} = n_3^{\frac{1}{4}}$
蝴蝶突变	n_4	x	$P(x) = \frac{1}{6}x^6 + \frac{1}{4}n_1 x^4 + \frac{1}{3}n_2 x^3 + \frac{1}{2}n_3 x^2 + n_4 x$	$X_{n_1} = n_1^{\frac{1}{2}}, X_{n_2} = n_2^{\frac{1}{3}}$ $X_{n_3} = n_3^{\frac{1}{4}}, X_{n_4} = n_4^{\frac{1}{5}}$

2. 可拓学

1983 年，蔡文发表的"Extension set and non-compatible problems"一文标志着可拓学的创立。可拓学是用形式化模型研究事物拓展的可能性和开拓创新的规律与方法，并用于解决矛盾问题。可拓学又称物元分析法，以物元及可拓数学理论为基础，其理论体系以物元理论和可拓集合为框架，引入由事物、特征及对应特征的量值构成的三元组——物元，作为描述事物的基本元素（沈世伟等，2013）。

设基本元为有序三元组，是以物元、事元和关系元作为组成部分的理论统称。

事物可用 N 表示，而事物的特征记为 $c = \{c_1, c_2, \cdots, c_n\}$，则事物的特征值记为 $v = \{v_1, v_2, \cdots, v_n\}$。物元 R 的三要素包括事物的名称 N、特征 c 和量值 v，即物元 R 可表示为

$$R = (N, c, v) = \begin{pmatrix} N & c_1 & v_1 \\ & c_2 & v_2 \\ & \vdots & \vdots \\ & c_n & v_n \end{pmatrix} \qquad (2.5)$$

简记为 $R = (N, c, v)$。

经典域和节域：事物 N 的特征 c 所规定的量值范围称为经典域，记作 $v = [a, b]$，特征 c 所能容许的量值范围称为节域，记作 $v_p = [a_p, b_p]$。其可拓学评价模型经典域和节域的物元矩阵可分别表示如下。

经典域物元可表述为

$$R_{0j} = (N_{0j}, c, v_{0j}) = \begin{pmatrix} N_{0j} & c_1 & v_{0j1} \\ & c_2 & v_{0j2} \\ & \vdots & \vdots \\ & c_n & v_{0jn} \end{pmatrix} = \begin{pmatrix} N_{0j} & c_1 & [a_{0j1}, b_{0j1}] \\ & c_2 & [a_{0j2}, b_{0j2}] \\ & \vdots & \vdots \\ & c_n & [a_{0jn}, b_{0jn}] \end{pmatrix} \qquad (2.6)$$

其中，N_{0j} 为第 j 个评价等级；c_i 为 N_{0j} 的评价指标；v_{0jn} 为 N_{0j} 关于 c_i 的量值范围，称为一个经典域。

节域物元可表述为

$$R_p = (N_p, c, v_p) = \begin{pmatrix} N_p & c_1 & v_{p1} \\ & c_2 & v_{p2} \\ & \vdots & \vdots \\ & c_n & v_{pn} \end{pmatrix} = \begin{pmatrix} N_{0j} & c_1 & [a_{p1}, b_{p1}] \\ & c_2 & [a_{p2}, b_{p2}] \\ & \vdots & \vdots \\ & c_n & [a_{pn}, b_{pn}] \end{pmatrix} \qquad (2.7)$$

其中，N_p 为所有评价等级；v_{pi} 为 N_p 关于 c_i 的量值范围，称为 N_p 的节域。

关于突变-可拓学结合的使用，辛曼玉（2011）指出突变级数法在评价中不会采用指标权重，以各指标的相对重要性为主进行评价，这样既可减少主观性又不失科学性。可拓学主要揭示事物内部规律与因素，以研究事物拓展的可能性和开拓创新的规律与方法，可以很好地处理初始数据，并结合突变-可拓学构建双层决策模型，对港口物流进行评价。该模型能够避免单方面使用的不足，使得到的结果具有较高的准确性和客观性。

2.2.3 区间直觉模糊集

区间直觉模糊集的基本组成部分是由非空经典集合 X 中，元素 x 属于 X 的隶属度区间和非隶属度区间所组成的有序区间对（唐芝兰，2012）。

定义 2.2.8：设 X 为一个非空集合， X 上的区间直觉模糊集定义为 $\tilde{A} = \left\{ \left\langle x, \tilde{\mu}_{\tilde{A}}(x), \tilde{v}_{\tilde{A}}(x) \right\rangle \middle| x \in X \right\}$ ，其中， $\tilde{\mu}_{\tilde{A}}(x) = \left[\tilde{\mu}_{\tilde{A}}^{L}(x), \tilde{\mu}_{\tilde{A}}^{U}(x) \right] \subset [0,1]$ ， $\tilde{v}_{\tilde{A}}(x) = \left[\tilde{v}_{\tilde{A}}^{L}(x), \tilde{v}_{\tilde{A}}^{U}(x) \right] \subset [0,1]$ 分别表示论域 X 中元素 x 相对于集合 $\tilde{A}$ 的隶属度区间和非隶属度区间。对于任意的 $x \in X$ ，满足 $\sup \tilde{\mu}_{\tilde{A}}(x) + \sup \tilde{v}_{\tilde{A}}(x) \leqslant 1$ ， $x \in X$ 。

X 上的全体区间直觉模糊集构成的集合记为 $\text{IVIFX}(X)$ ，当 $\tilde{\mu}_{\tilde{A}}^{L}(Z) = \tilde{\mu}_{\tilde{A}}^{U}(x)$ ， $\tilde{v}_{\tilde{A}}^{L}(x) = \tilde{v}_{\tilde{A}}^{U}(x)$ 时，区间直觉模糊集变为直觉模糊集的形式。直觉模糊集是区间直觉模糊集的一种特殊形式。

记 $\pi_{\tilde{A}}(x) = \left[\pi_{\tilde{A}}(x)^{L}, \pi_{\tilde{A}}(x)^{U} \right]$ 为论域 X 中元素 x 相对于集合 $\tilde{A}$ 的犹豫度区间，其中， $\pi_{\tilde{A}}(x)^{L} = 1 - \tilde{\mu}_{\tilde{A}}^{U}(x) - \tilde{v}_{\tilde{A}}^{U}(x)$ ， $\pi_{\tilde{A}}(x)^{U} = 1 - \tilde{\mu}_{\tilde{A}}^{L}(x) - \tilde{v}_{\tilde{A}}^{L}(x)$ 。

定义 2.2.9：设一个区间直觉模糊数为 $\tilde{a} = ([a,b],[c,d])$ ，那么就可以得到这个区间直觉模糊数相应的得分函数为 $s(\tilde{a}) = \dfrac{a-c+b-d}{2}$ 。于是，区间直觉模糊数 $\tilde{a}$ 的值相对应地随着 $s(\tilde{a})$ 值的变大而变大。

定义 2.2.10：区间直觉模糊集的基本构成单位是元素 x 相对于集合 $\tilde{A}$ 的隶属区间和非隶属区间组成的有序区间对，将其称为区间直觉模糊数。为方便使用，可以将区间直觉模糊数的形式记为 $\tilde{a} = ([a,b],[c,d])$ ，其中， $[a,b] \subset [0,1]$ ， $[c,d] \subset [0,1]$ ，并满足 $b+d \leqslant 1$ ， $0 \leqslant a \leqslant b \leqslant 1$ ， $0 \leqslant c \leqslant d \leqslant 1$ 。

定义 2.2.11（徐泽水，2007）：区间直觉模糊数运算法则。设两个区间直觉模糊数分别为 $\tilde{a}_1 = ([a_1,b_1],[c_1,d_1])$ ， $\tilde{a}_2 = ([a_2,b_2],[c_2,d_2])$ ，则有以下运算法则。

（1） $\tilde{a}_1 \oplus \tilde{a}_2 = ([a_1+a_2-a_1a_2, b_1+b_2-b_1b_2],[c_1c_2, d_1d_2])$ ；

（2） $\tilde{a}_1 \otimes \tilde{a}_2 = ([a_1a_2, b_1b_2],[c_1+c_2-c_1c_2, d_1+d_2-d_1d_2])$ ；

（3） $\lambda\tilde{a}_1 = \left(\left[1-(1-a_1)^{\lambda}, 1-(1-b_1)^{\lambda} \right], \left[c_1^{\lambda}, d_1^{\lambda} \right] \right)$ ；

（4） $\tilde{a}_1^{\lambda} = \left(\left[a^{\lambda}, b^{\lambda} \right], \left[1-(1-c)^{\lambda}, 1-(1-d)^{\lambda} \right] \right), \lambda > 0$ 。

定理 2.2.3：设有区间直觉模糊数 $\tilde{a}_1 = ([a_1,b_1],[c_1,d_1])$ ， $\tilde{a}_2 = ([a_2,b_2],[c_2,d_2])$ ，则定义 2.2.10 中所有运算结果都为区间直觉模糊数。

定理 2.2.4：设有区间直觉模糊 $\tilde{a}_1 = ([a_1,b_1],[c_1,d_1])$ ， $\tilde{a}_2 = ([a_2,b_2],[c_2,d_2])$ ，

$\lambda_1, \lambda_2 \geqslant 0$ ，则有以下运算法则。

（1）$\tilde{a}_1 \oplus \tilde{a}_2 = \tilde{a}_2 \oplus \tilde{a}_1$ ；

（2）$\tilde{a}_1 \otimes \tilde{a}_2 = \tilde{a}_2 \otimes \tilde{a}_1$ ；

（3）$\lambda(\tilde{a}_1 \oplus \tilde{a}_2) = \lambda\tilde{a}_2 \oplus \lambda\tilde{a}_1$ ；

（4）$(\tilde{a}_1 \otimes \tilde{a}_2)^{\lambda} = \tilde{a}_2^{\lambda} \otimes \tilde{a}_1^{\lambda}$ ；

（5）$\lambda_1\tilde{a}_1 \oplus \lambda_2\tilde{a}_1 = (\lambda_1 + \lambda_2)\tilde{a}_1$ ；

（6）$\tilde{a}_1^{\lambda_1} \otimes \tilde{a}_1^{\lambda_2} = \tilde{a}_1^{\lambda_1 + \lambda_2}$ 。

定义 2.2.12：加权算术平均算子。设某组区间直觉模糊数为 $\tilde{a}_j = \left([a_j, b_j], [c_j, d_j]\right)(j = 1, 2, \cdots, n)$ 。同时，设 $f : \Omega^n \to \Omega$ 。若

$$f_{\omega}(\tilde{a}_1, \tilde{a}_2, \cdots, \tilde{a}_n) = \omega_1\tilde{a}_1 \oplus \omega_2\tilde{a}_2 \oplus \cdots \oplus \omega_n\tilde{a}_n$$
$$= \left(\left[1 - \prod_{j=1}^{n}(1-a_j)^{\omega_j}, 1 - \prod_{j=1}^{n}(1-b_j)^{\omega_j}\right], \left[\prod_{j=1}^{n} c_j^{\omega_j}, \prod_{j=1}^{n} d_j^{\omega_j}\right]\right) \quad (2.8)$$

这样就得到区间直觉模糊数的加权算术平均算子 f 。Ω 表示所有区间直觉模糊数的集合，且 $\tilde{a}_j(j = 1, 2, \cdots, n)$ 的权重向量为 $\omega = (\omega_1, \omega_2, \cdots \omega_j)^{\mathrm{T}}$ ，$\omega_j \in [0,1]$ ，$\sum_{j=1}^{n} \omega_j = 1$ 。

定义 2.2.13：加权几何平均算子。设某组区间直觉模糊数 $\tilde{a}_j = \left([a_j, b_j], [c_j, d_j]\right)(j = 1, 2, \cdots, n)$ ，同时，设 $g : \Omega^n \to \Omega$ 。若

$$g_{\omega}(\tilde{a}_1, \tilde{a}_2, \cdots, \tilde{a}_n) = \tilde{a}_1^{\omega_1} \oplus \tilde{a}_2^{\omega_2} \oplus \cdots \oplus \tilde{a}_n^{\omega_n}$$
$$= \left(\left[\prod_{j=1}^{n} a_j^{\omega_j}, \prod_{j=1}^{n} b_j^{\omega_j}\right], \left[1 - \prod_{j=1}^{n}(1-c_j)^{\omega_j}, 1 - \prod_{j=1}^{n}(1-d_j)^{\omega_j}\right]\right) \quad (2.9)$$

这样就得到区间直觉模糊数的加权几何平均算子 g 。Ω 表示所有区间直觉模糊数的集合，且 $\tilde{a}_j(j = 1, 2, \cdots, n)$ 的权重向量为 $\omega = (\omega_1, \omega_2, \cdots, \omega_j)^{\mathrm{T}}$ ，$\omega_j \in [0,1]$ ，$\sum_{j=1}^{n} \omega_j = 1$ 。

2.3　评价模型与方法

2.3.1　服务质量评价方法

无论是有形产品的实体制造业还是服务业，服务质量都是企业在竞争中致胜的关键。服务质量是指产品生产的服务或服务业满足规定或潜在要求的特征和特性的总和。高服务质量有利于增强服务性企业的竞争力、防止服务差错、有利于

企业树立良好的市场形象。因此，科学评价并提高服务质量至关重要。

1. 常用评价方法

1）熵权法

熵（Entropy）的概念是由德国物理学家鲁道夫·克劳修斯（Rudolf Clausius）于 1865 年提出的。它用来表示任何一种能量在空间中分布的均匀程度。熵自提出以来，在控制论、概率论、天体物理、生命科学等领域都有重要应用。系统的熵值是指在其所处状态中的均匀程度，当所处的状态越无序、越均匀时熵值越大，反之，当所处的状态越有序、越不均匀时熵值越小。从微观的角度来看，各个部分熵的总和是整个系统的熵值，并且影响熵值的主要原因是系统中微观粒子运动的混乱程度，而不是微观粒子运动的路径。

设有 m 个评价指标，n 个评价对象，则形成原始的数据矩阵 $R = \left(r_{ij} \right)_{m \times n}$。对第 i 个指标的熵定义为

$$H_i = -k \sum_{j=1}^{n} f_{ij} \ln f_{ij}, \quad i = 1,2,3,\cdots,m; j = 1,2,3,\cdots,n \qquad (2.10)$$

其中，$f_{ij} = r_{ij} / \sum_{j=1}^{n} r_{ij}$，$k = 1/\ln n$，当 $f_{ij} = 0$ 时，$f_{ij} \ln f_{ij} = 0$。f_{ij} 为第 i 个指标下的第 j 个评价对象占该指标的比重；n 为评价对象的个数；H_i 为第 i 个指标的熵。定义第 i 个指标的熵之后，第 i 个指标的熵权定义为

$$w_i = \frac{1 - H_i}{n - \sum_{i=1}^{m} H_i} \qquad (2.11)$$

其中，$0 \leqslant w_i \leqslant 1$，$\sum_{i=1}^{m} w_i = 1$。

2）AHP

AHP 是由美国运筹学家、匹兹堡大学托马斯 L. 萨蒂（Thomas L. Saaty）教授在 20 世纪 70 年代初期提出的。AHP 是指将一个复杂的多目标决策问题作为一个系统，将目标分解为多个目标或准则，进而分解为多指标（或准则、约束）的若干层次，通过定性指标模糊量化方法算出层次单排序（权数）和总排序，以作为目标（多指标）、多方案优化决策的系统方法。AHP 比较适合于具有分层交错评价指标的目标系统，而且目标值又难以定量描述的决策问题。AHP 的步骤：将决策问题按总目标、各层子目标、评价准则等分解的各个方案进行相互对比，根据重要程度划分等级，并构建判断矩阵，对各指标进行赋权，最后使用加权和的方法递阶归并各方案对总目标的最终权重，此最终权重最大者为最优方案，但是该

方法存在主观性较强的缺点，通常以人的直觉和经验处理许多无法量化的因素。

3）模糊综合评价法

模糊综合评价法是一种基于模糊数学的综合评价方法。该方法根据模糊数学的隶属度理论把定性评价转化为定量评价，即用模糊数学对受到多种因素制约的事物或对象做出一个总体的评价。它具有结果清晰、系统性强的特点，能较好地解决模糊的、难以量化的问题，适合解决各种非确定性问题。模糊综合评价法的步骤：第一步，确定评价目标的评价等级集，如非常好、很好、一般、不好、很差的 5 个等级集，以及指标集或者评价目标的重要影响因素；第二步，计算出隶属度向量并对各指标进行赋权；第三步，运算和归一化模糊综合评判矩阵与指标权重向量，通过以上步骤计算出评价目标的最终结果。

4）TOPSIS 法

TOPSIS 法是由 Hwang 和 Yoon 于 1981 年首次提出，目前已广泛应用于土地利用规划、物料选择评估、项目投资、医疗卫生等众多领域。TOPSIS 法是一种逼近于理想解的排序法，该方法只要求各效用函数具有单调性。其基本原理是通过计算评价对象与理想解和负理想解的距离来进行排序，若评价对象最靠近理想解同时又最远离负理想解，则为最优；否则不为最优。理想解和负理想解是 TOPSIS 法的两个基本概念。理想解是指一个设想的最优解（方案），它的各个属性值都达到各备选方案中的最好值；而负理想解是一个设想的最劣解（方案），它的各个属性值都达到各备选方案中的最坏值。TOPSIS 法是多目标决策分析中一种常用的有效方法，如计算系统在现实中的状态与期望的理想状态的差距，为改进系统的建议提供有效依据，因此又称为优劣解距离法。

5）灰色关联分析法

灰色关联分析法是评价各因素间相关程度的一种方法，它能够利用各因素间同步变化的程度或者发展趋势的相似程度来对最优方案和备选方案进行比较（陈勇等，2019）。灰色系统是指部分信息已知，但部分信息未知的信息不完全明确的系统，是研究"小样本""贫信息"等不确定性问题的方法。灰色关联分析法是基于灰色系统的一种分析方法，是按照比较因素与参考因素之间相关性远近的程度来评价因素之间的关联程度，探索事物现实规律的一种方法。

灰色关联分析法决策的思想是根据某个问题的实际情况确定出理想的最优序列，然后通过方案的序列曲线和几何形状与理想最优序列的曲线和几何形状的相似程度来判断其之间的关联程度。曲线和几何形状越接近则说明其关联度越大，方案越接近理想最优，反之亦反。最后，依据关联度的大小排序来判断方案的优劣。

设有 n 个对象，每个对象有 m 项指标，对评价指标数据进行规范化处理，规范化后的数据为 $x_1, x_2, \cdots, x_m$。$x_i = \left[x_i(1), x_i(2), \cdots, x_i(n) \right]$，$i = 1, 2, \cdots, m$。令 x_0 为理

想方案，则 x_0 与 x_i 关于第 k 个元素的关联系数为

$$\xi_i(k)=\frac{\Delta\min+\rho\Delta\max}{\Delta_i(k)+\rho\Delta\max},\quad i=1,2,\cdots,n;\quad k=1,2,\cdots,m \qquad (2.12)$$

其中，$\Delta\min=\min_i\left[\min_k\left(|x_0(k)-x_i(k)|\right)\right]$，$\Delta\max=\max_i\left[\max_k\left(|x_0(k)-x_i(k)|\right)\right]$，$\rho\in[0,1]$ 为分辨系数。

第 i 个评价方案与理想方案的关联度为

$$\gamma_i=\frac{1}{m}\sum_{k=1}^{m}\xi_i(k) \qquad (2.13)$$

6）DEA 方法

DEA 方法是由运筹学家 Charnes 等提出的一种对效率进行评价的方法。该方法是用于测度待评价对象相对绩效的一种常用的非参数方法，这些待评价的对象通常被称为决策单元（decision making unit，DMU）。DMU 是指一个将输入转化为输出的实体，其目标是使自身收益最大化。与传统回归方法不同，DEA 是一种线性规划技术，基于该方法通常得到一个 0 到 1 之间的效率值，该效率值被称为 DMU 的绩效。DEA 的基本思想是先建立一个 DMU，接着根据评价对象的性质选择 DMU 中的几个作为输入指标，另外几个作为输出指标，然后综合分析所选择的输入与输出指标以此得到综合效率评价指数，根据评价指数对每个 DMU 排队定级并确定有效的 DMU，根据此步骤就可以找出其他 DMU 无效的程度与原因。基本的 DEA 模型主要有 CCR[①]模型、BCC[②]模型和 SBM（slacks-based measure，基于松弛变量度量）模型。CCR 模型是由 Charnes 等在 1978年提出的，该模型充分说明了应用线性规划模型判断 DMU 的有效性；BCC 模型是由 Banker 等在 1984 年基于规模报酬可变的前提提出的，但是该模型只能用于技术效率的评价；SBM模型是由 Tone 在 2001 年基于松弛变量提出的，是从传统的 CCR 模型扩展到非径向层面得出的，即 SBM 模型的投入产出项不能按照同一个比例进行自由缩放。

7）BP 神经网络

BP 神经网络是由 Rumelhart 和 McClelland 于 1986 年提出的概念，是一种按照误差逆向传播算法训练的多层前馈神经网络，其算法称为 BP 算法，它的基本思想是梯度下降法，即利用梯度搜索技术，使得网络的实际输出值和期望输出值的误差均方差最小。基本的 BP 算法包括信号的前向传播和误差的反向传播两个过程，即当计算误差时按从输入到输出的方向进行，而当调整权值和阈值时则按从输出到输入的方向进行。当正向传播时，输入信号通过隐含层作用于输出节点，

---

① CCR 是三个运筹学家名字的缩写，即 Charnes A，Cooper W W，Rhodes E。

② BCC 是三位作者（Banker R D，Charnes A，Cooper W W）名字首字母。

经过非线性变换产生输出信号,若实际输出与期望输出不符,则转入误差的反向传播过程。误差反传是将输出误差通过隐含层向输入层逐层反传,并将误差分摊给各层所有单元,以从各层获得的误差信号作为调整各单元权值的依据。调整输入节点与隐含层节点的连接强度和隐含层节点与输出节点的连接强度以及阈值,使误差沿梯度方向下降,经过反复学习训练,确定与最小误差相对应的网络参数(权值和阈值),训练即告停止。该方法是一个反复训练及迭代的学习过程,一般情况下应用到前向多层神经网络。

2. 综合评价方法优缺点分析

在物流服务质量评价方面,大多数学者选用 AHP、模糊综合评价法、DEA 方法、TOPSIS 法等在内的多种评价方法以及两两组合的评价方法进行研究。每种综合评价方法都有其适用范围及各自的优缺点。为选择适合物流服务质量评价的方法,将对常用的评价方法进行优缺点分析,具体见表 2.3。

表 2.3 各评价方法的比较

评价方法	优点	缺点
熵权法	完全根据样本数据自身的离散程度来定义其价值和相应权重,比较科学客观。	(1)没有考虑数值所包含的实际意义,使得各指标权重差异不大。 (2)对于综合评价目标贡献较大的指标权重较小,导致评价结果失真。
AHP	(1)将复杂问题简单化,对定量数据信息的要求较少。 (2)能够按照分解、比较判断、综合思维方式进行系统的分析。	(1)定性成分大于定量成分,主观色彩较强。 (2)指标太多会导致数据统计量大,权重不好确定,随着指标的增加,其特征值和特征向量的精确求解会比较复杂。
模糊综合评价法	(1)能够在模糊环境中考虑多种因素的影响,实现复杂的非结构性综合决策。 (2)结果清晰、评价系统性强,能较好地解决难以量化非确定性的目标评价问题。	(1)模糊综合评价法仅适用于定性指标评价。 (2)评价对象对评价指标隶属度的确定具有较强的主观性,隶属函数的确定方法有待进一步研究。
TOPSIS 法	(1)充分利用原始数据,评价过程客观性强。 (2)数据处理采用数学型,人为因素的影响小。 (3)概念简单,计算过程清晰,可操作性强。	(1)评价决策矩阵较复杂,不易求出理想解和负理想解。 (2)容易产生逆序现象。
灰色关联分析法	对于数据间关系不明确的信息,可以通过此方法计算关联度,计算过程易于理解,对样本的要求较小,可直接使用原始数据作为评价矩阵。	计算原理过于简单,导致方法精度不够,而且数据相关的因素较多,得到的结果可能有所不同,结果受到的干扰因素较多。
DEA 方法	(1)无须任何权重假设,而以输入输出的实际数据求得最优权重,排除了很多主观因素,具有很强的客观性。 (2)只需要区分投入和产出,不需要对指标进行无量纲化处理,指标量纲可以不受限制。	(1)在计算过程中需要假定每个输入都关联到一个或多个输出,且输入输出之间存在某种联系。 (2)得出的评价指标模型缺少绝对指标作为支撑。 (3)对数据比较敏感,数据统计出现的较小误差可能使结果产生较大误差。

评价方法	优点	缺点
BP 神经网络	具有实现任何复杂非线性问题映射的能力，具有自学能力和自适应能力。	存在学习效率低、收敛速度慢、易陷于局部极小状态等不足。

2.3.2 物流效率评价模型和收敛性分析模型

1. 物流效率评价模型

物流效率评价方法通常分为两大类，一类是参数法，另一类是非参数法。参数法主要包括随机前沿分析（stochastic frontier analysis，SFA）法、自由分步法（distribution free approach，DFA）和厚前沿分析（thick frontier analysis，TFA）法。非参数法主要包括 DEA 方法和无界分析（free disposal hull，FDH）法（汪慧玲和余实，2010）。考虑到非参数法的运算结果更具有真实性；在搜集数据时，非参数法的理论依据是线性规划运算，所以对数据的标准相对较低；在选择投入产出指标时，非参数法可以选择多个投入指标和多个产出指标，符合长江经济带物流业多投入、多产出的实际情况，因此，本书应用 DEA 方法对长江经济带生鲜农产品冷链物流效率进行投入产出分析，使结果更具真实性。以下着重介绍 DEA 方法。

1）CCR 模型

CCR 模型（Charnes et al.，1978）是 DEA 方法中最早出现的模型，是最基础的模型，它假设规模报酬不变。其评价结果一般表示综合效率（也称技术效率）。假设 DMU 有 n 个，每个 DMU 有 p 种投入变量和 q 种产出变量，x_{ik} 表示第 k 个 DMU 第 i 种投入变量，y_{jk} 表示第 k 个 DMU 第 j 种产出变量，则 CCR 模型描述如下：

$$\min \theta$$
$$\text{s.t.} \begin{cases} \sum_{j=1}^{n} X_j \lambda_j \leqslant \theta X_k \\ \sum_{j=1}^{n} Y_j \lambda_j \geqslant Y_k \\ \lambda_j \geqslant 0, j=1,2,\cdots,n \end{cases} \quad (2.14)$$

其中，$X_k = (x_{1k}, x_{2k}, \cdots, x_{pk})$；$Y_k = (y_{1k}, y_{2k}, \cdots, y_{qk})$。$\min \theta = 1$，则 DEA 有效；$\min \theta \in [0,1)$，则 DEA 无效。

2）BCC 模型

CCR 模型用于测算规模报酬不变下的效率，随后 Banker 等（1984）对 CCR 模型进行修正，提出考虑规模报酬可变的 BCC 模型。BCC 模型描述如下：

$$\min\left[\theta - \varepsilon\left(\sum e^{\mathrm{T}}S^- + \sum e^{\mathrm{T}}S^+\right)\right]$$

$$\text{s.t.} \begin{cases} \sum_{j=1}^{n} X_j \lambda_j + S^- = \theta X_0 \\ \sum_{j=1}^{n} Y_j \lambda_j - S^+ = Y_0 \\ \sum_{j=1}^{n} \lambda_j = 1 \\ \lambda_j \geqslant 0, j = 1, 2, \cdots, n \\ S^- \geqslant 0, S^+ \geqslant 0 \end{cases} \quad (2.15)$$

其中，λ_j 为规划决策变量；S^-、S^+ 为松弛变量；θ 为规划目标值，即第 j 个 DMU 的效率值，当 $\theta=1$ 时，说明 DMU 处于相对有效状态。

3）SBM 模型

Tone（2001）提出了一种基于松弛测度的非径向 DEA 模型，即 SBM 模型。它避免了传统 BBC 模型和 CCR 模型存在的投入产出的角度与径向的选择带来的偏差，可以在现有投入相对稳定的前提下扩大产出，使效率测算更为精确。

SBM 模型描述如下：假设有 n 个 DMU，记为 $\mathrm{DMU}_j\,(j=1,2,\cdots,n)$，每个 DMU 有 n 种投入要素，记为 $x_i\,(i=1,2,\cdots,m)$，m 种产出，记为 $y_r\,(r=1,2,\cdots,s)$，则

$$\min \rho = \frac{1 - \dfrac{1}{m}\sum_{i=1}^{m} s_i^- / x_{i0}}{1 - \dfrac{1}{s}\sum_{r=1}^{s} s_r^+ / y_{r0}}$$

$$\text{s.t.} \begin{cases} x_{i0} = \sum_{j=1}^{n} \theta_j x_{ij} + s_i^-, \quad i = 1, 2, \cdots, m \\ y_{r0} = \sum_{j=1}^{n} \theta_j y_{rj} + s_r^+, \quad r = 1, 2, \cdots, s \\ \sum_{i=1}^{n} \theta_j = 1, \qquad\qquad \theta_j; s_i^-; s_r^+ \geqslant 0 \end{cases} \quad (2.16)$$

其中，ρ 为效率评价指标；x_{ij} 为第 j 个 DMU 的第 i 个投入变量；y_{rj} 为第 j 个 DMU 的第 r 个产出变量；θ_j 为参照集中各要素的权重。

4）三阶段 DEA 模型

三阶段 DEA 模型是 Fried 等（2002）提出的一种计算 DMU 效率的方法。其基本思路如下。

第一阶段，利用传统 DEA 模型（CCR 模型或 BCC 模型）求得各决策变量的效率值与投入差额值。

第二阶段，利用 SFA 调整各 DMU 的投入量，以排除环境和误差因素对效率值的影响。第二阶段的思路如下：基于 SFA，对 DEA 模型第一阶段得到的目标投入量与实际投入量差额，利用选取的环境因素变量和随机扰动项进行回归，得到剔除管理无效率值和噪声统计值后的新投入量。SFA 回归方程形式是 $s_{ik} = f^i(z_k; \beta^i) + v_{ik} + \mu_{ik}$，其中，$i = 1, 2, \cdots, m$；$k = 1, 2, \cdots, n$；$v_{ik}$ 为随机干扰项估计值。

第三阶段，采用调整后的投入量与初始产出量，再次利用 DEA 模型，得出剔除环境因素与随机误差影响的纯管理效率值。本书综合考虑上述三种模型的优缺点，最终选用三阶段 DEA 模型对长江经济带生鲜农产品冷链物流效率进行测算。

2. 收敛性分析模型

效率收敛性分析包括 σ 收敛和 β 收敛。其中，σ 收敛是基于样本研究期末效率水平的描述，β 收敛则是针对样本观察期内效率增量而言。

（1）σ 收敛。σ 收敛是指不同地区生鲜农产品冷链物流效率差距随时间变化呈现下降态势。采用标准差衡量 σ 收敛，计算公式如下：

$$\sigma_t = \sqrt{\frac{1}{n} \times \sum_{i=1}^{n} \left(\mathrm{TE}_{i,t} - \frac{1}{n} \times \sum_{i=1}^{n} \mathrm{TE}_{i,t} \right)} \qquad (2.17)$$

其中，σ_t 为 t 年时样本区域综合技术效率的标准差；$\mathrm{TE}_{i,t}$ 为 i 地区 t 年综合技术效率。若 σ_t 值随着年份 t 增大而减小，则表明该区域内具有 σ 收敛。

（2）β 收敛。β 收敛可分为绝对 β 收敛和条件 β 收敛。其中，绝对 β 收敛是指在不考虑外在影响因素的条件下，各地区效率的增长速度与其初始效率水平呈负相关关系。基于三阶段 DEA 得出的数据，构建绝对 β 收敛模型为

$$\ln \mathrm{TE}_{i,T} = \alpha + \beta \times \ln(\mathrm{TE}_{i,t}) + \varepsilon_{i,t} \qquad (2.18)$$

其中，t 和 T 分别为样本研究期初和期末；α、β、ε 分别为常数项、收敛系数和随机误差项，其他字母含义同式（2.17）。若 β 显著大于 1，则表明该样本区域内效率发展处于收敛状态；反之，则处于发散状态。

条件 β 收敛是指在考虑外在影响因素的条件下，效率较低地区与效率较高地区之间存在赶超趋势，并随着时间推移逐步趋于稳定。构建条件 β 收敛模型为

$$\ln \frac{\mathrm{TE}_{i,t+1}}{\mathrm{TE}_{i,t}} = \alpha + \beta \times \ln\left(\mathrm{TE}_{i,t}\right) + \gamma \times X_{i,t} + \varepsilon_{i,t} \tag{2.19}$$

其中，$\ln \dfrac{\mathrm{TE}_{i,t+1}}{\mathrm{TE}_{i,t}}$ 为 i 地区效率在 t 年增长率的对数值；X 为外在影响因素矩阵；γ 为相关回归系数矩阵。若 β 显著为负，表示该样本区域内效率发展处于收敛状态；反之，则处于发散状态。

2.4 流程建模方法

2.4.1 流程建模常用方法

流程建模是一项复杂工作，建模的前提是选择合适的建模方法。目前在学术研究中流程建模的方法很多，有着各自的优缺点，分别适用于不同的流程建模，所以针对具体的流程建模问题就要具体分析，选择合适的方法。接下来介绍常用的四种方法。

1. 事件驱动过程链方法

事件驱动过程链（event-driven process chain，EPC）方法由 Keller 等于 1992 年提出，是一种图形化、面向过程的建模方法，主要从逻辑层次对业务流程进行描述，将商业活动中的组织、数据、系统等静态资源组合起来形成动态模型，用以描述特定活动或者任务。EPC 模型要素主要包括事件、功能、过程路径等：事件表示状态的发生，一个事件与一个功能的前状态或后状态相对应；功能表示任务的执行，用于描述事件从开始到结束的转换过程；过程路径表示流程之间的连接关系。EPC 模型的结构层次较好，模型化能力较强，简洁易懂，能够表达系统中的不确定信息，对流程静态和动态行为进行建模。该方法主要适用于描述商业流程逻辑的层次，将商业过程中的数据、组织、系统等静态资源组合成动态模型，但没有严谨的抽象方法和简化模型的原则，因此当系统过于复杂时，EPC 难以应对。

2. 数据流程图法

数据流程图（data flow diagram，DFD）法是一种常用于结构化分析的图形化建模方法，通过使用具有特定格式的图形来描述系统内部数据的运动路径和加工过程，能够体现系统的逻辑功能和数据的逻辑变换过程。DFD 模型元素包括数据源、数据流、数据加工和数据存储。数据源是系统外部的实体，包括人员、物体等；数据流是表示特定结构的数据在系统内部的流向；数据加工是对系统输入的数据进行加工处理后产生数据输出；数据存储是对数据库或者文件的信息进行静态存储。DFD 采用分层建模的思想，自上而下从数据传递和加工的角度描述系统，能够直观、清晰地表现系统内数据的处理过程，简单易懂，常用于结构化分析，如销售管理系统。DFD 的弱势在于它只能表现系统数据的流动，不能对系统数据进行评价分析，优化能力较弱。

3. IDEF 建模方法

IDEF（ICAM DEFinition method，功能模型建模方法）最初是由美国空军在集成计算机辅助制造（integrated computer aided manufacturing，ICAM）项目中建立的，是一种源于制造业的面向结构的建模方法，常用于制造业流程的优化，包括功能模型、信息模型等一系列方法。IDEF 建模方法能够反映系统中的数据流、活动及它们之间的相互联系，并且能准确、全面地描述系统。该方法的核心是结构化的设计和分析，适合大型系统和产品的建模设计，如运用于计算机集成制造领域。IDEF 基本元素包括输入、控制、机制和输出，采用图形符号和自然语言相结合的表达方式，清晰易懂。IDEF 建模方法的缺点在于该方法多是静态表现，缺乏动态表达能力，并且是基于图形化的表达，因此不能准确表达系统中的复杂逻辑关系和不确定信息。

4. Petri 网方法

Petri 网方法最先由德国科学家 Petri（1962）在其博士论文中提出，用于对并发系统进行建模和分析，能够将业务流程通过图形化的方法表现出来，并通过一系列的数学方法对模型性能进行分析，使得模型具备优化基础。Petri 网中使用库所、变迁、托肯和有向弧四种元素构建了一种新的建模工具，并因其完善的理论，能够对异步、随机、并发和分布等特性进行建模，被广泛应用于系统控制、人工智能、软件工程、柔性制造、流程建模等领域。近年来基于经典 Petri 网，又提出了引入众多概念的 Petri 网用以应对复杂的系统建模，如引入时间因素的随机 Petri 网，可用于流程效率的研究；引入层次化建模概念的分层 Petri 网及引入颜色概念的着色 Petri 网等。高级 Petri 网弥补了基础 Petri 网在建模方面的某些不足，并使 Petri 网理论不断发展完善。

接下来将上述四种流程建模方法进行比较，如表 2.4 所示。

表 2.4　四种流程建模方法比较

比较指标	EPC 方法	DFD 法	IDEF 建模方法	Petri 网方法
建模方向	面向过程	混合	面向过程	面向过程
动态性	强	强	弱	强
易理解性	强	强	弱	强
描述方法	图形化	结构化和图形化	结构化	图形化
表达能力	较好	一般	一般	较好
流程仿真	支持	不支持	不支持	支持

由表 2.4 可知，Petri 网能够很好地描述复杂系统。本书研究的对象冷链物流配送流程具有离散性和动态性的特点，符合 Petri 网的建模要求，并且冷链物流配送流程复杂多样，存在着不确定性，因此 Petri 网方法是个很好的选择。

2.4.2　随机 Petri 网

冷链物流配送因其时间敏感性，适用于在经典基础 Petri 网基础上引入时间参数的随机 Petri 网方法来进行建模，用库所、变迁、托肯和有向弧四种元素对流程进行图形化表达，分析模型中不同阶段托肯的状态，找出瓶颈环节，进行优化。

1. 随机 Petri 网概念和基本性质

1）随机 Petri 网概念（林闯，2005）

定义 2.4.1：一个三元组 $N=(P,T;F)$ 是一个 Petri 网，当且仅当 $P \cup T \neq \varnothing$（网非空）；$P \cap T \neq \varnothing$（二元性）；$F \subseteq (P \times T) \cup (T \times P)$（流关系仅在于 P 与 T 的元素之间）；$\mathrm{dom}(F) \cup \mathrm{cod}(F) = P \cup T$（没有孤立元素）。

Petri 网的基本元素是库所（用 P 表示）和变迁（用 T 表示），用有向弧（用 F 表示）表示两者之间的流关系。库所用于描述可能的系统局部状态，表示一个对象的状态或条件，变迁表示改变系统状态的变化或事件，托肯表示库所中的对象或条件，其在库所中的动态变化表示系统的不同状态。库所一般用圆或椭圆来表示，变迁用矩形来表示，托肯用黑点来表示，有向弧用箭头来表示。$\mathrm{dom}(F)=\left\{x \mid \exists y:(x,y) \in F\right\}$；$\mathrm{cod}(F)=\left\{x \mid \exists y:(y,x) \in F\right\}$，集合 $X=P \cup T$ 为网元素的集合。

定义 2.4.2：一个六元组 $\sum(P,T;F,K,W,M_0)$ 是一个 P/T 系统，当且仅当

$(P,T;F)$ 是一个网，P 元素是位置，T 元素是变迁，F 是有向弧；$K:P \to N^+ \cup \{\infty\}$ 是位置容量函数；$W:F \to N^+$ 是弧权函数；$M_0:S \to N$ 是初始标识，满足 $\forall p \in P:M_0(p) \leqslant K(P)$。

在 P/T 系统的图形表示中，对于弧 $f \in F$，当 $W(f)>1$ 时，将 $W(f)$ 标注于弧上。当一个位置的容量有限时，通常将 $K(p)$ 标注于位置 P 圆圈旁。当 $K(p)=\infty$ 时，通常省略 $K(p)$ 的标注。有界 P/T 系统的 K 函数仅为 $K:P \to N^+$，当 $K(p)=1$ 时，通常省略 $K(p)$ 的标注。标记仍由在位置中的黑点来表示。标识是标记在位置中的一种分布。

定义 2.4.3： 令 $\sum(P,T;F,K,W,M_0)$ 是一个 P/T 系统。

（1）函数 $M:P \to N$ 叫作 $\sum$ 的标识，当且仅当 $\forall p \in P:M_0(p) \leqslant K(p)$。

（2）一个变迁 $t \in T$ 在 M 下是可实施的，当且仅当 $\forall p \in P:W(p,t) \leqslant M(p) \leqslant K(P)-W(t,p)$。

（3）如果 $t \in T$ 在标识 M 下是可实施的，那么 t 可以实施并产生一个新的后续，标识为 M'，M' 可由右边方程给出：$\forall p \in P:M'(p)=M(p)-W(t,p)+W(t,p)$。

（4）系统标识 M 经过 t 的实施得到新的标识 M'，可以表示成 $M[t>M'$ 或者 $M \overset{t}{\longrightarrow} M'$。

随机 Petri 网是在 Petri 网基础上引入了时间参数，随机 Petri 网每个变迁的时延是一个随机变量，引入的随机变量有连续和离散两种。为了便于分析，假设连续的随机变量服从指数分布，离散的随机变量服从几何分布。在此情况下可以引入排队论、马尔可夫随机过程等方法来对随机 Petri 网模型进行求解分析。

随机时间 Petri 网 SPN $=(P,T;F,W,M_0,\lambda)$，其中，$(P,T;F,W,M_0)$ 是一个 P/T 系统，$M:P \to N$（非负整数集）为标识函数，M_0 为库所初始状态标识。$\lambda = \{\lambda_1,\lambda_2,\cdots,\lambda_m\}$ 为变迁的实施速率集合。λ_i 为变迁 $t_i \in T$ 的平均实施速率，表示变迁在可以被激活的情况下单位时间内的平均实施次数，单位是次数/单位时间。每个 λ_i 的值是从对所模拟系统的实际测量中获得的或根据某种要求的预测值，具有实际的物理意义。

2）随机 Petri 网基本性质（吴哲辉，2006）

随机 Petri 网作为一种应用广泛的流程建模工具，有着独有的结构和行为特性，部分如下。

（1）可达性。

设 $\sum(P,T;F,M)$ 是一个 Petri 网，如果存在 $t \in T$，使得 $M[t>M'$，则称 M 到 M' 是可达的。如果存在变迁序列 $t_0,t_1,\cdots,t_n$ 和标识序列 $M_0,M_1,\cdots,M_n$，使得

$M_0[t_0 > M_1[t_1 \cdots > M_n[t_n$，则称 M_n 是从 M_0 可达的。所有从 M_0 可达的标识的集合，称为可达标识集，记为 $R(M_0)$。

（2）有界性和安全性。

对于一个 Petri 网，其可达标识集合为 $R(M_0)$，对于任何一个库所 P，若存在正整数 B，使得 $\forall M \in R(M_0): M(p) \leqslant B$，则称库所 P 是有界的，满足此条件的最小正整数 B 为库所的界，记为 $B(P)$。当 $B(P) = 1$ 时，则称库所是安全的。

如果一个 Petri 网中的所有库所都是有界的，则说明该 Petri 网就是有界的。Petri 网的有界性常用来检查一个托肯中是否会聚集无穷多个托肯，观察所描述的对象是否存在溢出现象。

（3）活性和死锁。

在一个 Petri 网中，M_0 为初始状态标识，对于 $\forall M \in R(M_0)$，存在一个 $M' \in R(M_0)$，使得 $M'[t >$，则称变迁 t 是活的。如果一个 Petri 网中所有变迁都是活的，则该 Petri 网具有活性。Petri 网中如果没有可激发的变迁则处于死锁状态，死锁情况的出现意味着模型设计拙劣或者有缺陷，出现了死锁之后应当对模型进行修正，死锁代表系统失去了意义。

（4）冲突性。

当一个位置是两个或者多个变迁的输入位置时就产生了冲突，冲突反映了系统资源处于竞争的状态，是系统中的一种不确定性。在某种情形下，有两个或多个变迁都有可能被激活，但是现实情况只能允许一个被激活，这样就会产生冲突。在建立模型时，应尽量避免冲突的发生。

2. 随机 Petri 网基本分析方法

随机 Petri 网是一种在多领域应用的建模方法，有多种分析方法，在此选择介绍接下来将会用到的两种基本分析方法：可达标识图和可覆盖树、关联矩阵和状态方程，这两种基本方法是后面模型分析的基础。

1）可达标识图和可覆盖树

可达标识图是一种图形分析方法，由于有界 Petri 网的可达标识集是一个有限集合，这些可达标识集可以构成一个有向图，顶点为可达标识集 $R(M_0)$，有向弧表示可达标识之间的可达关系，构成了可达标识图。在可达标识图中每一个顶点都是一个向量，Petri 网的库所数和该向量的维数相等。

定义 2.4.4： 设 $\sum = \{P,T;F,M_0\}$ 是一个有界 Petri 网，$\sum$ 的可达标识图定义为一个三元组 $\mathrm{RG}(\sum) = (R(M_0),E,P)$，其中，$E = \{(M_i,M_j) \mid M_i,M_j \in R(M_0), \exists t_k \in T : [t_k > M\}$，$P: E \to T, P(M_i,M_j) = t_k$，当且仅当 $M_i[t_k > M_j$，称 $R(M_0)$ 为

$\mathrm{RG}(\Sigma)$ 的顶点集，E 为 $\mathrm{RG}(\Sigma)$ 的弧集；若 $P(M_i, M_j) = t_k$，则称 t_k 为 (M_i, M_j) 的旁标。

可达标识图方法可以将 Petri 网的很多性质展现在图形之上，能够分析 Petri 网的诸多性质，但是当 Petri 网模型较为复杂时，就会存在很多的可达状态，这时可达标识图的绘制变得相当复杂，并且不能在可达标识图上看出变迁是并发关系还是冲突关系，因而就无法区分并发和冲突。当 Petri 网为无界时，可达标识集为无限集合，可以引入转化的思想：引入一个无界量构造一个有限树，将无限集合转化为有限集合，这种有限树即可覆盖树分析方法，据此可以反映 Petri 网的基本性质。

2）关联矩阵和状态方程

随机 Petri 网关联矩阵分析方法常用于随机 Petri 网模型的结构分析，也叫作不变量分析方法。

定义 2.4.5：设 $\Sigma = \{P, T; F, M\}$ 是一个 Petri 网，$P = \{p_1, p_2, \cdots, p_m\}$，$T = \{t_1, t_2, \cdots, t_n\}$，则 Σ 的结构 $(P, T; F)$ 可以用 n 行 m 列矩阵 $C = (a_{ij})_{n \times m}$ 表示，其中

$$a_{ij} = a_{ij}' - a_{ij}, i \in \{1, 2, \cdots, n\}, j \in \{1, 2, \cdots, m\}$$

$$a_{ij} = \begin{cases} 1, & \text{若} (t_i, p_j) \in F \\ 0, & \text{否则} \end{cases}$$

$$a_{ij}' = \begin{cases} 1, & \text{若} (p_j, t_i) \in F \\ 0, & \text{否则} \end{cases}$$

称 C 为 Σ 的关联矩阵。

满足 $C^\mathrm{T} X = 0$ 的 $(m \times 1)$ 非负整数向量 x 为 Σ 的一个 P 不变量，满足 $CY = 0$ 的 $(n \times 1)$ 非负整数向量 y 为 Σ 的一个 T 不变量。P 不变量和 T 不变量满足对偶关系。

P 不变量的意义在于能够表示 Petri 网中资源的流动范围，代表着 Petri 网中托肯数量的守恒性。同时，可以根据 P 不变量推断 Petri 网在结构上的有界性和守恒性：

第一，若只要存在一个 $(n \times 1)$ 正实数向量 X 使 $C^\mathrm{T} X \leqslant 0$，则 Petri 网在结构上是有界的；

第二，若只要存在一个 $(n \times 1)$ 正实数向量 X 使 $C^\mathrm{T} X = 0$，则 Petri 网在结构上是守恒的。

随机 Petri 网的诸多性质可以通过不变量来进行分析，进而可以推导出随机 Petri 网的结构特性和行为特性。

定义 2.4.6：在 $\Sigma = \{P, T; F, M_0\}$ 的 Petri 网中，如果 $M \in R(M_0)$，那么存在 n 维

非负整数向量 X 使得 $M = M_0 + C^T X$，该方程为随机 Petri 网的状态方程，其中，M_0 为 Petri 网的状态标识，C 为关联矩阵（张乳燕等，2008）。当随机 Petri 网具有可达性时，其一定满足随机 Petri 的状态方程，但仅通过状态方程不能直接分析随机 Petri 网的可达性，还需要判断变迁序列的存在性。

2.5　路径优化求解算法

路径优化问题是 NP-hard 问题，最早由 Dantzig 和 Ramser 于 1959 年首次提出，经典的路径优化问题可描述如下：有一个起点和若干个客户点，已知各点的地理位置和需求，在满足各种约束的条件下，如何规划一条最优的路径，使其能服务到每个客户点，最后返回起点。路径优化问题扩展问题主要有存在装载限制的路径优化问题、多车型路径优化问题、带时间窗的路径优化问题、动态路径优化问题、开放式路径优化问题、绿色路径优化问题等。目前，求解路径优化问题方法一般分为精确算法和启发式算法。

2.5.1　精确算法

精确算法是指能够得到问题最优解的方法，路径优化问题中常用精确算法主要包括分支定界（branch and bound，B&B）法、割平面法等。

1. 分支定界法

分支定界法是 20 世纪 60 年代初由 Land 和 Doig 提出的，可用于求解纯整数规划或混合整数规划问题。

设有最大化的整数规划问题 A，与它对应的线性规划为问题 B（不考虑整数约束），从求解问题 B 开始，若其最优解不符合 A 的整数条件，那么 B 的最优目标函数值即 A 的最优目标函数值 z^* 的上界，记作 $\bar{z}$；而 A 的任意可行解的目标函数值将是 z^* 的下界，记作 $\underline{z}$。分支定界法就是将 B 的可行域分成子区域（称为分支）的方法，逐步减小 $\bar{z}$ 和增大 $\underline{z}$，最终求到 z^*。

分支定界法求解整数规划（最大化）问题的一般步骤如下。

（1）求解问题 B，可能得到以下情况之一。

一是问题 B 没有可行解，这时问题 A 也没有可行解，则停止。

二是问题 B 有最优解，并符合问题 A 的整数条件，问题 B 的最优解即问题 A 的最优解，则停止。

　　三是问题 B 有最优解，但不符合问题 A 的整数条件，即它的目标函数值为 $\bar{z}_0$。

　　（2）用枚举法找问题 A 的一个整数可行解，如可取 $x_j = 0$，$j = 1, 2, \cdots, n$，试探，求得其目标函数值，并记作 $\underline{z}$。以 z^* 表示问题 A 的最优目标函数值，这时有

$$\underline{z} \leqslant z^* \leqslant \bar{z} \tag{2.20}$$

其中，$\bar{z}$ 和 $\underline{z}$ 分别为 z^* 的上界和下界，初始上界为 $\bar{z}_0$。

　　（3）进行迭代。

　　第一步：分支，在问题 B 的最优解中任选一个不符合整数规划条件的变量 x_j，其值为 b_j，以 $[b_j]$ 表示小于 b_j 的最大整数。构造两个约束条件：

$$x_j \leqslant [b_j] \text{ 和 } x_j \geqslant [b_j] + 1 \tag{2.21}$$

将这两个约束条件分别加入问题 B，形成两个后继规划问题 B_1 和 B_2。不考虑整数条件求解这两个后继问题。

　　定界。以每个后继问题为一分支标明求解的结果，与其他问题的解比较，找出最优目标函数值最大者作为新的上界 $\bar{z}$。从已符合整数条件的各分支中找出目标函数值最大者作为新的下界 $\underline{z}$，若无可行解，$\underline{z} = 0$。

　　第二步：比较与剪支，各分支的最优目标函数值中若有小于 $\underline{z}$ 者，则剪掉这支，即以后不再考虑。若大于 $\underline{z}$，且不符合整数条件，则重复第一步。一直到最后得到 $z^* = \underline{z}$，得到最优整数解 x_j^*，$j = 1, 2, \cdots, n$。

　　分支定界法比穷举法优越，因为它只在一部分可行解的整数解中寻找最优解，计算量比穷举法小。

　　2. 割平面法

　　割平面法最早由美国学者 Gomory 于 1958 年提出，因此又被称为 Gomory 的割平面法。割平面法的基本思路如下：先不考虑变量 x_i 是整数这一条件，仍然先求解其相应的线性规划，若得到非整数的最优解，则增加能割去非整数解的线性约束条件（用几何术语，称为割平面），使得由原可行域中切割掉一部分，切割掉的部分只包含非整数解，即没有切割掉任何整数的可行解。此方法将指出怎样找到适当的割平面，使得切割后最终得到这样的可行域，它的一个有整数坐标的极点恰好是问题的最优解。Gomory 切割可通过单一单纯形表格生成，相比于其他切割法来说十分高效。

　　割平面法基本步骤如下。

　　（1）先不考虑变量的取整约束，用单纯形法求解相应的线性规划问题，如果该问题没有可行解或最优解已是整数则停止，否则转下一步。在求解相应的线性规划时，要将原问题的数学模型进行标准化，即一是将所有的不等式约束全部转

化成等式约束，并采用单纯形表进行计算；二是为构造切割不等式，需要将整数规划中所有非整数系数全部转换成整数。

设一整数规划问题被表达为其标准形式：

$$\text{Maximize} \quad c^{\mathrm{T}}x \tag{2.22}$$

$$\text{s.t.} \quad Ax = b \tag{2.23}$$

$$x \geqslant 0 \tag{2.24}$$

$$x \in N \tag{2.25}$$

割平面法先将整数约束进行松弛，并求解相应的线性规划问题，得出基本可行解。在几何层面上，该解为含有所有可行解的凸多胞形的一个顶点。如果该顶点不是整数点，则该方法将凸多胞形分为两部分，一部分含有该顶点的超平面，另一部分含有所有整数解。该超平面随即作为额外的线性约束加入问题中，构成修正的线性问题，以排除前一步发现的顶点。随后求解新的线性问题，重复这一过程，直到发现整数解。

使用单纯形法求解线性问题会产生一组如下形式的方程：

$$x_i + \sum_k a_{ik} x_k = b_i \tag{2.26}$$

其中，x_i 为相应线性规划最优解中为分数值的一个基变量，$i \in Q$（Q 指构成基变量号码的集合），$k \in K$（K 指构成非基变量号码的集合）。

将 b_i 和 a_{ik} 都分成整数部分 N 和非负真分数部分 f 之和，即

$$b_i = N_i + f_i, \quad 0 < f_i < 1 \tag{2.27}$$

$$a_{ik} = N_{ik} + f_{ik}, \quad 0 \leqslant f_i < 1 \tag{2.28}$$

其中，N 为不超过 b 的最大整数。代入式（2.26）得

$$x_i + \sum_k N_{ik} x_k - N_i = f_i - \sum_k f_{ik} x_k \tag{2.29}$$

其中，$f_i - \sum_k f_{ik} x_k \leqslant 0$ 为切割不等式方程。

（2）将切割不等式添加到整数规划的约束条件中，即对上述线性规划问题的可行域进行切割，然后返回步骤（1）。

由上面分析可知，切割不等式方程对问题的可行域进行了切割，但是仅切割掉了非整数最优解，并未切割掉整数最优解，因此割平面法还在不断改进中。

精确算法主要适用问题结构简单的小规模路径优化问题，对于大多数不具有明确良性结构的路径优化问题，精确算法无法求得最优解，且在实际计算中存在耗时巨大的情况，因此大多学者使用启发式算法求解路径优化问题。

2.5.2 启发式算法

启发式算法是基于自然现象或模仿生物的行为而总结提炼得到的求解问题的方法。路径优化问题中经典的启发式算法主要有 GA、SA 算法、蚁群算法、PSO 算法等。

1. GA

GA 最早是由美国学者 John Holland 于 20 世纪 70 年代提出的，该算法是根据自然界中生物体进化规律而设计提出的。GA 模拟了达尔文生物进化论中的自然选择和遗传学机理中生物进化的过程，通过建立数学模型并利用计算机仿真运算，将问题的求解过程转换成类似生物进化中的染色体基因的交叉、变异等过程。在求解较为复杂的组合优化问题时，相对一些常规的优化算法，通常能够较快地获得较好的优化结果。GA 已被人们广泛地应用于组合优化、机器学习、信号处理、自适应控制和人工生命等领域。

GA 的执行过程如下：

第一步：参数初始化。设置最大迭代次数 T，种群个体数 N。

第二步：计算适应度。计算种群中个体的适应度值。

第三步：选择。选择算子是指将个体直接遗传到下一代或通过配对交叉产生新的个体再遗传到下一代。

第四步：交叉。交叉算子是指将两个父代个体的部分结构加以替换重组而生成新个体的操作。

第五步：变异。变异算子是指改变部分个体的某些基因值。

第六步：迭代次数 $t+1$，判断是否达到最大迭代次数 T，若未达到，则返回第二步；否则，输出算法结果并结束。

GA 流程图如图 2.2 所示。

2. SA 算法

SA 算法最早是由 Metropolis 等于 1953 年提出的。它是基于 Monte-Carlo 迭代求解策略的一种随机寻优算法，思路来自固体退火原理，先将固体加温至充分高，再让其缓慢冷却，加温时，固体内部粒子随温度升高逐渐趋于无序，内能增大，而缓慢冷却时粒子状态渐趋有序，在每个温度都达到平衡态，最后在常温时达到基态，内能减为最小。SA 算法是一种通用的优化算法，理论上算法具有概率的全局优化性能，目前已在生产调度、控制工程、机器学习、神经网络、信号处理等领域得到了广泛应用。

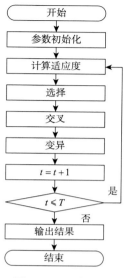

图 2.2　GA 流程图

SA 的执行过程如下：

第一步：参数初始化。设置初始温度 S，最大迭代次数 T，生成初始解 X。

第二步：计算适应度。计算初始解 X 的适应度值 $f(X)$。

第三步：产生新解 X'，计算新解 X' 的适应度值 $f(X')$。

第四步：计算适应度 $\Delta f = f(X') - f(X)$。若 $\Delta f \leqslant 0$，则接受新解 X' 作为当前解；否则，根据 Metropolis 准则，以概率 $\mathrm{e}^{[-\Delta f/(kS)]}$ 接受新解 X' 作为当前解，k 为 Boltzmann 常数。

第五步：迭代次数 $t+1$，判断是否达到最大迭代次数 T，若未达到，则返回第三步；否则，判断是否达到终止条件，终止条件通常取为连续若干个新解都没有被接受时终止算法。若达到终止条件，则输出结果并结束；否则，缓慢降低温度 S，重置迭代次数，返回第三步。

SA 流程图如图 2.3 所示。

3. 蚁群算法

蚁群算法是由意大利学者 Dorigo 等于 20 世纪 90 年代提出的，该算法是一种仿生学算法，主要思路来自蚂蚁寻找食物的行为。在路径优化问题中，蚂蚁会在其经过的路径上释放信息素，蚁群中的其他蚂蚁对信息素具有感知能力，会沿着信息素浓度较高路径行走，而每只经过的蚂蚁同样会留下信息素，因此形成正反馈机制，随着时间推移，较短路径上累积的信息素逐渐增多，该路径则对应优化问题的最优解。

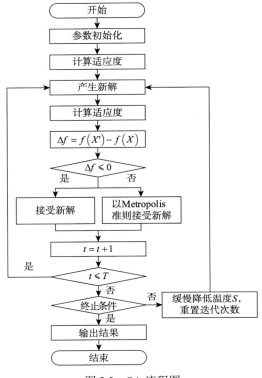

图 2.3　SA 流程图

蚁群算法执行过程如下：

第一步：参数初始化。设置最大迭代次数 T，蚂蚁数量 N，路径上的信息素浓度。

第二步：根据信息素浓度计算出选择转移到下一个节点的概率。

第三步：更新信息素浓度。

第四步：迭代次数 t 加 1，判断是否达到最大迭代次数 T，若未达到，则返回第二步；否则，输出算法结果并结束。

蚁群算法流程图如图 2.4 所示。

4. PSO 算法

PSO 算法是由 Kennedy 和 Eberhart（1995）提出的群智能优化算法，思路来源于鸟类觅食行为。PSO 算法的操作对象是粒子，每个粒子代表搜索空间内的一个实数向量，对应复杂问题的一种解。当算法每次迭代时，记录种群历史最优位置和个体历史最优位置：

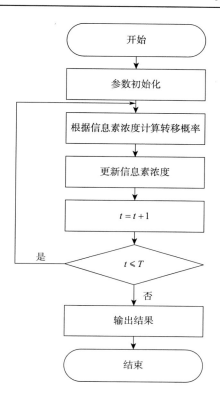

图 2.4　蚁群算法流程图

$$v_{iD}^{t+1} = \omega v_{iD}^t + c_1 r_1 \left(x_{i\text{best}D}^t - x_{iD}^t \right) + c_2 r_2 \left(g_{\text{best}D}^t - x_{iD}^t \right) \tag{2.30}$$

$$x_{iD}^{t+1} = x_{iD}^t + v_{iD}^t \tag{2.31}$$

其中，x_{iD}^t 为 t 时刻粒子 i 在 D 维上的位置；v_{iD}^t 为 t 时刻对应的速度值；ω 为常数，表示惯性权重因子；r_1 和 r_2 分别为个体学习因子和群体学习因子；$x_{i\text{best}D}^t$ 为 t 时刻粒子 i 在 D 维上的历史最优位置；$g_{\text{best}D}^t$ 为 t 时刻种群在 D 维上的历史最优位置。

　　PSO 算法是基于迭代模式的全局优化进化算法，它通过初始化随机粒子，用迭代更新粒子的位置和速度来搜索最优值。在每次迭代中，各粒子都以自身经历的历史最优位置和种群经历的历史最优位置为基础对自身所处的位置和速度进行更新。

　　PSO 执行过程如下：

　　第一步：参数初始化。设置最大迭代次数 T，生成初始粒子。

　　第二步：计算初始粒子适应度得到当前种群历史最优和个体历史最优位置。

　　第三步：更新每个粒子的位置和速度。

　　第四步：计算每个粒子的适应度。

第五步：更新每个粒子的历史最优位置和种群历史最优位置。

第六步：迭代次数 $t+1$，判断是否达到最大迭代次数 T，若未达到，则返回第三步；否则，输出算法结果并结束。

PSO 算法流程图如图 2.5 所示。

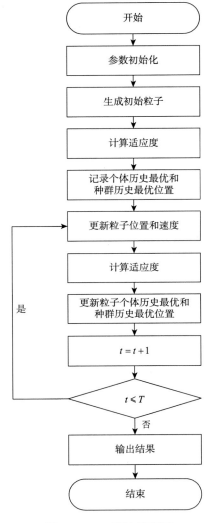

图 2.5　PSO 算法流程图

启发式算法具有求解速度快、可求解大规模路径优化问题等优点，但同时存在求解精度不高、容易陷入局部最优等问题，因此启发式算法在求解路径问题时存在改进空间。

第3章　生鲜农产品冷链物流服务商选择

冷链物流在整个物流体系中扮演着重要的角色，是消费者生活中不可或缺的组成部分。我国冷链物流相对落后，存在服务质量差、运作效率低、缺乏行业规范等问题，使得冷链物流需求方在选择服务商时干扰因素增多，难度增大。

3.1　生鲜农产品第三方冷链物流服务商选择

基于冷链物流的特点，在前人研究的基础上，建立具有冷链物流特色的评价指标体系，从冷链物流作业水平、客户服务质量、企业经营状况和企业发展潜力四个方面对第三方冷链物流服务商进行评价。针对冷链物流的特点建立冷藏运输保鲜能力、冷链覆盖比率、冷藏品安全事故率、温控设备覆盖率等指标，然后使用粗糙集对指标体系进行筛选，并根据粗糙集的理论和专家打分相结合来确定各指标权重，同时使用区间直觉模糊集对备选第三方冷链物流服务商进行排序和选择。最后使用算例进行验证。

3.1.1　生鲜农产品第三方冷链物流服务商选择指标体系构建

1. 指标体系建立的原则

建立生鲜农产品第三方冷链物流服务商选择指标体系应遵循以下原则（房士吉，2010）。

1）系统全面性原则

所构建的指标体系应能准确、多角度地反映生鲜农产品第三方冷链物流企业当前的综合实力，指标之间要有一定的逻辑关系，同时尽量使各个评价指标与需求企业的最终要求目标结合起来，形成一个系统和整体，以便全面反映评价对象的好坏。特别是使用模糊多 AHP 的时候，应该考虑去除指标的关联性，使信息得到精简表达，没有属性重复，确保结果的准确性。

2）简明科学性原则

生鲜农产品第三方冷链物流服务商评价指标体系在设计和选取时应有科学的理论依据，同时避免非客观因素的影响，尽可能选用可量化的指标。选择的指标在信息得到充分表达的情况下，要求尽量简洁明了，能够准确反映服务商的实际情况。如果选择的指标过于详细就会产生信息重复表达的情况，致使信息冗余，增加决策的难度。反之，如果选择的指标过于粗糙，可能就不能反映服务商的全部方面。所以，为了保障整个评价指标体系能够全面、准确地反映物流服务商的真实水平，要求在指标设计时，一定要遵循科学性原则。

3）全面性和重要性相结合原则

由于评价指标体系中指标来源较多，更重要的是指标权重不一，所以指标体系的建立必须遵循全面性和重要性相结合原则，以使指标体系全面反映各有关要素和各有关环节的关联，能全面评价生鲜农产品第三方冷链物流服务商的经营情况。指标体系建立全面性原则还体现在对冷链物流服务商指标来源进行划分与归类的同时，要保证内容的充分性，即不应遗漏重要的指标来源因素。重要性则意味着指标的选择要富有代表性，同时应该避免指标之间的重复设置。

4）指标的现实性和前瞻性相结合原则

指标体系既要有反映第三方冷链物流服务商现实经营状况的指标，也要有不回避存在问题的指标，更应构建未来和趋势指标，体现短期利润和长期价值之间的平衡。

5）指标结构相对稳定性与内容动态性相结合原则

生鲜农产品第三方冷链物流服务商评价指标体系的结构要素为一级指标、二级指标、衡量标准等，呈横向排列；指标内涵和衡量标准一一对应，纵横交错。这种框架结构合理，具有很强的稳定性。尽管第三方冷链物流服务商评价指标体系结构要素随着具体企业的不同会有所变动，但其内在的逻辑结构是不变的。内容的动态性是指随着时间、条件与具体环境的变化，指标体系衡量具体内容也应随之发生相应变化。

6）定量指标与定性指标相结合

定量指标较为具体、直观，评价时可以计算实际数值，而且可以制定明确的评价标准，通过量化的表述，使衡量结果直接、清晰。然而，第三方冷链物流服务商评价指标体系是一个多维的复杂系统，不是所有指标因素都能够量化，需要设计定性指标予以反映。这些定性指标所含信息量的宽度和广度要远大于定量指标，使指标衡量结果更具综合性和向导性。

7）经济性原则

在建立第三方冷链物流服务商评价指标体系时，指标的选择应该具有代表性，且能反映其综合水平，考虑到将冷链物流业务外包的成本和收益，以达到既能减少工作量和误差，又能降低成本和提高效率的目的。

2. 指标体系的初建

科学有效的指标体系在第三方冷链物流服务商的评价选择中起着关键性的作用。不同的物流需求企业在选择第三方冷链物流服务商时由于需求不同，侧重点也不一样。对于生鲜农产品冷链物流需求企业来说，在选择第三方冷链物流服务商时，不仅要考虑服务水平和服务成本，也要考察冷链物流服务商现行阶段的经营能力和未来的发展潜力。综合考虑后，在分析冷链物流特点和国内外文献的基础上，主要依据供应商选择、第三方物流服务商选择和第三方冷链物流服务商选择相关文献评价指标体系，初步构建了第三方冷链物流服务商选择的评价指标体系，其中，一级指标包括冷链物流作业水平、客户服务质量、企业经营状况和企业发展潜力，具体指标见表 3.1。

表 3.1　第三方冷链物流服务商评价指标体系初建表

评价目标	一级指标	二级指标
第三方冷链物流服务商评价指标体系	冷链物流作业水平 A	冷库利用率 a_1
		冷链运输成本控制水平 a_2（定性）
		冷藏车利用率 a_3
		冷藏运输保鲜能力 a_4（定性）
		冷库库存周转率 a_5
		冷链覆盖比率 a_6
	客户服务质量 B	冷藏品安全事故率 b_1
		客户满意度 b_2
		冷链信息共享程度 b_3（定性）
		温控设备覆盖率 b_4
		及时响应率 b_5
		交货准确率 b_6
	企业经营状况 C	市场占有率 c_1
		经济效益 c_2
		财务稳定性 c_3（定性）
		柔性服务能力 c_4

评价目标	一级指标	二级指标
第三方冷链物流服务商评价指标体系	企业发展潜力 D	冷链物流专业人员素质 d_1
		冷链研发投入率 d_2
		信誉度 d_3（定性）
		企业文化兼容性 d_4（定性）
		环保投资率 d_5

3. 指标体系说明

1）冷链物流作业水平

冷链物流作业水平是企业核心竞争能力的基础。在冷链物流企业中，其作业流程主要由运输、仓储、配送、装卸等组成，其中仓储和运输是主要物流功能。对冷链物流而言，由于其对设备的技术水平要求较高，故运输和仓储在物流成本中占比最大，因此它们是冷链物流系统中的主要功能要素。在此，主要从运输和仓储这两方面来构建冷链物流作业水平相关指标。

（1）冷库利用率。

冷库又称冷藏库，是用人工制冷的方法让固定的空间达到规定的温度便于贮藏物品的建筑物，它是任何冷链物流企业都必不可少的基础设施。冷库利用率用来描述冷库的面积及其体积的使用情况，反映出冷藏库利用水平的高低。设一定时期内冷库的平均使用体积为 V_{wa}，总体积为 V_{wd}，其平均使用面积为 S_{wa}，总面积为 S_{wd}，则冷库利用率 R_{SV} 为

$$R_{SV} = \left(0.5 \times \frac{S_{wa}}{S_{wd}} + 0.5 \times \frac{V_{wa}}{V_{wd}} \right) \times 100\% \qquad (3.1)$$

一般情况下，冷库利用率越高，表明该冷链物流企业对冷库的利用越充分，在冷藏冷冻方面的组织管理工作能力越强。

（2）冷链运输成本控制水平。

冷链运输成本主要包括运输成本、仓储成本和管理成本等，成本控制的目的是增加利润，使公司财务资金周转正常。该指标主要考察冷链物流企业在根据自身的经济实力和成本预算管理等设立的利润水平基础上，既要保证冷链物流运作的质量，又要保证对冷链物流链的投入在自己承受范围以内。如果第三方冷链物流企业提供的冷链物流服务相比其他第三方冷链物流服务商没有任何的价格优势，则该第三方冷链物流服务商就不是生鲜农产品冷链物流需求企业所优先考虑的合作伙伴，进而在一定程度上影响企业选择。

（3）冷藏车利用率。

冷藏车主要是指运输易腐物品的运输车辆，一类是保持相对低温但不带制冷

装置的保温车，另一类是具有制冷装置和绝热围护结构的冷藏车。冷藏车利用率可以反映冷藏车辆在实际装载过程中的使用情况和利用水平的高低，可对运输工作的管理、组织和调度能力进行评价。该指标可从运输车辆的体积、载重和车次三者的利用率来综合进行衡量。设一定时期内冷藏运输车平均实际装载食品的体积与重量分别为 V_{ta} 和 W_{ta}，冷藏运输车的额定容积与载重分别为 V_{tr} 和 W_{tr}，冷藏车数量和平均日出车次分别为 N_v 和 N_t，则冷藏车利用率 R_{CV} 为

$$R_{CV} = \left(\rho_v \times \frac{V_{ta}}{V_{tr}} + \rho_w \times \frac{W_{ta}}{W_{tr}} + \rho_m \times \frac{N_v}{N_t} \right) \times 100\% \qquad （3.2）$$

其中，$\rho_v + \rho_w + \rho_m = 1$，具体数值可以根据物流系统和决策者偏好的不同进行调整。

一般情况下，冷藏车利用率越高，表明冷链物流企业的运输工作的组织管理水平越高。

（4）冷藏运输保鲜能力。

冷藏运输保鲜能力是指第三方冷链物流企业拥有的冷藏运输设备能够满足市场需求和冷藏品品质的程度，该指标是定性指标。

（5）冷库库存周转率。

冷库库存周转率一般用来评估企业在库存方面所积压的资金情况，在食品冷链物流企业中，它主要用来衡量冷库中冷藏品的流转速度，故第三方冷链物流服务商评价时的库存周转率的计算方法与一般情况稍有不同。设冷藏品在库存储时间为 T_i，冷链食品保质期为 T_j，则冷库库存周转率为

$$R_z = \frac{T_i}{T_j} \times 100\% \qquad （3.3）$$

一般情况下，冷库库存周转率越小，表示企业运作效率越高。

（6）冷链覆盖比率。

冷链覆盖比率主要是指在冷藏运输过程中，冷藏品处于所需低温的时间占整个冷链的时间比率。冷链覆盖比率越高，冷藏品越不容易变质腐烂，说明第三方冷链物流服务商的服务能力也越强；反之，冷链覆盖比率越低，冷藏品变质腐烂的可能性越大。设冷藏品在冷链上实际处于低温的时间总和为 T_c，冷链从生产地到消费者手中的时间长度为 T_t，则冷链覆盖比率 R_f 为

$$R_f = \frac{T_c}{T_t} \times 100\% \qquad （3.4）$$

在选择过程中，我们更倾向选择冷链覆盖比率高的服务商。

2）客户服务质量

客户服务质量是对冷链物流企业进行评价和选择时需要考虑的重要因素。客户服务质量是用来考察第三方冷链物流服务商满足顾客需求能力的指标。客户服

务质量一般主要用客户满意度和交货准确率两个方面来评价，但考虑到冷藏品，尤其是生鲜易腐品，第三方冷链物流企业还应着重考虑食品安全性指标和其他一些指标，具体如下。

（1）冷藏品安全事故率。

冷藏品多为果蔬、海鲜、鲜花等易变质品，除了自身保质期很短外，在流通加工和运输配送过程中，对加工设备和冷藏冷冻设备的要求也较高，这就造成冷藏品从制造加工到最终的消费终端的每一个物流环节都有可能出现变质问题而导致安全事故的发生，因此冷链物流安全事故情况是一个综合性的指标。设一定时期内包括温度、湿度、环境卫生等原因引起的冷藏品安全事故发生的次数为 N_{ps}，第三方冷链物流服务商服务总次数为 S_t，则冷藏品安全事故率 R_A 为

$$R_A = \frac{N_{ps}}{S_t} \times 100\% \qquad (3.5)$$

在一定时期内，冷藏品安全事故率越小，说明第三方冷链物流服务商的冷链运作水平越高。

（2）客户满意度。

客户满意度也叫客户满意指数，是对服务性行业的顾客满意度调查系统的简称，是一个相对的概念，是客户期望值与客户体验的匹配程度。换言之，就是客户通过对一种产品或服务可感知的效果与其期望值相比较后得出的指数。客户满意度的高低，势必影响第三方冷链物流服务商的客户数量和企业口碑。影响客户满意度的因素很多，如冷链物流服务的准确性、及时性、可靠性及物流服务的价格、质量等，我们难以对其逐一衡量，但可以根据第三方冷链物流服务商总的服务次数及顾客抱怨的次数的比值来对客户满意度进行度量。设在一定时期内，第三方冷链物流服务商总的服务次数为 S_t，顾客抱怨的次数为 S_{ct}，则客户满意度 R_S 为

$$R_S = 1 - \frac{S_t}{S_{ct}} \times 100\% \qquad (3.6)$$

可知，客户抱怨率越低，客户满意度越高，通常第三方冷链物流服务商的服务水平也越高。

（3）冷链信息共享程度。

企业与企业之间、企业与客户之间若要形成长期良好的合作关系、增强彼此的信任度，必须有良好的渠道或平台来传递信息进行互动，最大化地共享彼此的资源，这是实现冷链物流服务快速响应的技术基础和信息共享的基本前提。企业可以采用 Internet/Intranet（互联网/内联网）、电子数据交换（electronic data interchange，EDI）和企业应用集成（enterprise application integration，EAI）等技术，实现业务信息的及时传递与共享、上下游间业务过程的整合与紧密衔接，有

效缓解由环境变异和短缺博弈等造成的合作不稳定性。

（4）温控设备覆盖率。

温控设备覆盖率是指在冷链物流作业过程中，包括在与合作伙伴的业务往来、配送、分拣、仓储等活动中，具有温控调节的设备数量在设备总数中所占的比重。设某第三方冷链物流服务商具有温控调节的设备数量为 Q_{ai}，设备总数为 Q_i，则温控设备覆盖率 R_W 为

$$R_W = \frac{Q_{ai}}{Q_i} \times 100\% \tag{3.7}$$

一般来说，在其他因素相同的情况下，生鲜农产品冷链物流需求企业应该选择拥有较高温控设备覆盖率的第三方冷链物流服务商。

（5）及时响应率。

冷藏品易腐变质的特性，要求第三方冷链物流服务商在生鲜农产品冷链物流需求企业下达任务后及时对其进行处理，这方面的能力用及时响应率来衡量。及时响应率用第三方冷链物流服务商及时处理加工企业订单次数占总订单次数的比重来表示，衡量第三方冷链物流对生鲜农产品冷链物流需求企业下达任务及时处理的能力。设第三方冷链物流服务商及时处理生鲜农产品冷链物流需求企业订单数为 J_i，接受的总订单数为 J_t，则及时响应率 R_J 为

$$R_J = \frac{J_i}{J_t} \times 100\% \tag{3.8}$$

一般情况下，及时响应率越高，第三方冷链物流服务商及时处理生鲜农产品冷链物流需求企业下达的冷链物流任务的能力越强。

（6）交货准确率。

通常，把交货准确率定义为在一定时期内把正确的产品以正确的数量和质量送到正确地点的交货次数与总的交货次数的比率。交货准确与否和交货准确率的高低，不但影响冷链物流企业信誉，而且，一旦不能准确交货，冷链物流企业必须重新交货，这个过程必定消耗一定的人力、物力和财力，增加不必要的交货成本。设在一段时期内，总的交货次数为 M_d，其中准确交货次数为 M_{rd}，则交货准确率 R_D 为

$$R_D = \frac{M_{rd}}{M_d} \times 100\% \tag{3.9}$$

一般情况下，交货准确率越高，第三方冷链物流服务商的服务质量越高。

3）企业经营状况

第三方冷链物流服务商的经营状况是一定时期内企业经营能力和营利能力的体现，是生鲜农产品冷链物流需求企业在选择冷链物流服务商时重要的参考指标，

尤其是在双方没有合作基础时，第三方冷链物流服务商过去的经营状况往往成为生鲜农产品冷链物流需求企业选择合作伙伴的重要考虑因素，可以从该服务商以前的历史记录来考察它的经营状况。

（1）市场占有率。

市场占有率是指一定时段内某第三方冷链物流服务商提供的某服务的份额占行业内同类服务的百分比，它在很大程度上反映了第三方冷链物流服务商的竞争地位和营利能力，是非常值得重视的一个指标。设某第三方冷链物流服务商提供的某服务的销售额为U_s，行业内同类服务总额为U_t，则市场占有率R_M为

$$R_M = \frac{U_s}{U_t} \times 100\% \tag{3.10}$$

总的来说，市场占有率越高，该冷链物流服务商的实力越强大，经营状况越好。

（2）经济效益。

经济效益是衡量一切经济活动的综合指标。企业的经济效益，就是企业的生产总值同生产成本之间的比例关系。高的经济效益，就是要求以较少的消耗取得较多的成果，它反映着冷链物流服务商的财务状况和经营绩效。设一定时期内某第三方冷链物流服务商的利润总额和净资产总额为P_r和P_n，则经济效益R_E为

$$R_E = \frac{P_r}{P_n} \times 100\% \tag{3.11}$$

（3）财务稳定性。

财务稳定性是评价第三方冷链物流服务商最为重要的因素之一。稳定的财务状况可以确保第三方冷链物流企业持续的生产和运营，也是第三方冷链物流企业经营绩效的一种体现。同时，稳定的财务状况可以保证在需要时，第三方冷链物流服务商有足够的财力投入以扩大再生产。当具体考察冷链物流服务商的财务稳定性时，可评价其资产负债率和流动比率，这些都可以从其财务报表的历史数据中获知。

（4）柔性服务能力。

柔性服务能力是指快速、低成本地从提供一种产品或服务转换为提供另一种产品或服务的能力，具体指第三方冷链物流服务商对于外部或内部干扰导致的变化所能做的调整范围，是对其设备状况和服务组织弹性能力的客观反映。当目标顾客的需求增加或发生变化时，生鲜农产品冷链物流需求企业要想满足这种需求或变化，就要求第三方冷链物流服务商能够相应地有较好的服务柔性，在第一时间内提供适当的服务，满足生鲜农产品冷链物流需求企业顾客需求。设A_Q为服务量，ΔQ为在现有条件下第三方冷链物流服务商能力所能做出的调整幅度，则柔性

服务能力 R_S 为

$$R_S = \frac{\Delta Q}{A_Q} \times 100\% \qquad (3.12)$$

一般来说，柔性服务能力值越高，该冷链物流服务商的服务弹性越好，现有条件下第三方冷链物流服务商能力所能做出的调整幅度越大，越能满足生鲜农产品冷链物流需求企业需求。

4）企业发展潜力

企业发展潜力是指企业可预期的价值生产能力，也就是企业能为消费者带来的潜在效用和企业在市场空间中的内在发展趋势，它主要考虑冷链物流服务企业以后的发展前景，评价是否能够与冷链物流服务企业建立长期的合作关系。因为长期稳定的协作关系可以减少转换成本，并且又互相了解和信任，可以提高第三方冷链物流服务商服务的柔性和可靠性。这个指标是考察持续性的指标，具体包括以下指标。

（1）冷链物流专业人员素质。

冷链物流专业人员素质是指冷链物流服务商的员工从事冷链物流业务和活动所需具备的知识、技巧、品质及工作的能力。冷链物流专业人员必须具备一定的化学常识。再者，由于冷库和冷藏车里有压缩机等设备，故还需要有一定的电学常识，而关于制冷的结构、工艺、原理等专业知识，是冷冻物流人才必须要掌握的冷链物流知识。第三方冷链物流服务商是否有良好的发展前景，这跟其专业人员的素质息息相关。在这个信息技术日新月异的时代，特别是在冷链物流业务对技术和设备要求较高的情况下，只有当专业人员素质够高时，才能迅速接受新事物，不断提高冷链物流业务服务水平。设第三方冷链物流服务商企业中受过大专教育以上的员工人数和员工总数分别为 P_c 和 P_t，则冷链物流专业人员素质 R_H 为

$$R_H = \frac{P_c}{P_t} \times 100\% \qquad (3.13)$$

一般来说，第三方冷链物流服务企业的专业人员素质越高，该企业发展潜力越大，服务水平也越高。

（2）冷链研发投入率。

冷链研发投入率是反映冷链物流服务商技术创新的一个重要指标，主要表现为冷链物流服务商为了提高软件和硬件水平，对研究开发的投入情况。设一定时期内冷链物流服务商投入在冷链上的研究开发费用和营业总收入分别为 F_c 和 F_t，则冷链研发投入率 R_I 为

$$R_I = \frac{F_c}{F_t} \times 100\% \qquad (3.14)$$

生鲜农产品冷链物流需求企业为了保证冷藏品的质量安全，使其在市场上更具有竞争力，就必须选择冷链研发投入较大的冷链物流服务商。

（3）信誉度。

信誉度是指在借贷、经商、人际交往等方面的活动，因对合同、要约、合约、协议等的遵守程度而影响第二次活动的正常进行的因素。在此指第三方冷链物流服务商的知名度、美誉度及冷链物流服务商在消费者和社会公众中所树立的形象。一旦生鲜农产品冷链物流需求企业与冷链物流服务商结成战略伙伴关系，双方就形成利益共同体，第三方冷链物流服务商形象将影响生鲜农产品冷链物流需求企业，导致其在消费者和社会公众心中形象提升或受损，从而影响生鲜农产品冷链物流需求企业的市场销售和企业业绩。通常，具有良好信誉度的第三方冷链物流服务商更可靠。

（4）企业文化兼容性。

企业文化兼容性是指相互合作企业双方的文化氛围是否类似，一方能否尊重和承认另一方的企业文化，是一种无形的约束。一般情况下，企业更容易选择和自己的企业文化相近的企业合作，因为这样更容易进行良好的沟通和合作，大大降低企业的交易成本及协调管理难度。如果文化差异过大，矛盾冲突将不断出现，合作关系会不断恶化。

（5）环保投资率。

第三方冷链物流服务商要想可持续发展，就必须提高其绿色环保水平，承担更多的社会责任，注重对环保设施设备和环保技术的投资，如通过购置环保冷藏车来降低排放量等。在冷链物流服务商中，环保设施设备和环保技术的优劣决定着降低环境污染的能力，是其社会责任感的重要反映。环保意识强的冷链物流服务商能提高其在社会上的企业形象和美誉度，从而提高生鲜农产品冷链物流需求企业的社会地位。设某第三方冷链物流服务商环保投资额和营业收入分别为 V_i 和 U_s，则环保投资率 R_E 为

$$R_E = \frac{V_i}{U_s} \times 100\% \tag{3.15}$$

一般情况下，环保投资额越高，冷链物流服务商环境基础设施、环保技术、环保设备水平就越高，其降低环境污染的能力就越强。

3.1.2 基于粗糙集和区间直觉模糊集的生鲜农产品第三方冷链物流服务商选择

在物流服务商选择过程中，不确定性问题的存在，使得物流需求企业对物流

服务商的服务质量、服务时间和服务成本等因素难以量化，无法得到精确的结果。区间直觉模糊集的方法正是采用给予区间属性值的方法，使其能够量化，最终得到确定的评价结果。同时，在权重的确定中，使用专家评分和粗糙集相结合的方法，既能够克服主观性强的缺陷，也能避免第三方物流服务不确定性特点。将粗糙集理论和区间直觉模糊集结合在一起，组成第三方物流服务商选择的综合决策模型，一方面是因为这两种方法都能够很好地适应物流服务商选择的特点，解决其评价指标的模糊性问题；另一方面是能够对指标体系进行精简，解决指标冗余的问题，使得计算过程无须反复验证，也提高了计算结果的准确性。将这两种方法相结合，可以使模糊的、复杂的评价过程转化为量化的、简单的决策过程，更适合在企业物流服务商选择中应用。

1. 利用粗糙集进行指标约简和权重确定

利用粗糙集理论的属性约简方法可以对指标体系进行精简，约简掉冗余指标，得到各指标间相互独立的指标体系。因粗糙集理论不能对连续的数值进行处理，所以在使用粗糙集的属性约简理论时，需要预先对初始指标体系进行处理，用离散化的数据来表示原始数据。

离散化的数据具有降低计算复杂程度、提高计算准确度和指标聚类程度、易于被信息表达系统识别等优点。粗糙集离散的主要思想是利用断点来划分信息表达系统的多维空间，使划分后的每个区域中的数值对应的决策结果相同。采用等距划分法对获得的综合评价信息进行处理，即在每个属性上，根据收集到的数据，把属性值划分为距离相等的区间。

利用粗糙集进行指标约简和确定权重的过程如下。

（1）指标体系的构建以及样本数据的获取。构建描述论域的知识体系，即指标体系 $R = \{r_1, r_2, \cdots, r_n\}$，形成 $n \times m$ 矩阵，并从中获取对应的样本数据。

（2）样本数据的离散化。由于粗糙集只能约简离散化数据，故必须在指标约简前对数据进行离散化处理。

（3）指标体系的精简。根据约简和核的概念，对于决策表中的论域 U，若属性 $i, j \in R$ 对应的评价对象的属性值相同，则认为属性 i, j 具有相同的可分辨性，只保留一个，从而简化决策表，精简指标体系。

（4）权重的计算。基于属性重要性的概念，根据式（2.2）~式（2.4）求得各指标的权重 ω，并通过专家赋予一级指标的权重对三级指标的 ω 值进行处理，从而得到约简后各二级指标权重值。

2. 基于区间直觉模糊集的服务商选择

通常这样描述多属性决策问题中的区间直觉模糊数：当涉及某一个不确定的多属性决策问题时，设 $A = \{A_1, A_2, \cdots, A_m\}$ 是决策问题的方案集，$C = \{C_1, C_2, \cdots, C_n\}$ 是决策问题的属性集，而 $\omega = (\omega_1, \omega_2, \cdots, \omega_n)^T$ 是决策问题待定的属性权重向量。用区间直觉模糊数 (μ_{ij}, v_{ij}) 来表示属性 C_j 下方案 A_i 所具备的特征信息，若属性 C_j 被方案 A_i 满足，则其满足的程度可以表示为 $\tilde{\mu}_{ij} = \left[\mu_{ij}^L, \mu_{ij}^U \right]$，属性 C_j 不被方案 A_i 满足，则其不满足的程度可以表示为 $\tilde{v}_{ij} = \left[v_{ij}^L, v_{ij}^U \right]$，与此同时，$0 \leqslant \mu_{ij}^L, \mu_{ij}^U, v_{ij}^L, v_{ij}^U \leqslant 1, 0 \leqslant \mu_{ij}^U + v_{ij}^U \leqslant 1$。

通常用区间直觉模糊数 (ρ_j, τ_j) 来表示属性 C_j 在重要性上的排序，而属性 C_j 重要程度的隶属度和非隶属度分别用 $\rho_j = \left[\rho_j^L, \rho_j^U \right]$ 和 $\tau_j = \left[\tau_j^L, \tau_j^U \right]$ 来表示，其中，$0 \leqslant \rho_j^L, \rho_j^U, \tau_j^L, \tau_j^U \leqslant 1$，$0 \leqslant \rho_j^U + \tau_j^U \leqslant 1$，与此同时，属性 C_j 重要程度的不确定范围随着区间直觉模糊指数 $\left[\varepsilon_j^L, \varepsilon_j^U \right] = \left[1 - \rho_j^U - \tau_j^U, 1 - \rho_j^L - \tau_j^L \right]$ 的升高而变大（洪旖旎，2012）。

综上所述，可得出基于区间直觉模糊集的决策方法步骤如下：

（1）将方案 A_i（即冷链物流服务商 n_i）对应各属性的数据表示成区间直觉模糊数的形式。

（2）利用 2.2.3 小节粗糙集确定的指标权重求得基于方案 A_i（即冷链物流服务商 n_i）的综合区间直觉模糊值 $z_i (i = 1, 2, \cdots, m)$，计算公式为式（2.8）或式（2.9）。

（3）通过定义 2.2.9 所得出的结果可知，为了得出各方案（各冷链物流服务商）优劣性的排序，需要先计算出 z_i 的得分函数值 $S(z_i)(i = 1, 2, \cdots, m)$，通过比较 $S(z_i)$，选择 $S(z_i)$ 最大的那个冷链物流服务商，得出评价结果。

3.1.3　案例分析

1. 背景描述

企业 Y 为了扩大市场，增强自身的冷链物流能力，需要将自身的冷链物流业务外包给合适的第三方冷链物流服务商。企业 Y 主要的产品有以下一些特点：①保质期短。产品的保质期一般在几天到几个月。②容易腐烂变质。产品容易腐烂，如果运作不及时，容易产生食品安全问题。③需要特殊冷藏（如速冻水饺、包子等）。④市场需求大，价格低廉。

结合自身产品特点和当地的行业情况，企业打算从冷链物流作业水平、客户服务质量、企业经营状况和企业发展潜力四个方面对第三方冷链物流服务商进行选择。在选择之前，企业 Y 收集了相关资料，确定了 10 家企业作为备选冷链物流服务商。各供应商相关的指标数据见表 3.2 和表 3.3，其中，定量指标（冷库利用率 a_1、冷藏车利用率 a_3、冷库库存周转率 a_5、冷藏品安全事故率 b_1、客户满意度 b_2、温控设备覆盖率 b_4、及时响应率 b_5、交货准确率 b_6、市场占有率 c_1、经济效益 c_2、柔性服务能力 c_4、冷链物流专业人员素质 d_1、冷链研发投入率 d_2、环保投资率 d_5）的数据是从冷链物流服务商的历史资料中进行计算得出的结果，定性指标（冷链运输成本控制水平 a_2、冷藏运输保鲜能力 a_4、冷链信息共享程度 b_3、财务稳定性 c_3、信誉度 d_3、企业文化兼容性 d_4）的数据是经过专家评分得出的结果。

表 3.2　第三方冷链物流服务商原始数据 1

供应商	a_1	a_2	a_3	a_4	a_5	b_1	b_2	b_3	b_4	b_5	b_6
n_1	0.9	8	0.82	7	0.98	0.97	0.9	7	0.018	0.83	0.8
n_2	0.89	7	0.89	9	0.92	0.92	0.89	6	0.025	0.92	0.86
n_3	0.95	5	0.85	8	0.75	0.79	0.79	9	0.03	0.81	0.75
n_4	0.92	5	0.8	10	0.85	0.85	0.88	7	0.016	0.78	0.88
n_5	0.79	8	0.88	5	0.88	0.84	0.76	8	0.021	0.91	0.76
n_6	0.83	7	0.89	8	0.73	0.91	0.92	6	0.015	0.79	0.68
n_7	0.93	9	0.91	7	0.65	0.92	0.93	5	0.016	0.85	0.79
n_8	0.85	10	0.86	6	0.79	0.79	0.84	8	0.023	0.84	0.9
n_9	0.76	7	0.86	9	0.68	0.86	0.68	9	0.034	0.92	0.89
n_{10}	0.78	8	0.8	5	0.82	0.76	0.75	4	0.008	0.98	0.85

表 3.3　第三方冷链物流服务商原始数据 2

供应商	c_1	c_2	c_3	c_4	d_1	d_2	d_3	d_4	d_5
n_1	0.031	0.053	7	0.79	0.56	0.55	7	10	0.078
n_2	0.035	0.059	6	0.85	0.64	0.46	5	6	0.056
n_3	0.051	0.072	6	0.83	0.71	0.61	8	8	0.068
n_4	0.041	0.084	9	0.75	0.82	0.55	9	9	0.066
n_5	0.045	0.071	7	0.61	0.66	0.62	10	6	0.046
n_6	0.035	0.085	4	0.45	0.75	0.74	8	5	0.055
n_7	0.046	0.054	9	0.86	0.52	0.68	8	6	0.089
n_8	0.047	0.063	5	0.46	0.63	0.83	9	7	0.092
n_9	0.032	0.061	6	0.75	0.77	0.77	5	6	0.088
n_{10}	0.036	0.048	7	0.65	0.62	0.46	7	8	0.064

为了获取数据的需要，开始使用 10 个备选冷链物流服务商进行指标约简和权重的计算，最后以前五个冷链物流服务商为例，使用区间直觉模糊集对冷链物流服务商进行选择。其中，指标 a_6（冷链覆盖比率）由于原始数据收集不全面，暂时无法使用其作为评价指标，遂将其省略掉。

2. 选择过程

1）数据离散化

粗糙集理论要求决策表中的数据用离散化数据表达。在此，采用等距离划分方法对以上获得的数据进行离散化处理，用"1"、"2"、"3"和"4"代表位于区间 [min，min+step）、区间 [min+step，min+2step）、区间 [min+2step，min+3step）和 [min+3step，max] 的数。其中，step=（max−min）/4。数字"1"、"2"、"3"和"4"分别代表该指标具有"差"、"中"、"良"和"好"的属性。

表 3.2 和表 3.3 的离散化处理结果见表 3.4。

表 3.4　指标离散值（一）

供应商	a_1	a_2	a_3	a_4	a_5	b_1	b_2	b_3	b_4	b_5	b_6	c_1	c_2	c_3	c_4	d_1	d_2	d_3	d_4	d_5
n_1	3	2	3	2	4	4	4	3	3	2	3	1	1	3	4	1	1	3	4	1
n_2	3	4	2	4	1	3	4	3	2	3	3	3	2	4	2	1	2	2	1
n_3	4	3	1	3	2	2	2	2	1	1	4	3	3	2	4	3	2	3	3	3
n_4	3	2	3	2	4	4	4	3	3	1	3	2	4	3	3	1	2	4	1
n_5	2	4	3	1	3	3	3	4	3	3	3	2	2	2	1	2	4
n_6	2	4	3	3	4	3	4	3	3	2	4	1	1	3	2	4	1	3
n_7	3	4	2	4	1	4	3	2	3	3	1	3	2	4	3	3
n_8	3	4	2	4	2	2	3	4	3	1	3	2	4	1	1	2	2	1	2	4
n_9	2	1	3	2	4	3	3	4	3	2	4	1	1	3	2	4	1	3
n_{10}	2	4	3	1	3	2	2	4	1	1	4	2	1	3	2	1	2	2	1

2）指标体系约简

对"冷链物流作业水平 A"来说，$S = \langle U, A \rangle$，其中论域 $U = (n_1, n_2, \cdots, n_{10})$，条件属性 $A = (a_1, a_2, a_3, a_4, a_5)$。根据粗糙集的不可分辨关系计算可得

$$U / \mathrm{ind}(A) = \{(n_1, n_4), (n_2, n_7), (n_3), (n_5, n_{10}), n_6, n_8, n_9\},$$

$$U / \mathrm{ind}(A - a_1) = \{(n_1, n_4), (n_2, n_7), (n_3), (n_5, n_{10}), n_6, n_8, n_9\},$$

$$U / \mathrm{ind}(A - a_2) = \{(n_1, n_4), (n_2, n_7), (n_3), (n_5, n_{10}), (n_6, n_9), n_8\},$$

$U/\text{ind}(A-a_3)=\left\{(n_1,n_4),(n_2,n_7),(n_3),(n_5,n_{10}),n_6,n_8,n_9\right\}$，

$U/\text{ind}(A-a_4)=\left\{(n_1,n_4),(n_2,n_7),(n_3),(n_5,n_6,n_{10}),n_8,n_9\right\}$，

$U/\text{ind}(A-a_5)=\left\{(n_1,n_4),(n_2,n_7,n_8),(n_3),(n_5,n_{10}),n_6,n_9\right\}$，

$U/\text{ind}(A)=U/\text{ind}(A-a_1)\neq U/\text{ind}(A-a_2)=U/\text{ind}(A-a_3)\neq U/\text{ind}(A-a_4)\neq$ $U/\text{ind}(A-a_5)$，根据粗糙集属性约简的理论，"冷链物流作业水平 A" 下的 a_1、a_3 可以约简掉。同理，$U/\text{ind}(B)=\left\{\{n_1,n_6,n_7\},\{n_2\},\{n_3\},\{n_4,n_5\},\{n_8\},\{n_9\},\{n_{10}\}\right\}$，

$U/\text{ind}(B-b_1)=\left\{\{n_1,n_2,n_6,n_7\},\{n_3\},\{n_4,n_5,n_8\},\{n_9\},\{n_{10}\}\right\}$，

$U/\text{ind}(B-b_2)=\left\{\{n_1,n_6,n_7\},\{n_2\},\{n_3\},\{n_4,n_5,n_9\},\{n_8\},\{n_{10}\}\right\}$，

$U/\text{ind}(B-b_3)=\left\{\{n_1,n_6,n_7\},\{n_2\},\{n_3,n_{10}\}\{n_4,n_5\},\{n_8\},\{n_9\}\right\}$，

$U/\text{ind}(B-b_4)=\left\{\{n_1,n_6,n_7\},\{n_2\},\{n_3\},\{n_4,n_5\},\{n_8\},\{n_9\},\{n_{10}\}\right\}$，

$U/\text{ind}(B-b_5)=\left\{\{n_1,n_6,n_7\},\{n_2\},\{n_3\},\{n_4,n_5\},\{n_8\},\{n_9\},\{n_{10}\}\right\}$，

$U/\text{ind}(B-b_6)=\left\{\{n_1,n_6,n_7\},\{n_2\},\{n_3\},\{n_4,n_5\},\{n_8\},\{n_9\},\{n_{10}\}\right\}$，

$U/\text{ind}(B)\neq U/\text{ind}(B-b_1)\neq U/\text{ind}(B-b_2)\neq U/\text{ind}(B-b_3)=U/\text{ind}(B-b_4)=$ $U/\text{ind}(B-b_5)=U/\text{ind}(B-b_6)$，根据粗糙集属性约简的理论，一级指标 "客户服务质量 B" 下的 b_4、b_5、b_6 可以约简掉。

$U/\text{ind}(C)=\left\{\{n_1\},\{n_2,n_3\},\{n_4\},\{n_5\},\{n_6,n_8\},\{n_7\},\{n_9\},\{n_{10}\}\right\}$，

$U/\text{ind}(C-c_1)=\left\{\{n_1,n_7\},\{n_2,n_3\},\{n_4\},\{n_5\},\{n_6,n_8\},\{n_9\},\{n_{10}\}\right\}$，

$U/\text{ind}(C-c_2)=\left\{\{n_1\},\{n_2,n_3\},\{n_4\},\{n_5\},\{n_6,n_8\},\{n_7\},\{n_9\},\{n_{10}\}\right\}$，

$U/\text{ind}(C-c_3)=\left\{\{n_1\},\{n_2,n_3\},\{n_5\},\{n_4,n_6,n_8\},\{n_7\},\{n_9\},\{n_{10}\}\right\}$，

$U/\text{ind}(C-c_4)=\left\{\{n_1\},\{n_2,n_3,n_5\},\{n_4\},\{n_6,n_8\},\{n_7\},\{n_9\},\{n_{10}\}\right\}$，

$U/\text{ind}(C)\neq U/\text{ind}(C-c_1)=U/\text{ind}(C-c_2)\neq U/\text{ind}(C-c_3)\neq U/\text{ind}(C-c_4)$，

"企业经营状况" 下的 c_2 可以约简掉。

$U/\text{ind}(D)=\left\{\{n_1\},\{n_2,n_{10}\},\{n_3\},\{n_4,n_9\},\{n_5,n_8\},\{n_6\},\{n_7\}\right\}$，

$U/\text{ind}(D-d_1)=\left\{\{n_1,n_4,n_9\},\{n_2,n_{10}\},\{n_3\},\{n_5,n_8\},\{n_6\},\{n_7\}\right\}$，

$U/\text{ind}(D-d_2)=\left\{\{n_1\},\{n_2,n_{10}\},\{n_3\},\{n_4,n_9\},\{n_5,n_8\},\{n_6\},\{n_7\}\right\}$，

$U/\text{ind}(D-d_3)=\left\{\{n_1\},\{n_2,n_{10}\},\{n_3,n_7\},\{n_4,n_9\},\{n_5,n_8\},\{n_6\}\right\}$，

$U/\text{ind}(D-d_4)=\left\{\{n_1\},\{n_2,n_{10}\},\{n_3\},\{n_4,n_9\},\{n_5,n_8\},\{n_6,n_7\}\right\}$，

$U/\text{ind}(D-d_5)=\left\{\{n_1\},\{n_2,n_{10}\},\{n_3\},\{n_4,n_9\},\{n_5,n_8\},\{n_6\},\{n_7\}\right\}$，

$U/\text{ind}(D)\neq U/\text{ind}(D-d_1)=U/\text{ind}(D-d_2)\neq U/\text{ind}(D-d_3)\neq U/\text{ind}(D-d_4)=$ $U/\text{ind}(D-d_5)$，可见，"企业发展潜力" 下的 d_2、d_5 可以约简掉。

约简后的第三方冷链物流服务商评价指标体系及对应的离散结果分别如表3.5和表 3.6 所示。

表 3.5 约简后的第三方冷链物流服务商评价指标体系

评价目标	一级指标	二级指标
第三方冷链物流服务商评价指标体系	冷链物流作业水平 A	冷链运输成本控制水平 a_2（定性）
		冷藏运输保鲜能力 a_4（定性）
		冷库库存周转率 a_5
	客户服务质量 B	冷藏品安全事故率 b_1
		客户满意度 b_2
		冷链信息共享程度 b_3（定性）
	企业经营状况 C	市场占有率 c_1
		财务稳定性 c_3（定性）
		柔性服务能力 c_4
	企业发展潜力 D	冷链物流专业人员素质 d_1
		信誉度 d_3（定性）
		企业文化兼容性 d_4（定性）

表 3.6 约简后的第三方冷链物流服务商评价指标体系对应的离散结果

供应商	a_2	a_4	a_5	b_1	b_2	b_3	c_1	c_3	c_4	d_1	d_3	d_4
n_1	2	2	4	4	4	3	1	3	4	1	3	4
n_2	4	4	1	3	4	3	3	2	4	2	2	2
n_3	3	3	2	2	2	2	3	2	4	3	3	3
n_4	2	2	4	3	3	4	2	4	1	4	3	4
n_5	4	1	3	3	3	3	3	2	3	2	1	2
n_6	4	3	3	4	4	3	2	1	1	3	4	1
n_7	4	4	1	4	4	3	3	3	4	3	4	3
n_8	4	4	2	2	3	4	2	1	1	2	1	2
n_9	1	3	3	3	1	4	1	2	3	4	3	4
n_{10}	4	1	3	2	2	4	2	3	2	2	2	2

3）确定权重

专家对 10 个第三方冷链物流服务商的推荐意见如表 3.7 所示。其中，M 列表示专家对各服务商的推荐程度，"1~4"表示专家推荐程度依次递增。

表 3.7　约简后评价指标体系及专家推荐指数结果离散数值

供应商	a_2	a_4	a_5	M	b_1	b_2	b_3	M	c_1	c_3	c_4	M	d_1	d_3	d_4	M
n_1	2	2	4	3	4	4	3	4	1	3	4	2	1	3	4	3
n_2	4	4	1	4	3	4	3	3	3	2	4	3	2	2	2	4
n_3	3	3	2	3	4	2	2	3	2	4	3	3	3	3	4	4
n_4	2	2	4	3	3	3	4	1	2	4	1	1	4	3	4	3
n_5	4	1	3	2	3	3	4	2	3	2	2	3	2	1	2	2
n_6	4	3	3	2	3	3	2	1	1	4	3	4	3	4	1	1
n_7	4	4	1	4	4	4	3	3	3	3	4	2	3	4	3	1
n_8	4	4	2	4	2	3	4	2	2	1	1	1	2	1	2	2
n_9	1	3	3	2	3	1	4	1	2	3	4	4	4	3	4	3
n_{10}	4	1	3	2	2	2	4	2	2	3	2	4	2	2	2	2

其中，$U/\text{ind}(A)=\{\{n_1,n_4\},\{n_2,n_7\},\{n_3\},\{n_5,n_{10}\},\{n_6\},\{n_8\},\{n_9\}\}$，$U/M=\{\{n_1,n_3,n_4\},\{n_2,n_7,n_8\},\{n_5,n_6,n_9,n_{10}\}\}$。

根据相对约简和依赖度的定义，可得到 $\text{pos}_A(M)=\{\{n_1,n_4\},\{n_2,n_7\},\{n_3\},\{n_5,n_{10}\},\{n_6\},\{n_8\},\{n_9\}\}$，$k=\dfrac{\left|\text{pos}_A(M)\right|}{|U|}=\dfrac{7}{10}=0.7$，

$\text{pos}_{A-a_2}(M)=\{\{n_1,n_4\},\{n_2,n_7\},\{n_3\},\{n_5,n_{10}\},\{n_6,n_9\},\{n_8\}\}$，

$\text{pos}_{A-a_4}(M)=\{\{n_1,n_4\},\{n_2,n_7\},\{n_3\},\{n_5,n_6,n_{10}\},\{n_8,n_9\}\}$，

$\text{pos}_{A-a_5}(M)=\{\{n_1,n_4\},\{n_2,n_7\},\{n_3\},\{n_5,n_{10}\},\{n_6\},\{n_8\},\{n_9\}\}$。

根据式（2.2）计算 a_2、a_4、a_5 的重要性：

$$r_{C-a_2}(M)=\frac{6}{10}=0.6，$$

$$r_{C-a_4}(M)=\frac{5}{10}=0.5，$$

$$r_{C-a_5}(M)=\frac{7}{10}=0.7。$$

那么 a_2、a_4、a_5 的客观权重分别为

$$q_{a_2}=\frac{0.7-0.6}{0.1+0.2+0}=0.3333，$$

$$q_{a_4}=\frac{0.7-0.5}{0.1+0.2+0}=0.6667，$$

$$q_{a_5}=\frac{0.7-0.7}{0.1+0.2+0}=0。$$

若专家给予的主观权重分别为 0.2、0.5、0.3，选取经验因子为 $\beta = 0.6$，则根据式（2.4）计算综合权重分别为

$w_{a_2} = 0.6 \times 0.3333 + 0.4 \times 0.2 = 0.28$，

$w_{a_4} = 0.6 \times 0.6667 + 0.4 \times 0.5 = 0.60$，

$w_{a_5} = 0.6 \times 0 + 0.4 \times 0.3 = 0.12$。

同理计算出 $q_{b_1} = 0.50$、$q_{b_2} = 0.25$、$q_{b_3} = 0.25$，选取经验因子为 $\beta = 0.6$，若专家给予的主观权重分别为 0.6、0.3、0.1，则综合权重分别为

$w_{b_1} = 0.6 \times 0.50 + 0.4 \times 0.6 = 0.54$，

$w_{b_2} = 0.6 \times 0.25 + 0.4 \times 0.3 = 0.27$，

$w_{b_3} = 0.6 \times 0.25 + 0.4 \times 0.1 = 0.19$。

同理计算出 $q_{c_1} = q_{c_3} = q_{c_4} = 0.3333$，选取经验因子为 $\beta = 0.6$，若专家给予的主观权重为 0.10、0.25、0.65，则综合权重分别为

$w_{c_1} = 0.6 \times 0.3333 + 0.4 \times 0.10 = 0.24$，

$w_{c_3} = 0.6 \times 0.3333 + 0.4 \times 0.25 = 0.30$，

$w_{c_4} = 0.6 \times 0.3333 + 0.4 \times 0.65 = 0.46$。

同理计算出 $q_{d_1} = q_{d_3} = q_{d_4} = 0.3333$，选取经验因子为 $\beta = 0.6$，若专家给予的主观权重为 0.30、0.25、0.45，则综合权重分别为

$w_{d_1} = 0.6 \times 0.3333 + 0.4 \times 0.30 = 0.32$，

$w_{d_3} = 0.6 \times 0.3333 + 0.4 \times 0.25 = 0.30$，

$w_{d_4} = 0.6 \times 0.3333 + 0.4 \times 0.45 = 0.38$。

若专家赋予四个一级指标的权重一样，即 $\omega_A = 0.25, \omega_B = 0.25, \omega_C = 0.25, \omega_D = 0.25$，则将约简后各二级指标权重进行处理，得到约简后各二级指标权重值如表 3.8 所示。

表 3.8   约简后各二级指标权重值

指标	a_2	a_4	a_5	b_1	b_2	b_3	c_1	c_3	c_4	d_1	d_3	d_4
权重	0.07	0.15	0.03	0.135	0.0675	0.0475	0.06	0.075	0.115	0.08	0.075	0.095

4）第三方冷链物流服务商的排序和选择

在使用区间直觉模糊集对各备选冷链物流服务商进行排序前，需要对冷链物流服务商对应的属性值进行处理，表示成区间直觉模糊数的形式。各冷链物流服务商的数据经离散后对应的区间直觉模糊数表示规则如表 3.9 所示。

表 3.9　区间直觉模糊数表示规则

离散数	区间直觉模糊数
4	$[(0.7,0.9),(0.1,0.2)]$
3	$[(0.5,0.7),(0.2,0.3)]$
2	$[(0.3,0.5),(0.3,0.4)]$
1	$[(0.1,0.3),(0.4,0.5)]$

以前五个供应商为例，对其进行处理和计算。第三方冷链物流服务商 $n_1 \sim n_5$ 对应的约简后的指标区间直觉模糊集所表示的决策矩阵如表 3.10 所示。

表 3.10　供应商 $n_1 \sim n_5$ 区间直觉模糊集决策表

供应商	a_2	a_4	a_5	b_1	b_2	b_3
n_1	$[(0.3,0.5),(0.3,0.4)]$	$[(0.3,0.5),(0.3,0.4)]$	$[(0.7,0.9),(0.1,0.2)]$	$[(0.7,0.9),(0.1,0.2)]$	$[(0.7,0.9),(0.1,0.2)]$	$[(0.5,0.7),(0.2,0.3)]$
n_2	$[(0.7,0.9),(0.1,0.2)]$	$[(0.7,0.9),(0.1,0.2)]$	$[(0.1,0.3),(0.4,0.5)]$	$[(0.5,0.7),(0.2,0.3)]$	$[(0.7,0.9),(0.1,0.2)]$	$[(0.5,0.7),(0.2,0.3)]$
n_3	$[(0.5,0.7),(0.2,0.3)]$	$[(0.5,0.7),(0.2,0.3)]$	$[(0.3,0.5),(0.3,0.4)]$	$[(0.3,0.5),(0.3,0.4)]$	$[(0.3,0.5),(0.3,0.4)]$	$[(0.3,0.5),(0.3,0.4)]$
n_4	$[(0.3,0.5),(0.3,0.4)]$	$[(0.3,0.5),(0.3,0.5)]$	$[(0.7,0.9),(0.1,0.2)]$	$[(0.5,0.7),(0.2,0.3)]$	$[(0.5,0.7),(0.2,0.4)]$	$[(0.7,0.9),(0.1,0.2)]$
n_5	$[(0.7,0.9),(0.1,0.2)]$	$[(0.1,0.3),(0.4,0.5)]$	$[(0.5,0.7),(0.2,0.3)]$	$[(0.5,0.7),(0.2,0.3)]$	$[(0.5,0.7),(0.2,0.5)]$	$[(0.7,0.9),(0.1,0.3)]$

供应商	c_1	c_3	c_4	d_1	d_3	d_4
n_1	$[(0.1,0.3),(0.4,0.5)]$	$[(0.5,0.7),(0.2,0.3)]$	$[(0.7,0.9),(0.1,0.2)]$	$[(0.1,0.3),(0.4,0.5)]$	$[(0.5,0.7),(0.2,0.3)]$	$[(0.7,0.9),(0.1,0.2)]$
n_2	$[(0.5,0.7),(0.2,0.3)]$	$[(0.3,0.5),(0.3,0.4)]$	$[(0.7,0.9),(0.1,0.2)]$	$[(0.3,0.5),(0.3,0.4)]$	$[(0.3,0.5),(0.3,0.4)]$	$[(0.3,0.5),(0.3,0.4)]$
n_3	$[(0.5,0.7),(0.2,0.4)]$	$[(0.3,0.5),(0.3,0.5)]$	$[(0.7,0.9),(0.1,0.3)]$	$[(0.5,0.7),(0.2,0.3)]$	$[(0.5,0.7),(0.2,0.4)]$	$[(0.5,0.7),(0.2,0.5)]$
n_4	$[(0.3,0.5),(0.3,0.4)]$	$[(0.7,0.9),(0.1,0.2)]$	$[(0.1,0.3),(0.4,0.5)]$	$[(0.7,0.9),(0.1,0.2)]$	$[(0.5,0.7),(0.2,0.3)]$	$[(0.7,0.9),(0.1,0.2)]$
n_5	$[(0.5,0.7),(0.2,0.5)]$	$[(0.3,0.5),(0.3,0.4)]$	$[(0.3,0.5),(0.3,0.4)]$	$[(0.3,0.5),(0.3,0.4)]$	$[(0.1,0.3),(0.4,0.5)]$	$[(0.3,0.5),(0.3,0.4)]$

根据式（2.9），通过计算得出第三方冷链物流服务商 $N = (n_1, n_2, n_3, n_4, n_5)$ 各自的综合区间模糊值 $x_i (i = 1, 2, 3, 4, 5)$：

$$x_1 = ([0.5537, 0.7676], [0.1894, 0.2870]),$$
$$x_2 = ([0.5378, 0.7665], [0.1762, 0.2841]),$$
$$x_3 = ([0.4687, 0.6830], [0.2133, 0.3171]),$$

$$x_4 = ([0.4611, 0.6898], [0.1934, 0.3020]),$$
$$x_5 = ([0.3923, 0.6156], [0.2568, 0.3564])。$$

根据定义 2.2.9 求得对应的得分函数值 $S(x_i)$：

$$S(x_1) = 0.422\,45；$$
$$S(x_2) = 0.422\,00；$$
$$S(x_3) = 0.310\,65；$$
$$S(x_4) = 0.327\,75；$$
$$S(x_5) = 0.197\,35。$$

可见，$S(x_1) > S(x_2) > S(x_4) > S(x_3) > S(x_5)$，因此可以得到这五个第三方冷链物流服务商的排名为 $n_1 > n_2 > n_4 > n_3 > n_5$。

3. 选择结果分析

由上面的排序结果可以看出，综合考虑第三方冷链物流服务商各个指标情况下，对选定的前五个第三方冷链物流服务商 $N = (n_1, n_2, n_3, n_4, n_5)$，冷链物流服务商 n_1 取得了不错的成绩，生鲜农产品冷链物流需求企业在选择第三方冷链物流服务商时可以将服务商 n_1 作为首选。从表 3.2 和表 3.3 中也可以看出，第三方冷链物流服务商 n_1 的各项指标如冷库库存周转率、客户满意度、柔性服务能力、企业文化兼容性等都处于较高的水平。根据企业 Y 的实际情况，选择 n_1 作为合作企业，是目前最好的选择。

3.2 生鲜电商冷链物流服务商选择

面对电商行业的快速发展以及人们对生鲜品不断增长的需要，生鲜市场交易规模庞大，众多投资者纷纷涉足该领域，企业间的竞争渐渐白热化，物流成了生鲜电商稳定发展的重要环节。生鲜电商与物流服务商之间是一种较为长期的联盟合作关系，而不是简单短暂的交易关系，生鲜电商正确选择物流服务商是一项重要决策。除去产品品质的无法保证和服务的不确定外，物流一直都阻碍着生鲜电商发展，生鲜品因其产品的特殊性，对物流提出了极端苛刻的要求，必须按时、保质将其送达消费者。选择物流服务商有利于生鲜电商企业更加专注其核心竞争力，通过物流资源整合，充分发挥社会分工职能，实现企业间优势互补，帮助双方建立长期稳定、充满信任的协作关系，也有助于减少食品安全问题，保证人们的生活质量，满足消费者网购体验，促进物流业的健康发展。因此，生鲜电商物流服务商选择研究对生鲜电商和物流服务商都具有重要的实际意义。

　　生鲜电商的物流相对于普通物流要求要高许多，物流在生鲜电商的发展中也扮演着非常重要的角色。普通物流的评价指标体系和评价选择方法并不适合生鲜电商，因此，借鉴已有研究成果，考虑生鲜电商物流与其他物流不同，针对生鲜电商选择冷链物流服务商进行研究。通过构建生鲜电商冷链物流服务商评价指标体系，为研究生鲜电商选择冷链物流服务商提供新的研究思路，依据各冷链物流服务商服务能力的不同影响因素，采用突变-可拓学双层决策模型进行生鲜电商冷链物流服务商评价选择，为生鲜电商选出与其需求相匹配的冷链物流服务商提供理论依据。

3.2.1　生鲜电商冷链物流服务商选择指标体系构建

1. 生鲜电商冷链物流服务商选择指标体系构建原则

　　在生鲜电商冷链物流服务商选择指标体系的构建过程中，需充分考虑生鲜电商选择冷链物流服务商各方面的影响因素，并获得科学、合理的指标体系。生鲜电商冷链物流服务商的选择，必须遵循如下原则。

　　（1）目的性原则。为了给消费者提供更好的服务，满足消费者需求，分析生鲜电商对冷链物流服务商的需求及生鲜电商冷链物流服务商自身实力，选取的选择指标必须能够反映选择目的的信息，选取能够影响选择对象的指标，要遵循目的性原则。

　　（2）科学合理性原则。选取冷链物流服务商选择指标时一定要站在生鲜电商企业的角度，以消费者需求、生鲜品特性为核心，选取的指标应具有理论根据，要求选择指标科学合理，指标之间层次结构要明确，富有逻辑性。

　　（3）客观性原则。为了能够准确地反映生鲜电商冷链物流服务商的真实情况，指标必须体现客观性，在数据分析时，要选择客观准确的数据，以保证选择结果的真实性。

　　（4）全面性原则。生鲜电商所需的冷链物流服务与普通物流服务有所不同，因此，所构建的选择指标体系要能够全面、充分地反映生鲜电商冷链物流服务商的各方面。结合实际情况，考虑所有相关影响因素，且指标应简单明确，需从长远角度选取具有代表性的满足生鲜电商冷链物流未来发展的指标。

　　（5）定性和定量结合原则。在对生鲜电商冷链物流服务商进行选择时，大多数指标应尽量选取定量指标，但是为了选择指标的全面性，有一些必须考虑的、难以量化的指标应进行定性描述说明。因此，为了综合全面地考虑选择指标，就要做到定性与定量相结合。

（6）突出生鲜电商冷链物流特点原则。与普通物流服务不同，生鲜电商冷链物流服务对象主要是网购的生鲜品，生鲜品易腐，生鲜电商消费者非常看重服务质量。为保证生鲜品品质，增加消费者黏性，对其冷链物流服务商的服务能力有更高的要求，不仅需要拥有相应的冷链设施设备，且生鲜电商物流需要有较高的时效性。

2. 生鲜电商冷链物流服务商服务能力的影响因素

目前冷链物流服务商数量已无法满足日益增长的电子商务的需求，冷链物流服务商服务水平也不尽相同，被选冷链物流服务商的优劣直接影响生鲜电商的运作效率和其在市场中的竞争力。当生鲜电商企业在面临众多的冷链物流服务商选择时，应该从冷链物流需求方（即生鲜电商企业）和冷链物流供应方（即冷链物流服务商）两个角度进行分析选择影响因素，以确保选择最有利于生鲜电商发展的冷链物流企业。

1）从生鲜电商冷链物流需求方考虑的因素

当生鲜电商企业在面临众多冷链物流服务商选择时，以生鲜电商角度，从生鲜电商行业性质、生鲜电商消费者的特性和生鲜电商产品的特性三个方面进行分析。

（1）生鲜电商行业性质。

生鲜电商即生鲜品通过互联网在电商平台进行销售，其目标群体为一些没有时间或不想去超市购物的上班白领与部分家庭主妇等，考虑到生鲜品易腐特点及消费者对生鲜品的高要求，要保证冷链物流运输配送的速度和生鲜品新鲜度，以免失去消费者的信任，降低购买频率。

（2）生鲜电商消费者的特性。

消费者是每个企业存在的意义，也是企业利润的源泉，各个行业都有不同的消费群体，不同的消费群体也有不同的特性。生鲜电商消费者的区域分布发散、单笔订单小、复购率高、对生鲜品的种类需求不同，且消费者较为关注生鲜品的品质和价格。消费者在电商平台购买时对生鲜品有一定的期望，如果消费者拿到手中的生鲜品没有达到自己的预期，产品质量下降或价格不合理，则消费者将不再复购，使得生鲜电商平台的消费者黏性较差，生鲜电商就会失去盈利来源。

（3）生鲜电商产品的特性。

产品的特性从外在和固有效用等方面体现，是影响物流运作的一大因素，对于普通产品或鲜活产品选择相应的专业物流和短渠道物流。生鲜品难以储存和运输，种类繁多、形状大小参差不齐，质量难以保证，且有关运输途中相关质量标准体系和可追溯体系尚不完善，在生鲜品品质上也没有统一的标准。这往往会导致消费者黏性不高，购买生鲜品缺乏安全感，还会增加消费者对生鲜电商企业的不信任感，因此，这对冷链物流服务商的送货时间提出更高的要求。

2）从冷链物流服务商角度考虑的因素

冷链物流服务商是生鲜电商冷链物流活动的实施者，从资源情况、物流成本、服务范围及联盟性因素进行分析。

（1）冷链物流服务商的资源情况。

冷链物流服务商为生鲜电商企业提供专业化、一体化的物流服务，实现整个生鲜电商企业运作的最优化。冷链物流服务商的服务水平高低直接影响着生鲜电商的生存与发展。生鲜电商冷链物流服务商的资源主要是指一些具体的基础设施，包括运输工具、装卸搬运技术及信息技术等方面。随着科技的发展，冷链物流服务企业的设备及信息化水平不断提升，完备、高水平的基础设施，可以保证冷链物流服务高效、有序运行，是提高冷链物流服务竞争力的基础。此外，还包括冷链物流服务商实现冷链物流功能所进行的各种具体活动的作业能力，要求生鲜电商冷链物流服务从运输、仓储到配送等环节能够有效控制生鲜品的变质损失，能够提供令顾客满意的服务，减少顾客投诉。

（2）冷链物流服务商的物流成本。

生鲜电商冷链物流的主要成本包括：一是冷链物流建设初期投入的冷藏车、冷库及一些配套设备的固定成本；二是冷链运输过程中的燃油费、车辆通行及人力成本等；三是有关仓储过程中的能源消耗成本、装卸和包装成本等；四是物流配送过程中产生的车辆、人力费用等。相比普通商品，生鲜品易腐易损的特性导致其对储藏、运输配送等的要求非常高，发达国家的物流成本能够被控制在10%，而中国物流成本占总成本的30%~40%，生鲜品则占60%左右，甚至更高。冷链物流基础设施缺乏，利用率低，不能保障全程冷链的物流会产生相应的货损成本，除了引起消费者的不满外，也对冷链物流服务商的声誉产生不好的影响，生鲜电商合作的冷链物流服务商不仅要降低物流成本，也要保证生鲜品的品质，提高消费者满意度。因此，成本因素是选择冷链物流服务商时所考虑的重要因素之一，运输、仓储、配送三大成本占冷链物流成本很大比重。

（3）冷链物流服务商的服务范围。

冷链物流服务商按照自身规模及资产状况确定其服务范围，一般分为全球服务、地区服务及地方服务三类。生鲜电商企业选择冷链物流服务商时应与其业务范围一致，业务范围较广的生鲜电商企业，可以根据地理范围选择冷链物流服务商，避免销售受到条块分割管理的影响与制约，有助于生鲜电商业务的顺利开展和市场份额的增加。

（4）冷链物流服务商的联盟性。

生鲜电商企业与冷链物流服务商之间是一种互利共赢的战略联盟关系，双方需要相互依赖、相互信任。两者之间的联盟性主要是指生鲜电商和冷链物流服务商之间的沟通与合作能力，需要考虑的主要因素包括生鲜电商与冷链物流服务商之间的信息共享、信息及时传递及运输途中对车辆信息和生鲜品实时监控等方面。此外，冷链物流服务商的服务质量直接影响消费者对生鲜电商的选择，也能反映冷链物流服务商的服务能力水平。

3. 生鲜电商冷链物流服务商选择指标体系初建

1）指标体系初建

从冷链物流服务商角度，指标体系的一级指标包括冷链物流资源（基础设施、信息技术）和冷链物流作业能力。由生鲜电商冷链物流特性可知，生鲜电商对冷链物流服务商的设施和物流信息技术要求非常高，其中基础设施利用率的高低能够体现物流管理水平，且成本越小，物流系统运作效率越高，物流基础设施通过冷藏车数量、冷库占比、网络覆盖率、员工素质四个方面进行体现。物流信息技术在物流运输途中可追踪车辆位置、查询车厢内温度与湿度及生鲜品情况，先进的信息技术使得物流效率更高。物流信息技术从信息传输与交换技术、信息采集与跟踪技术及信息安全处理技术三个方面提出二级指标，包括信息共享率、信息传递及时性、信息反馈能力、制冷温控技术水平、实时监控技术水平、信息安全处理技术水平。物流作业能力从物流的三大环节（运输、仓储、配送）分析，因此，二级指标分别包括冷藏车利用率、冷库库存周转率、配送多样性、运输成本、仓储成本、配送成本。

从生鲜电商角度，冷链物流服务商选择指标主要来自消费者的感受，体现消费者是否从物流服务中得到满足，生鲜品冷链物流服务是否达到消费者的预期，因此，从生鲜电商角度考虑，服务质量为一级指标。服务质量从三个方面体现：时间效率、物流运输安全性、消费者对生鲜品网购服务优劣的反馈，二级指标分别如下：送货速度、送货准时率、生鲜品损耗率、消费者满意度、消费者投诉率、消费者流失率。在已有指标研究成果的基础上进行筛选和补充，得到生鲜电商冷链物流服务商初步的选择指标体系，具体如表 3.11 所示。

表 3.11　生鲜电商冷链物流服务商选择指标体系初建

选择目标	一级指标	二级指标
生鲜电商冷链物流服务商选择指标体系	物流基础设施 A_1	冷藏车数量 B_1
		冷库占比 B_2
		网络覆盖率 B_3
		员工素质 B_4
	物流信息技术 A_2	信息共享率 B_5
		信息传递及时性 B_6

续表

选择目标	一级指标	二级指标
生鲜电商冷链物流服务商选择指标体系	物流信息技术 A_2	信息反馈能力 B_7
		制冷温控技术水平 B_8
		实时监控技术水平 B_9
		信息安全处理技术水平 B_{10}
	物流作业能力 A_3	冷藏车利用率 B_{11}
		冷库库存周转率 B_{12}
		配送多样性 B_{13}
		运输成本 B_{14}
		仓储成本 B_{15}
		配送成本 B_{16}
	服务质量 A_4	送货速度 B_{17}
		送货准时率 B_{18}
		生鲜品损耗率 B_{19}
		消费者满意度 B_{20}
		消费者投诉率 B_{21}
		消费者流失率 B_{22}

2）指标体系的说明

（1）物流基础设施。

生鲜电商冷链物流服务商的基础设施包括相关的物流设备、网络、员工等几个方面，是生鲜电商选择冷链物流服务商时最基础的参考指标，由于生鲜品的特殊性，需物流服务商具有专门的冷链设备，冷链设备能够保证生鲜品在运输配送过程中不易变质腐烂，送达消费者手中时还能保持生鲜品的新鲜度，可以通过实际调查来考察供应商的物流资源情况。

一是冷藏车数量。

为了保证生鲜品品质的新鲜度和提高生鲜品的运输安全性，大部分生鲜品需在低温下储存运输，以减缓生鲜品的呼吸代谢过程，延长其保质期。因此，生鲜品冷链运输过程中需配备冷冻冷藏车，没有能够满足要求的冷藏车会直接影响生鲜品的质量安全和新鲜度。

二是冷库占比。

冷库即通过某些降温设施使储藏有生鲜品的仓库保持相应的温度和湿度，并使生鲜品的口感不变。该指标能够反映生鲜电商冷链物流服务商储藏、保存生鲜品的能力。设冷库面积为 w，冷链物流服务商库存总面积为 W，则冷库占比 S 为

$$S = \frac{w}{W} \times 100\% \qquad (3.16)$$

三是网络覆盖率。

冷链物流服务商配送范围内物流网络覆盖率是生鲜电商业务高效率运作的保障条件之一，反映冷链物流服务商服务范围扩展方面的基本能力。设冷链物流服务商服务范围内网络点数为 u，生鲜电商的业务范围内网络点数为 U，则网络覆盖率 Q 为

$$Q = \frac{u}{U} \times 100\% \qquad (3.17)$$

四是员工素质。

员工素质反映了具有操作性的员工获取的知识水平或拥有的学历情况，员工素质的高低直接影响冷链物流服务与管理水平，也体现了冷链物流服务商的软实力。设冷链物流服务商接受高等教育的员工人数为 j，冷链物流服务商全体人员数为 J，则冷链物流服务商员工接受高等教育程度 N 为

$$N = \frac{j}{J} \times 100\% \qquad (3.18)$$

（2）物流信息技术。

生鲜电商冷链物流服务商的信息化水平高低与信息技术的投入直接影响着双方合作联盟的效率，拥有了稳定的信息技术系统，才能保证快速、正确地进行物流信息的交流。生鲜电商冷链物流服务商物流信息化由信息共享率、信息传递及时性、信息反馈能力、制冷温控技术水平、实时监控技术水平及信息安全处理技术水平进行体现。

一是信息共享率。

信息共享率反映了生鲜电商和冷链物流服务商之间的物流信息传递畅通程度，实现物流业务的共享、上下游间的紧密衔接，能够提高冷链物流效率。设双方共享的信息量为 s，生鲜电商与冷链物流服务商的信息总量为 S，则双方的信息共享率 V 为

$$V = \frac{s}{S} \times 100\% \qquad (3.19)$$

二是信息传递及时性。

消费者不断变化的需求决定了信息传递必须及时，信息具有时效性强的特点，及时跟踪生鲜品的运输情况，使消费者及时了解物流信息，信息传递失真、遗漏等会影响消费者对生鲜电商和冷链物流服务商服务能力的选择。

三是信息反馈能力。

信息反馈能力是指冷链物流服务商对生鲜电商及消费者的信息进行回应的能

力。信息反馈能力越强大，越能满足生鲜电商和消费者的需求。信息反馈灵敏、有力的程度是冷链物流服务商管理是否具有活力的标志。

四是制冷温控技术水平。

制冷温控技术是指生鲜品在物流运输途中始终处于适宜的低温环境下，能够保证生鲜品品质和质量安全，减少生鲜品损耗。主要通过人工制冷技术维持低温环境，反映生鲜电商冷链物流服务商物流信息化水平。

五是实时监控技术水平。

实时监控是指要求生鲜品在运输过程中对温度控制状况实施严密、高度的监控。该技术实现了冷链物流过程的可视化，能够保证冷链物流运输环节的连续、精确、可靠的温度控制，减少生鲜品运输途中的不安全因素，提高生鲜电商冷链物流信息化水平。

六是信息安全处理技术水平。

信息安全处理是指对冷链物流服务商企业内部有关以不当利益为由泄露消费者信息及企业内部信息等行为进行约束。该指标体现了冷链物流服务商工作的严谨性，以及对消费者个人及企业信息的保护。

（3）物流作业能力。

生鲜品不易储藏、易腐烂的特性，对物流运输、仓储、配送三个环节提出更高要求，基础设施利用情况和成本控制水平，都能体现冷链物流作业效率的高低。

一是冷藏车利用率。

为保证生鲜品的品质，冷链物流服务商不但要有一定数量的冷藏车，而且要合理利用现有的冷藏车，提高效率，减少空载率。该指标在一定程度上反映冷链物流运输效率和管理水平。设冷藏车的有效行驶里程数为 g ，冷藏车的总行驶里程数为 G ，则冷藏车利用率 L 为

$$L = \frac{g}{G} \times 100\% \qquad （3.20）$$

二是冷库库存周转率。

冷库库存周转率是指在一段时间内，生鲜品在冷库中的流转速度，该指标能够反映冷链物流服务商对冷库的管理运作水平。设生鲜品在冷库中的储藏时间为 t ，生鲜品保质期为 T ，则冷库库存周转率 P 为

$$P = \frac{t}{T} \times 100\% \qquad （3.21）$$

三是配送多样性。

配送多样性是指生鲜电商冷链物流在末端配送过程中根据生鲜品特性或消费者需求能够提供不同的服务。例如，生鲜品种类繁多，有的需要冷冻、有的需要冷藏、有的需要常温配送，冷链物流配送方应根据不同种类的需求进行配送。此

外，根据消费者的需求，冷链物流服务商可选择快递或自提柜等方式将生鲜品交接到消费者手中。

四是运输成本。

物流成本中最主要的就是运输成本，运输成本在物流成本中所占比例比较高，运输成本受产品特性的影响，因此生鲜品的运输成本比较难以控制，而降低运输成本就可以提高冷链物流服务商的盈利。运输成本主要包括运输设备、生鲜品运输途中的能源消耗、人员管理及其他相关成本。

五是仓储成本。

仓储成本是指为储存生鲜品所带来的成本费用，如仓库设施设备等。对于生鲜品的储藏，则需要冷链物流服务商配备相应的冷藏库、冷冻库等，需要时还应分为具有多种温度的仓库，以满足不同生鲜品保鲜最适宜的温度。除了一些固定资产成本外，还存在其他的费用成本，如生鲜品在储藏过程中发生腐烂、品质变质等自然损失费用及人工费用等支出。一般来说，物品的储存成本与储存物资的储存量、储存时间有关。设一定时期内某生鲜品的单位储存费用为 x，期初和期末的储存量分别为 Q_1 和 Q_2，其仓储成本 C 为

$$C = \frac{x \times (Q_1 + Q_2)}{2} \tag{3.22}$$

六是配送成本。

配送成本是指生鲜电商物流"最后一公里"宅配过程中所支付的总费用。生鲜配送过程中的送货时间与消费者的收货时间不一致也会造成配送成本的增加。配送成本主要包括车辆燃油费、修理费、折旧费和员工工资等。

（4）服务质量。

冷链物流服务主要体现冷链物流供应商的服务水平及效果，消费者不满意会带来更高成本和更差企业形象，甚至导致消费者流失，相反，如果消费者对服务满意则意味着今后企业会有更多订单，更多消费者光顾。这部分主要由以下指标构成。

一是送货速度。

送货速度是衡量生鲜电商冷链物流服务商作业水平的一个最基本的标准，生鲜电商在选择冷链物流服务商时看其送货速度能否达到生鲜电商企业指定的最低标准，运输速度越快，生鲜电商的满意程度越高。送货速度反映冷链物流服务方从接到生鲜电商订单到任务完成的时间长短，也可反映单位时间的作业强度。

二是送货准时率。

送货准时率是指在一定时期内冷链物流企业按照消费者规定的时间将货物送达消费者手中的次数与本期内的总配送次数的比重。该指标从时间的角度反映生鲜电商冷链物流服务商的服务质量，是生鲜电商对消费者配送生鲜品的时限做出

的承诺。为了提高消费者的满意度，生鲜电商冷链物流服务商要尽可能在规定时间内将生鲜品送达消费者手中，以提高消费者网购生鲜的频率，提升生鲜电商平台的人气。设定期内冷链物流服务商准时完成送货次数为 h，该期内冷链物流服务商的送货总次数为 H，则冷链物流服务商送货及时率 F 为

$$F = \frac{h}{H} \times 100\% \tag{3.23}$$

三是生鲜品损耗率。

生鲜品损耗率是指生鲜电商冷链物流服务商在物流服务过程中，由于包装不好、运输设备不配套、装卸不合理等或外部环境变化所引起的生鲜品腐烂变质、破损无法食用等情况发生的频率。该指标衡量了冷链物流服务商对生鲜品安全性的服务控制能力。设一定时期内损坏、变质的生鲜品数量为 y，该时期内生鲜品总数量为 Y，则生鲜品损耗率 Z 为

$$Z = \frac{y}{Y} \times 100\% \tag{3.24}$$

四是消费者满意度。

消费者满意度是消费者对于网购生鲜品的服务优劣程度最直接的体现，是消费者满足情况的反馈，能够直接影响生鲜电商的交易量。影响消费者满意度的因素很多、很复杂，如果生鲜电商和冷链物流服务商能够及时得到消费者的反馈信息，将会提高订单量和交易量，有利于生鲜电商与冷链物流企业的健康发展。设一定时期内消费者满意次数为 n，冷链物流服务总次数为 N，则消费者满意度 A 为

$$A = \frac{n}{N} \times 100\% \tag{3.25}$$

五是消费者投诉率。

消费者投诉率是指一定时期内冷链物流服务商服务的过程中，由于服务态度不好、没能在规定时间内将生鲜品送到消费者手中、产品出错等原因被消费者投诉订单数与总承运订单数的比重。该指标能够很好地反映冷链物流服务质量。设一定时期内冷链物流服务商被投诉的订单数为 r，该时期内冷链物流服务商的总承运订单数为 R，则消费者投诉率 T 为

$$T = \frac{r}{R} \times 100\% \tag{3.26}$$

六是消费者流失率。

消费者流失是指冷链物流服务商的服务没能得到消费者的认可，导致消费者选择不再继续消费。消费者流失率由一定时期内消费者的流失数量与全部消费者数量的比例表示。消费者流失直接影响生鲜电商和冷链物流服务商的盈利收入与发展。设一定时期内消费者的流失数量为 o，全部生鲜品消费者的数量为 O，则

消费者流失率 Z 为

$$Z = \frac{o}{O} \times 100\% \qquad (3.27)$$

4. 生鲜电商冷链物流服务商选择指标筛选

1）数据收集与标准化处理

（1）数据收集。

选取某生鲜电商企业 A 进行冷链物流服务商的选择，通过结合企业 A 的实际发展情况及生鲜品运输的不同，从物流基础设施、物流信息技术、物流作业能力及服务质量四个方面来选择更加适合该企业的冷链物流服务商。通过从中国电子商务研究中心、易观网等网站及具体查访相关物流服务商网站，收集了 10 家冷链物流服务商的相关资料，详见表 3.12。

表 3.12　冷链物流服务商原始数据

指标	k_1	k_2	k_3	k_4	k_5	k_6	k_7	k_8	k_9	k_{10}
B_1	14	12	10	13	19	22	15	20	11	7
B_2	16.3	10.5	15.1	17.3	10.8	13.4	12.5	11.2	18.5	15.9
B_3	90	88	75	92	99	98	89	99	91	87
B_4	20	36	30	21	35	40	21	25	22	24
B_5	88.5	76.4	84.2	87.2	91.4	95.4	97.1	98	77	82.6
B_6	89	80	87	84	86	99	92	94	76	81
B_7	90	84	61	74	69	87	94	91	66	69
B_8	88	54	60	45	75	98	88	95	90	68
B_9	50	49	91	51	92	90	82	97	88	64
B_{10}	80.5	72.6	85.6	93.5	88.4	95.5	96.7	91.4	89.8	85
B_{11}	84.5	87.3	92.2	85.5	98	92.4	90.3	87.5	91.2	74.4
B_{12}	50	44	42	54	75	87	90	89	95	56
B_{13}	84	87	79	89	92	91	95	94	97	88
B_{14}	111.24	120.32	131.21	108.65	103.22	106.15	99.63	109.72	150.35	128.63
B_{15}	34.12	28.65	35.53	33.63	30.54	33.49	22.42	23.23	25.47	32.31
B_{16}	68.72	67.79	70.42	71.24	60.45	62.69	63.34	59.25	62.98	69.25
B_{17}	95	88	93	92	97	98	97	96	94	90
B_{18}	91.62	97.45	89.77	95.54	97.79	98.43	97.47	98.99	97.84	96.75

续表

指标	k_1	k_2	k_3	k_4	k_5	k_6	k_7	k_8	k_9	k_{10}
B_{19}	2.54	2.67	1.49	3.13	4.32	3.97	3.23	4.08	1.11	2.27
B_{20}	87	89	84	91	88	97	93	98	86	88
B_{21}	18.99	25.64	19.01	30.07	10.42	3.78	35.86	5.63	18.93	20.22
B_{22}	4.14	3.99	4.01	10.54	4.26	4.32	7.62	3.42	2.64	3.95

注：表 3.12 中定量指标信息安全处理技术水平数据由冷链物流服务商相关数据计算所得，包括冷藏车数量、冷库占比、网络覆盖率、员工素质、信息共享率、冷藏车利用率、冷库库存周转率、仓储成本、运输成本、配送成本、送货准时率、生鲜品损耗率、消费者满意度、消费者投诉率、消费者流失率等方面数据信息，而一些定性指标数据由专家通过对搜集的冷链物流服务商基本信息进行分析打分，包括信息传递及时性、信息反馈能力、制冷温控技术水平、实时监控技术水平、信息安全处理技术水平、配送多样性、送货速度等

（2）数据标准化处理。

冷链物流服务商 k 总体选择体系下有 i 个子系统，记为 A_i。对子系统 A_i 进行优化调整，设有 m 个待选择的冷链物流服务商，记为 $A_i = \{A_1^i, A_2^i, \cdots, A_m^i, i = 1, 2, 3, 4\}$，每个子系统有数量不等的目标函数，记第 i 个子系统 A_i 具有 $n(i)$ 个指标作为指标集，即 $C = \{C_1^i, C_2^i, \cdots, C_{n(i)}^i\}$。冷链物流服务商的子系统 A_i 对指标 $C_{n(i)}^i$ 中第 k 个供应商第 j 个指标的属性值为 $x_{kj}^i (i = 1, 2, 3, 4; k = 1, 2, \cdots, m; j = 1, 2, \cdots, n(i))$，则待选冷链物流服务商对指标集的决策矩阵为 $X^i = \left(X_{kj}^i \right)_{n(i)m}$。因此，第 k 个冷链物流服务商总评价体系下子系统 A_i 的决策矩阵用可拓学分析矩阵表示为

$$X_k^i = \begin{pmatrix} C_1^i & x_{k1}^i \\ C_2^i & x_{k2}^i \\ \vdots & \vdots \\ C_{n(i)}^i & x_{kn(i)}^i \end{pmatrix} \qquad （3.28）$$

由于各指标的含义和计算之间的不同，其数据需处理才可被计算，故对决策矩阵进行标准化处理，记 $J^+ = \{越大越好\}$，$J^- = \{越小越好\}$，则有

$$\begin{cases} y_j^i = \dfrac{x_j^i - x_{\min(j)}}{x_{\max(j)} - x_{\min(j)}} & (i = 1, 2, 3, 4; j \in J^+) \\ y_j^i = \dfrac{x_{\max(j)} - x_j^i}{x_{\max(j)} - x_{\min(j)}} & (i = 1, 2, 3, 4; j \in J^-) \end{cases} \qquad （3.29）$$

由式（3.28）和式（3.29）可计算得到冷链物流服务商原数据的标准化处理结果，见表 3.13。

表 3.13　冷链物流服务商数据标准化

指标	k_1	k_2	k_3	k_4	k_5	k_6	k_7	k_8	k_9	k_{10}
B_1	0.4667	0.3333	0.2000	0.4000	0.8000	1	0.5333	0.8667	0.2667	0
B_2	0.7250	0	0.5750	0.8500	0.0375	0.1875	0.2500	0.0875	1	0.6750
B_3	0.6250	0.5417	0	0.7083	0.9167	0.9583	0.5833	1	0.6667	0.5000
B_4	0	0.8000	0.5000	0.1500	0.7500	1	0.0500	0.2500	0.1000	0.2400
B_5	0.5602	0	0.3611	0.5000	0.6944	0.8796	0.9583	1	0.0278	0.2870
B_6	0.5652	0.1739	0.4783	0.3478	0.4348	1	0.6957	0.7826	0	0.3304
B_7	0.8788	0.6970	0	0.3939	0.2424	0.7879	1	0.9091	0.1515	0.2427
B_8	0.8113	0.1698	0.2830	0	0.4226	1	0.8113	0.9434	0.8491	0.4340
B_9	0.0208	0	0.8750	0.0417	0.8958	0.8542	0.8958	1	0.8125	0.3125
B_{10}	0.3278	0	0.5394	0.8672	0.6556	0.9502	1	0.7801	0.7137	0.5979
B_{11}	0.4280	0.5466	0.7542	0.4703	1	0.7627	0.6737	0.5551	0.7119	0
B_{12}	0.1509	0.0377	0	0.2340	0.6226	0.8491	0.9057	0.8868	1	0.2642
B_{13}	0.2778	0.4444	0	0.5556	0.7222	0.7333	0.8889	0.8333	1	0.5000
B_{14}	0.7711	0.5921	0.3774	0.8222	0.9292	0.8715	1	0.8011	0	0.4282
B_{15}	0.1076	0.5248	0	0.2382	0.3806	0.4674	1	0.8449	0.8613	0.2456
B_{16}	0.2102	0.2877	0.0684	0	0.8999	0.8297	0.8087	1	0.7719	0.1660
B_{17}	0.7000	0	0.5000	0.4000	0.9000	1	0.9000	0.8000	0.6000	0.2000
B_{18}	0.2091	0.8330	0	0.6258	0.8698	0.9393	0.8182	1	0.8753	0.8232
B_{19}	0.5545	0.5140	0.8816	0.3707	0	0.2321	0.4037	0.1698	1	0.6386
B_{20}	0.2286	0.3571	0	0.5571	0.2857	0.9286	0.6429	1	0.1429	0.2857
B_{21}	0.5180	0.3186	0.5252	0.1805	0.7930	1	0	0.9423	0.5277	0.4875
B_{22}	0.7835	0.8291	0.8266	0	0.8418	0.7873	0.1608	0.9013	1	0.8823

2）基于粗糙集属性约简的指标筛选

（1）数据离散化。

根据粗糙集离散化理论采用等距离划分算法对表 3.3 中的数据进行离散化处理，用等级 1、2、3、4 分别代表区间[min, min+step）、区间[min+step, min+2step）、区间 [min+2step，min+3step）、区间 [min+3step，max]的数值。其中，step=（max−min）/4，1、2、3 和 4 分别代表"差"、"中"、"良"和"好"的属性，如表 3.14 所示。

表 3.14　指标离散值（二）

指标	k_1	k_2	k_3	k_4	k_5	k_6	k_7	k_8	k_9	k_{10}
B_1	2	2	1	2	4	4	3	4	2	1
B_2	3	1	3	4	1	1	2	1	4	3
B_3	3	3	1	3	4	4	3	4	3	3
B_4	1	4	3	1	4	4	1	2	1	1
B_5	3	1	2	3	3	4	4	4	1	2
B_6	3	1	2	2	2	4	3	4	1	2
B_7	4	3	1	2	1	4	4	4	1	1
B_8	4	1	2	1	2	4	4	4	4	2
B_9	1	1	4	1	4	4	4	4	4	2
B_{10}	2	1	3	4	3	4	4	4	3	3
B_{11}	2	3	4	2	4	4	3	3	3	1
B_{12}	1	1	1	1	3	4	4	4	4	2
B_{13}	2	2	1	3	3	3	4	4	4	3
B_{14}	4	3	2	4	4	4	4	4	1	2
B_{15}	1	3	1	1	2	2	4	4	4	1
B_{16}	1	2	1	1	4	4	4	4	4	1
B_{17}	3	1	3	2	4	4	4	4	3	1
B_{18}	1	4	1	3	4	4	4	4	4	4
B_{19}	3	3	4	2	1	1	2	1	4	3
B_{20}	1	2	1	3	2	4	3	4	1	2
B_{21}	3	2	3	1	4	4	1	4	3	2
B_{22}	4	4	4	1	4	4	1	4	4	4

（2）属性指标约简。

根据粗糙集的不可分辨关系进行计算并对指标约简，设 $S = \langle U, A_1 \rangle$，其中论域 $U = (k_1, k_2, \cdots, k_{10})$，条件属性 A_1 为"物流基础设施"，且 $A_1 = (B_1, B_2, B_3, B_4)$。计算可得

$$U / \mathrm{ind}(A_1) = \{(k_1), (k_2), (k_3), (k_4, k_9), (k_5, k_6), (k_7), (k_8), (k_{10})\} ,$$

$$U / \mathrm{ind}(A_1 - B_1) = \{(k_1, k_{10}), (k_2), (k_3), (k_4, k_9), (k_5, k_6), (k_7), (k_8)\} ,$$

$$U / \mathrm{ind}(A_1 - B_2) = \{(k_1, k_4, k_9), (k_2), (k_3), (k_5, k_6), (k_7), (k_8), (k_{10})\} ,$$

$$U / \mathrm{ind}(A_1 - B_3) = \{(k_1), (k_2), (k_3), (k_4, k_9), (k_5, k_6), (k_7), (k_8), (k_{10})\} ,$$

$$U / \mathrm{ind}(A_1 - B_4) = \{(k_1), (k_2), (k_3), (k_4, k_9), (k_5, k_6, k_8), (k_7), (k_{10})\} ,$$

$$U / \mathrm{ind}(A_1) \neq U / \mathrm{ind}(A_1 - B_1) \neq U / \mathrm{ind}(A_1 - B_2) = U / \mathrm{ind}(A_1 - B_3) \neq U / \mathrm{ind}(A_1 - B_4) .$$

根据粗糙集属性约简结果,"物流基础设施 A_1"下可约简的指标有 B_3。同理,

$$U / \text{ind}(A_2) = \{(k_1), (k_2), (k_3), (k_4), (k_5), (k_6, k_8), (k_7), (k_9), (k_{10})\},$$

$$U / \text{ind}(A_2 - B_5) = \{(k_1), (k_2), (k_3, k_5), (k_4), (k_6, k_8), (k_7), (k_9), (k_{10})\},$$

$$U / \text{ind}(A_2 - B_6) = \{(k_1), (k_2), (k_3), (k_4), (k_5), (k_6, k_7, k_8), (k_9), (k_{10})\},$$

$$U / \text{ind}(A_2 - B_7) = \{(k_1), (k_2), (k_3), (k_4), (k_5), (k_6, k_8), (k_7), (k_9), (k_{10})\},$$

$$U / \text{ind}(A_2 - B_8) = \{(k_1), (k_2), (k_3), (k_4), (k_5), (k_6, k_8), (k_7), (k_9), (k_{10})\},$$

$$U / \text{ind}(A_2 - B_9) = \{(k_1), (k_2), (k_3, k_{10}), (k_4), (k_5), (k_6, k_8), (k_7), (k_9)\},$$

$$U / \text{ind}(A_2 - B_{10}) = \{(k_1), (k_2), (k_3), (k_4), (k_5), (k_6, k_8), (k_7), (k_9), (k_{10})\},$$

$$U / \text{ind}(A_2) \neq U / \text{ind}(A_2 - B_5) \neq U / \text{ind}(A_2 - B_6) = U / \text{ind}(A_2 - B_7)$$
$$= U / \text{ind}(A_2 - B_8) \neq U / \text{ind}(A_2 - B_9) = U / \text{ind}(A_2 - B_{10})。$$

根据粗糙集属性约简结果,"物流信息技术 A_2"下的 B_7、B_8、B_{10} 可约简。

$$U / \text{ind}(A_3) = \{(k_1), (k_2), (k_3), (k_4), (k_5), (k_6), (k_7, k_8), (k_9), (k_{10})\},$$

$$U / \text{ind}(A_3 - B_{11}) = \{(k_1), (k_2), (k_3), (k_4), (k_5), (k_6), (k_7, k_8), (k_9), (k_{10})\},$$

$$U / \text{ind}(A_3 - B_{12}) = \{(k_1), (k_2), (k_3), (k_4), (k_5, k_6), (k_7, k_8), (k_9), (k_{10})\},$$

$$U / \text{ind}(A_3 - B_{13}) = \{(k_1, k_4), (k_2), (k_3), (k_5), (k_6), (k_7, k_8), (k_9), (k_{10})\},$$

$$U / \text{ind}(A_3 - B_{14}) = \{(k_1), (k_2), (k_3), (k_4), (k_5), (k_6), (k_7, k_8, k_9), (k_{10})\},$$

$$U / \text{ind}(A_3 - B_{15}) = \{(k_1), (k_2), (k_3), (k_4), (k_5), (k_6), (k_7, k_8), (k_9), (k_{10})\},$$

$$U / \text{ind}(A_3 - B_{16}) = \{(k_1), (k_2), (k_3), (k_4), (k_5), (k_6), (k_7, k_8), (k_9), (k_{10})\},$$

$$U / \text{ind}(A_3) = U / \text{ind}(A_3 - B_{11}) \neq U / \text{ind}(A_3 - B_{12}) \neq U / \text{ind}(A_3 - B_{13})$$
$$\neq U / \text{ind}(A_3 - B_{14}) = U / \text{ind}(A_3 - B_{15}) = U / \text{ind}(A_3 - B_{16})。$$

根据粗糙集属性约简结果,"物流作业能力 A_3"下的 B_{11}、B_{15}、B_{16} 可约简。

$$U / \text{ind}(A_4) = \{(k_1), (k_2, k_{10}), (k_3), (k_4), (k_5), (k_6, k_8), (k_7), (k_9)\},$$

$$U / \text{ind}(A_4 - B_{17}) = \{(k_1), (k_2, k_{10}), (k_3), (k_4, k_7), (k_5), (k_6, k_8), (k_9)\},$$

$$U / \text{ind}(A_4 - B_{18}) = \{(k_1), (k_2, k_{10}), (k_3, k_9), (k_4), (k_5), (k_6, k_8), (k_7)\},$$

$$U / \text{ind}(A_4 - B_{19}) = \{(k_1, k_3), (k_2, k_{10}), (k_4), (k_5, k_6, k_8), (k_7), (k_9)\},$$

$$U / \text{ind}(A_4 - B_{20}) = \{(k_1), (k_2, k_{10}), (k_3), (k_4), (k_5, k_6, k_8), (k_7), (k_9)\},$$

$$U / \text{ind}(A_4 - B_{21}) = \{(k_1), (k_2, k_{10}), (k_3), (k_4), (k_5), (k_6, k_8), (k_7), (k_9)\},$$

$$U / \text{ind}(A_4 - B_{22}) = \{(k_1), (k_2, k_{10}), (k_3), (k_4), (k_5), (k_6, k_8), (k_7), (k_9)\},$$

$$U / \text{ind}(A_4) \neq U / \text{ind}(A_4 - B_{17}) \neq U / \text{ind}(A_4 - B_{18}) \neq U / \text{ind}(A_4 - B_{19})$$
$$\neq U / \text{ind}(A_4 - B_{20}) = U / \text{ind}(A_4 - B_{21}) = U / \text{ind}(A_4 - B_{22})。$$

根据粗糙集属性约简结果，"服务质量 A_4"下的 B_{21}、B_{22} 可约简。
约简后的生鲜电商冷链物流服务商选择指标体系如表 3.15 所示。

表 3.15　约简后的生鲜电商冷链物流服务商选择指标体系

选择目标	一级指标	二级指标
生鲜电商冷链物流服务商选择指标体系	物流基础设施 A_1	冷藏车数量 B_1
		冷库占比 B_2
		员工素质 B_4
	物流信息技术 A_2	信息共享率 B_5
		信息传递及时性 B_6
		实时监控技术水平 B_9
	物流作业能力 A_3	冷库库存周转率 B_{12}
		配送多样性 B_{13}
		运输成本 B_{14}
	服务质量 A_4	送货速度 B_{17}
		送货准时率 B_{18}
		生鲜品损耗率 B_{19}
		消费者满意度 B_{20}

由表 3.15 可知，基于粗糙集属性约简的指标筛选最终得到约简后生鲜电商冷链物流服务商选择指标体系，该指标体系在初建指标体系的基础上减少了 9 个指标，得到约简结果：$\{B_1, B_2, B_4, B_5, B_6, B_9, B_{12}, B_{13}, B_{14}, B_{17}, B_{18}, B_{19}, B_{20}\}$。

5. 基于变异系数法确定选择指标体系的权重

现有选择指标体系权重确定方法一般包括主观确定和客观确定，AHP、德尔菲法等属于主观确定权重的方法，具有较强的主观因素，其计算结果会受影响偏离实际，熵权法等客观赋权法发展不成熟。在此采用变异系数法这种客观赋权方法，该方法直接利用各指标所包含的信息计算指标权重，能够客观真实地反映出各指标的重要程度，使得结果更具有可信度。

（1）计算第 j 个指标的标准差，用以反映各指标的绝对变异程度。

第 j 个指标的标准差：

$$\sigma_j = \sqrt{\frac{1}{m}\sum_{k=1}^{m}\left(x_{kj} - \overline{x}_j\right)^2}, \quad k = 1, 2, \cdots, m ; \quad j = 1, 2, \cdots, n(i) \qquad （3.30）$$

其中，$\bar{x}_j$ 为第 j 个指标的均值，$\bar{x}_j = \dfrac{1}{m}\sum_{k=1}^{m}x_{kj}$，$j=1,2,\cdots,n(i)$。

（2）计算各项指标的变异系数 g_j，用以反映各指标的相对变异程度。

$$g_j = \frac{\sigma_j}{\bar{x}_j}, \quad k=1,2,\cdots,m; \quad j=1,2,\cdots,n(i) \tag{3.31}$$

拥有较大变异系数的指标，其相应的权重系数也较大，反之亦反。由于指标的权重系数和必须等于 1，所以必须对指标的变异系数进行归一化处理，则每个指标的权重系数计算公式为

$$w_j = \frac{g_j}{\sum_{j=1}^{n(i)} g_j}, \quad j=1,2,\cdots,n(i) \tag{3.32}$$

构建全部选择指标权重系数所组成的向量，即 $W=(w_1,w_2,\cdots,w_j)$。

3.2.2 基于突变-可拓学的生鲜电商冷链物流服务商选择

1. 基于下层可拓学的生鲜电商冷链物流服务商决策模型

可拓学是研究描述事物性质变换过程的定量化工具，使不相容问题转化为相容问题，对立问题转化为共存问题，从问题的目的开始，寻找矛盾的各种转化关系及规律性，用模型解决被转化项向转化项转化的问题。

冷链物流服务商 k 总体评价体系下有 i 个子系统，记为 A_i。设有 m 个待选择的冷链物流服务商，记为 $A_i = \{A_1^i, A_2^i, \cdots, A_m^i, i=1,2,3,4\}$，记第 i 个子系统 A_i 具有 $n(i)$ 个指标作为指标集，即 $C=\{C_1^i, C_2^i, \cdots, C_{n(i)}^i\}$。冷链物流服务商的子系统 A_i 对指标 $C_{n(i)}^i$ 中第 k 个供应商第 j 个指标的属性值为 $x_{kj}^i(i=1,2,3,4; k=1,2,\cdots,m; j=1,2,\cdots,n(i))$，则待选冷链物流服务商对指标集的决策矩阵为 $X^i = (X_{kj}^i)_{n(i)m}$。

评价冷链物流服务商 k 子系统 A_i 的正负理想解可拓矩阵式如下：

$$Y^{i+} = \begin{pmatrix} C_1^i & y_1^{i+} \\ C_2^i & y_2^{i+} \\ \vdots & \vdots \\ C_{n(i)}^i & y_{n(i)}^{i+} \end{pmatrix} \begin{pmatrix} w_1^i \\ w_2^i \\ \vdots \\ w_{n(i)}^i \end{pmatrix} \quad Y^{i-} = \begin{pmatrix} C_1^i & y_1^{i-} \\ C_2^i & y_2^{i-} \\ \vdots & \vdots \\ C_{n(i)}^i & y_{n(i)}^{i-} \end{pmatrix} \begin{pmatrix} w_1^i \\ w_2^i \\ \vdots \\ w_{n(i)}^i \end{pmatrix} \tag{3.33}$$

其中，正理想解为 $y_j^{i+} = (y_{\max(j)}^i)$，负理想解为 $y_j^{i-} = (y_{\min(j)}^i)$。

标准化处理后的方案 A_k^i 的标准决策矩阵为

$$A_k^i = \begin{pmatrix} C_1^i & y_{k1}^i \\ C_2^i & y_{k2}^i \\ \vdots & \vdots \\ C_{n(i)}^i & y_{kn(i)}^i \end{pmatrix} \begin{pmatrix} w_1^i \\ w_2^i \\ \vdots \\ w_{n(i)}^i \end{pmatrix} \qquad (3.34)$$

因此,无论是正面还是负面的距离矩阵,都分别显示了备选冷链物流服务商 k 的子系统 A_i 的标准矩阵到其正、负理想解的可拓矩阵之间的距离,如下所示:

$$D_k^{i+} = \begin{pmatrix} C_1^i & y_1^{i+} - y_{k1}^i \\ C_2^i & y_2^{i+} - y_{k2}^i \\ \vdots & \vdots \\ C_{n(i)}^i & y_{n(i)}^{i+} - y_{kn(i)}^i \end{pmatrix} \begin{pmatrix} w_1^i \\ w_2^i \\ \vdots \\ w_{n(i)}^i \end{pmatrix} \qquad (3.35)$$

$$D_k^{i-} = \begin{pmatrix} C_1^i & y_{k1}^i - y_1^{i-} \\ C_2^i & y_{k2}^i - y_2^{i-} \\ \vdots & \vdots \\ C_{n(i)}^i & y_{kn(i)}^i - y_{n(i)}^{i-} \end{pmatrix} \begin{pmatrix} w_1^i \\ w_2^i \\ \vdots \\ w_{n(i)}^i \end{pmatrix} \qquad (3.36)$$

k 冷链物流服务商 A_k^i 的标准指标决策矩阵到 A_i 子系统评价系统的正、负理想解的可拓矩阵之间的欧几里得距离分别为

$$d\left(A^{i+}, A_k^i\right) = \sqrt{\sum_{j=1}^{n} \left[w_j^i\left(y_j^{i+} - y_{kj}^i\right)\right]^2}, \quad k=1,2,\cdots,m \qquad (3.37)$$

$$d\left(A_k^i, A^{i-}\right) = \sqrt{\sum_{j=1}^{n} \left[w_j^i\left(y_{kj}^i - y_j^{i-}\right)\right]^2}, \quad k=1,2,\cdots,m \qquad (3.38)$$

k 冷链物流服务商 A_k^i 的综合决策值为

$$d\left(A_k^i\right) = \sqrt{\left|d\left(A^{i+}, A_k^i\right)^2 - d\left(A_k^i, A^{i-}\right)^2\right|} \qquad (3.39)$$

由此,可分别得到 k 冷链物流服务商的各子系统综合决策值所组成的子系统决策向量 $D(A_k) = \left[d\left(A_k^1\right), d\left(A_k^2\right), d\left(A_k^3\right), d\left(A_k^4\right)\right]$,即冷链物流服务商 k 的下层系统决策评价向量为 $D(A_k) = \left[d\left(A_k^1\right), d\left(A_k^2\right), d\left(A_k^3\right), d\left(A_k^4\right)\right]$。

2. 基于上层突变级数的生鲜电商冷链物流服务商决策模型

突变级数是根据系统量函数的临界点分类,对其附近连续性的特征进行研究,进而归纳出若干突变模型。该方法可以通过飞跃或渐变来揭示事物的质态转化,主要由控制条件决定,飞跃和渐变之间的相互转化关系对理解质量互变规律等非

常重要。

在基于上层突变级数的生鲜电商冷链物流服务商决策模型中，将备选冷链物流服务商作为状态变量，将每个子系统的综合决策值作为控制变量，以蝴蝶突变为例对各冷链物流服务商的上层决策值进行测算，其归一化公式为

$$d_1 = H_1^{\frac{1}{2}}, d_2 = H_2^{\frac{1}{3}}, d_3 = H_3^{\frac{1}{4}}, d_4 = H_4^{\frac{1}{5}} \tag{3.40}$$

综上所述，上层决策系统评价的步骤如下。

第一步，运用变异系数法计算出下层模型中各指标占整个体系的权重，并求出下层各子系统占整个体系的权重，且按各子系统权重大小对子系统进行排序，依次对应排序综合决策值，得出新的决策向量：$H_k = (H_{k_1}, H_{k_2}, H_{k_3}, H_{k_4})$。

第二步，运用蝴蝶突变模型对 H_k 进行归一化计算，即

$$\begin{cases} d_{k_1} = \left(H_{k_1}\right)^{\frac{1}{2}} \\ d_{k_2} = \left(H_{k_2}\right)^{\frac{1}{3}} \\ d_{k_3} = \left(H_{k_3}\right)^{\frac{1}{4}} \\ d_{k_4} = \left(H_{k_4}\right)^{\frac{1}{5}} \end{cases} \tag{3.41}$$

第三步，对所得值按互补原则计算，可得 k 冷链物流服务商的整体综合决策值，即

$$D_k = \frac{1}{4}\left(d_{k_1} + d_{k_2} + d_{k_3} + d_{k_4}\right) \tag{3.42}$$

按照 D_k 对冷链物流服务商进行排序，以得到最佳生鲜电商冷链物流服务商。所求上层决策值由大到小排序确定生鲜电商冷链物流服务商的优劣，决策值越大，冷链物流服务商越优。

3.2.3　案例分析

1. 数据的来源

为保证计算结果的有效性和可信性，收集了生鲜电商 A 的 10 家冷链物流服务商数据，并基于粗糙集属性约简对评价指标进行了筛选，继续针对该数据样本按照基于突变-可拓学的生鲜电商冷链物流服务商评价模型步骤进行实际检验与分析。

生鲜电商冷链物流服务商评价指标筛选后数据如表 3.16 所示。

表 3.16　生鲜电商冷链物流服务商评价指标筛选后数据

指标	k_1	k_2	k_3	k_4	k_5	k_6	k_7	k_8	k_9	k_{10}
B_1	14	12	10	13	19	22	15	20	11	7
B_2	16.3	10.5	15.1	17.3	10.8	13.4	12.5	11.2	18.5	15.9
B_4	20	36	30	21	35	40	21	25	22	24
B_5	88.5	76.4	84.2	87.2	91.4	95.4	97.1	98	77	82.6
B_6	89	80	87	84	86	99	92	94	76	81
B_9	50	49	91	51	92	90	82	97	88	64
B_{12}	50	44	42	54	75	87	90	89	95	56
B_{13}	84	87	79	89	92	91	95	94	97	88
B_{14}	111.24	120.32	131.21	108.65	103.22	106.15	99.63	109.72	150.35	128.63
B_{17}	95	88	93	92	97	98	97	96	94	90
B_{18}	91.62	97.45	89.77	95.54	97.79	98.43	97.47	98.99	97.84	96.75
B_{19}	2.54	2.67	1.49	3.13	4.32	3.97	3.23	4.08	1.11	2.27
B_{20}	87	89	84	91	88	97	93	98	86	88

2. 评价指标体系的权重确定

基于变异系数法确定评价指标体系的权重的基本思想就是指标的差异程度越大则权重也越大，数据标准化处理会使得各指标的差异程度不能直接比较，为消除各项指标数据标准化处理造成的不同影响，用各指标的变异系数衡量各指标取值的差异程度。

以服务商 k_1 决策子系统 A_1 为例，确定子系统 A_1 的二级指标 (B_1, B_2, B_4) 的权重，计算各指标的标准差及变异系数，最终确定各指标的权重。

1）构造评价指标决策矩阵

由表 3.16 得评价指标筛选结果数据，评价指标决策矩阵为

$$Z = \begin{pmatrix} 14 & 12 & 10 & 13 & 19 & 22 & 15 & 20 & 11 & 7 \\ 16.3 & 10.5 & 15.1 & 17.3 & 10.8 & 13.4 & 12.5 & 11.2 & 18.5 & 15.9 \\ 20 & 36 & 30 & 21 & 35 & 40 & 21 & 25 & 22 & 24 \end{pmatrix}$$

2）计算标准差

根据式（3.30）计算各项指标的标准差矩阵为

$$\sigma = (4.5177, 2.7197, 6.9311)^{\mathrm{T}}$$

3）计算变异系数

根据式（3.31）计算各项指标的变异系数为

$$g = \left(0.2213, 0.3677, 0.1443\right)^{\mathrm{T}}$$

4）计算权重系数

根据式（3.32）确定各项指标的权重系数向量：

$$W_1 = \left(0.3018, 0.5014, 0.1967\right)^{\mathrm{T}}$$

同理计算得到冷链物流服务商 k_1 决策子系统 A_2、A_3、A_4 中相对应的二级指标的权重系数向量分别为

$$W_2 = \left(0.3972, 0.4448, 0.1580\right)^{\mathrm{T}}$$

$$W_3 = \left(0.1609, 0.6241, 0.2151\right)^{\mathrm{T}}$$

$$W_4 = \left(0.1724, 0.1841, 0.5218, 0.1216\right)^{\mathrm{T}}$$

3. 基于突变–可拓学的生鲜电商冷链物流服务商评价选择

1）下层可拓学子系统决策值计算

对 10 个冷链物流服务商进行计算选择。以冷链物流服务商 k_1 决策子系统 A_1 为例，通过对其进行计算来描述下层可拓学子系统决策模型。

由式（3.29）求得备选冷链物流服务商 k_1 决策子系统 A_1 的决策矩阵为

$$Y_1^1 = \left(0.4667, 0.7250, 0\right)^{\mathrm{T}}$$

由式（3.33）求得冷链物流服务商 k_1 的子系统 A_1 的正、负理想解指标矩阵分别为

$$Y_1^{i+} = \left(0.3018, 0.5015, 0.1967\right)^{\mathrm{T}}$$

$$Y_1^{i-} = \left(0, 0, 0\right)^{\mathrm{T}}$$

由上述计算结果得冷链物流服务商 k_1 的子系统 A_1 各指标权重向量为

$$W_1 = \left(0.3018, 0.5014, 0.1967\right)^{\mathrm{T}}$$

根据式（3.35）和式（3.36）可计算得到冷链物流服务商 k_1 的子系统 A_1 的指标矩阵 Y_1^1 到正、负理想解之间的距离分别为

$$D_1^{1+} = \left(0.1610, 0.1379, 0.1967\right)^{\mathrm{T}}$$

$$D_1^{1-} = \left(0.1409, 0.3635, 0\right)^{\mathrm{T}}$$

根据式（3.37）、式（3.38）计算得冷链物流服务商 k_1 的子系统 A_1 的指标矩阵 Y_1^1 到子系统正、负理想解指标矩阵的欧几里得空间距离分别为

$$d\left(A^{1+}, A_{k_1}^1\right) = \sqrt{\sum_{j=1}^{n}\left[w_j^1\left(y_j^{1+} - y_{k_1 j}^1\right)\right]^2} = 0.2892$$

$$d\left(A^{1-}, A_{k_1}^1\right) = \sqrt{\sum_{j=1}^{n}\left[w_j^1\left(y_{k_1 j}^1 - y_j^{1-}\right)\right]^2} = 0.3899$$

综合以上结果，根据式（3.39）计算得出冷链物流服务商 k_1 的子系统 A_1 的综合决策值为

$$d\left(A_{k_1}^1\right)=\sqrt{\left|d\left(A^{i+},A_{k_1}^1\right)^2-d\left(A_{k_1}^1,A^{1-}\right)^2\right|}=0.2615$$

同理，根据公式及上面的计算过程可求得冷链物流服务商 k_1 的其他子系统的决策值，以及其他冷链物流服务商的各子系统决策值，计算结果见表 3.17。

表 3.17　冷链物流服务商下层子系统决策值计算结果

子系统	k_1	k_2	k_3	k_4	k_5	k_6	k_7	k_8	k_9	k_{10}
A_1	0.2615	0.5085	0.1302	0.3615	0.3982	0.1653	0.3930	0.3999	0.4218	0.1525
A_2	0.1445	0.5584	0.1836	0.2883	0.2352	0.5791	0.4917	0.5427	0.5755	0.3791
A_3	0.4075	0.2423	0.6532	0.2436	0.4681	0.4839	0.5392	0.5545	0.6075	0.1373
A_4	0.1175	0.0613	0.3989	0.2572	0.4793	0.2714	0.0534	0.3366	0.5414	0.2706

2）上层突变级数总决策值计算

突变级数法不需要对评价目标进行赋权，但要根据指标的相对重要性进行排序，得到总目标的突变级数值，最终评判备选冷链物流服务商的优劣。

由表 3.17 各子系统决策值计算结果可构造子系统评价决策矩阵：

$$Z=\begin{pmatrix} 0.2615 & 0.5085 & 0.1302 & 0.3615 & 0.3982 & 0.1653 & 0.3930 & 0.3999 & 0.4218 & 0.1525 \\ 0.1445 & 0.5584 & 0.1836 & 0.2883 & 0.2352 & 0.5791 & 0.4917 & 0.5427 & 0.5755 & 0.3791 \\ 0.4075 & 0.2423 & 0.6532 & 0.2436 & 0.4681 & 0.4839 & 0.5392 & 0.5545 & 0.6075 & 0.1373 \\ 0.1175 & 0.0613 & 0.3989 & 0.2572 & 0.4793 & 0.2714 & 0.0534 & 0.3366 & 0.5414 & 0.2706 \end{pmatrix}$$

根据式（3.30）计算各子系统的标准差矩阵为

$$\sigma=(0.1252,0.1640,0.1641,0.1586)^{\mathrm T}$$

根据式（3.31）计算各子系统的变异系数为

$$g=(0.3923,0.4122,0.3782,0.5691)^{\mathrm T}$$

根据式（3.32）确定各子系统在整个决策系统中的权重系数向量：

$$W\left(w_{A_1},w_{A_2},w_{A_3},w_{A_4}\right)=(0.2240,0.2353,0.2159,0.3248)^{\mathrm T}$$

因此，子决策系统的重要性排序为 $w_{A_4}>w_{A_2}>w_{A_1}>w_{A_3}$。

以服务商 k_1 为例，则 k_1 上层新的决策向量 $H_k=\left(H_{A_4},H_{A_2},H_{A_1},H_{A_3}\right)$，根据式（3.41）对 H_k 进行归一化计算：

$$\begin{cases} d_{A_4} = \left(H_{A_4}\right)^{\frac{1}{2}} = 0.3428 \\ d_{A_2} = \left(H_{A_2}\right)^{\frac{1}{3}} = 0.5248 \\ d_{A_1} = \left(H_{A_1}\right)^{\frac{1}{4}} = 0.7151 \\ d_{A_3} = \left(H_{A_3}\right)^{\frac{1}{5}} = 0.8357 \end{cases}$$

根据式（3.42）计算备选冷链物流服务商 k_1 的总决策值为 $D_{k_1} = 0.6046$。同理计算其他冷链物流服务商的总决策值及优劣排序，见表 3.18。

表 3.18　备选物流服务商上层总决策值及优劣排序

评价结果	k_1	k_2	k_3	k_4	k_5	k_6	k_7	k_8	k_9	k_{10}
总决策值	0.6046	0.6672	0.6797	0.6743	0.7408	0.7142	0.6740	0.7700	0.8197	0.6353
优劣排序	10	8	5	6	3	4	7	2	1	9

4. 评价选择结果检验与分析

由表 3.18 的排序结果可知，样本中的 10 个备选冷链物流服务商的优劣为 $k_9 > k_8 > k_5 > k_6 > k_3 > k_4 > k_7 > k_2 > k_{10} > k_1$。综合结果显示冷链物流服务商 k_9 决策值最高，是生鲜电商企业 A 的最佳选择，且生鲜电商应与冷链物流服务商建立长期合作关系。

第4章　生鲜农产品冷链物流评价

4.1　生鲜农产品冷链物流服务质量评价

以顾客为导向对生鲜农产品冷链物流服务质量评价展开研究，构建基于 EW-FCE 的生鲜农产品冷链物流服务质量评价模型。首先，将 SERVQUAL 模型和 LSQ 模型的维度框架作为参考，梳理和总结近期学者们的相关研究，剔除对生鲜农产品冷链物流服务质量评价无效的指标，确定含有有形性、可靠性、响应性、经济性和政策与检疫检查 5 个维度、23 个指标的初始评价指标体系。其次，设计相应的调查问卷，利用 SPSS 22.0 软件对问卷收集到的有效数据进行信度、效度分析，根据分析结果对初始指标进行检验与调整，得到最终的 5 个评价维度、18 个评价指标的生鲜农产品冷链物流服务质量评价指标体系。再次，在对 EW-FCE 法适用性进行分析的基础上，采用熵权法对生鲜农产品冷链物流服务质量评价指标赋权，建立隶属度矩阵并结合加权平均型的模糊综合评价模型生鲜农产品冷链物流服务质量。最后，以邮政物流为例，在数据信度和效度检验的基础上对构建的评价模型进行分析。

4.1.1　生鲜农产品冷链物流服务质量评价指标体系构建

1. 生鲜农产品冷链物流服务质量评价指标体系构建原则与思路

1）评价指标体系构建原则

为了能够准确对生鲜农产品冷链物流服务质量进行评价，提高指标体系构建的客观性，结合生鲜农产品冷链物流自身分散性、季节性、差异性和多样性等特点，遵循以下 5 个方面的原则构建生鲜农产品冷链物流服务质量评价指标体系。

（1）客观性原则：在指标选取的过程中，不能按照个人主观想法创造出不符合研究对象的指标，一定要根据相关理论基础找到实际的评价影响因素。

（2）可操作性原则：在选取指标时需要充分考虑到指标数据是否能够收集到，否则该指标对综合评价没有任何意义。

（3）重要性原则：在指标选取的过程中，需要提炼出能够对评价体系产生重要影响的指标，剔除对评价体系没有任何贡献的指标，不仅能够减少数据收集的工作量，还能够提高结果的准确性与减少评价分析的难度。

（4）顾客导向性原则：以顾客的感知为研究重点，构建生鲜农产品冷链物流服务质量评价指标体系，不仅能够让企业更加精准地对现有冷链物流服务所存在的问题进行定位，还能够为如何改进其服务质量提供依据。

（5）突出生鲜农产品冷链物流服务特点的原则：与普通物流服务不同，生鲜农产品冷链物流服务以农产品为主，具有季节性和易腐性。为保证农产品的品质质量，促进农业发展，生鲜农产品冷链物流对其服务能力有更高的要求，如需要拥有标准的农产品物流设施设备、大型的运输车辆等。

2）评价指标体系构建思路

在对近期学者们的相关研究进行梳理和总结的基础上，首先，以经典的SERVQUAL 模型和 LSQ 模型的维度作为参考，结合生鲜农产品冷链物流分散性、季节性、差异性和多样性等特点，确定生鲜农产品冷链物流服务质量评价指标体系维度。其次，总结和归纳近期的研究成果，补充与完善评价不同维度下符合生鲜农产品冷链物流服务质量评价的具体指标，筛掉不符合要求的指标，初步构建评价指标体系并对其指标具体内容进行说明。最后，采用多项统计分析方法对该评价指标体系进行检验与调整，最终得到科学的评价指标体系。

2. 生鲜农产品冷链物流服务质量评价指标体系的初建

1）评价指标体系维度的设计

通过总结近期冷链物流服务质量评价相关文献中的指标选取方法，发现大多数学者都参考了 SERVQUAL 模型和 LSQ 模型，并结合评价对象的性质首先确定服务质量评价指标体系的维度，再确定评价具体指标。按照此方法能够有效提高生鲜农产品冷链物流服务质量评价指标体系构建的合理性与科学性。

（1）SERVQUAL 模型。

20 世纪 80 年代，著名市场营销学家白瑞（Berry）和帕拉休拉曼（Parasuraman）提出了一套服务质量评价指标体系，即 SERVQUAL 模型。SERVQUAL 模型共包含 5 个评价维度与 22 个具体评价指标，其中，5 个评价维度分别为可靠性（reliability）、移情性（empathy）、响应性（responsiveness）、有形性（tangibles）与保证性（assurance）。

SERVQUAL 模型在很大程度上都是以顾客在接受服务前对其服务水平期望

值与在接受服务的过程中所感知到的整体服务水平的差别为评价标准的，如图4.1
所示。

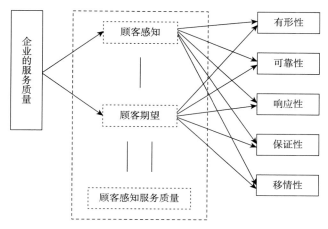

图 4.1　SERVQUAL 模型的原理

实线箭头表示正向影响

在图 4.1 中，SERVQUAL 服务质量的分数等于顾客实际感知的分数减去顾客
期望的分数，顾客感知与期望值的增加能够提高这 5 个评价维度的评估值，同时，
顾客感知和顾客期望为企业服务质量与冷链物流服务评价维度指标的中介。

近年来，绝大多数服务型企业为能够准确了解目标顾客对接受服务前的服务
期望与接受服务后感知到的实际情况，选用了 SERVQUAL 模型，发现其能够更
加准确地度量服务质量，快速找到并解决服务质量中存在的问题。该模型的 5 个
评价维度主要包括服务设施设备情况、员工服务形象与态度、服务及时性等 22 个
指标。

（2）LSQ 模型。

美国 Tenessee 大学学者在 2011 年从顾客角度出发，调查了第三方物流企业与
该企业下的目标顾客实际物流服务感知情况，构建了 LSQ 模型，如图 4.2 所示。

通过图 4.2 可以看出，物流服务过程包括三个阶段，即订货阶段、收货阶段与
满意度感知阶段，同时还具体指出了服务质量评价的 9 个指标，并且它们都只考
虑了顾客接受服务后实际的满意度。

首先对评价指标体系的维度进行研究，将经典的 SERVQUAL 模型和 LSQ 模
型作为评价指标依据，结合第 2 章中生鲜农产品冷链物流概述的内容，通过对初
始维度指标进行仔细修改、合并与删除，重新定义维度指标，确定评价指标体系
的维度框架，具体修改与调整如下所示。

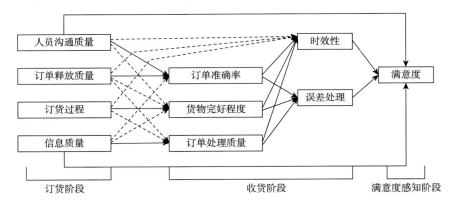

图 4.2　LSQ 模型图

实线箭头表示直接影响，虚线箭头表示间接影响

一是将"有形性"与"移情性"合并为"有形性"。

SERVQUAL 模型中的有形性是指物流企业设施配备情况、信息平台及服务人员的数量等。移情性主要用于判断顾客感受到服务人员是否能够感受到的企业所提供的个性化服务。有形性和移情性在生鲜农产品冷链物流服务过程中都能够通过某种形式给顾客带来直接感受，因此可将服务有形性与服务移情性进行合并。

二是将"保证性"、"可靠性"和"质量"合并为"可靠性"。

SERVQUAL 模型中的可靠性能够评价在服务过程中企业履行对顾客所做出承诺的能力。保证性则是在服务人员的专业知识、可信程度及基本素质方面对服务人员及企业进行评价。LSQ 模型中的质量是指送达顾客手中的产品质量。在生鲜农产品冷链物流服务过程中，这三个服务维度都涉及冷链物流企业运营的可靠性，因此保留并合并为"可靠性"。

三是将"响应性"与"时间性"合并为"响应性"。

SERVQUAL 模型中的响应性是指服务人员能够迅速处理顾客所提出的要求的能力，是度量生鲜农产品冷链物流服务时效性的有效维度，它可以合理评判生鲜农产品冷链物流企业为顾客提供服务的反应能力。LSQ 模型中的时间性是指物流配送环节中能够满足准时送达货品的能力。两个维度在生鲜农产品冷链物流服务过程中均与时间概念相关，因此进行合并。

四是增加"经济性"。

物流成本始终是顾客最看重的要素之一。在生鲜农产品冷链物流服务过程中，农产品自身具有易腐损的特殊性及配送目的地的分散性，运输及配送成本都会大幅度增加，物流费用也会相应增加，而这些费用都会影响顾客的服务质量评价。因此，"经济性"适合作为评价生鲜农产品冷链物流服务质量的一个维度。

五是增加"政策与检疫检查"。

在生鲜农产品冷链物流发展过程中，由"食品安全"问题引申出来一系列政府监督问题。因此，近年来政府加大了农产品检测设备和检测人员专业能力的政策强度。在物流服务过程中，保证生鲜农产品的"食品安全"是物流配送的基础。从宏观的角度考虑，增加了"政策与检疫检查"，从消费者的健康出发调研相关政策及检疫检查情况。

六是删除"可用性"。

LSQ 模型中的可用性是指在物流服务过程中度量配送指标能否满足顾客需求，这与冷链物流企业自身规模大小有关，因此不考虑可用性，将其删除。

综上所述，选取的指标体系维度共包括有形性、可靠性、响应性、经济性、政策与检疫检查 5 个维度，如图 4.3 所示。

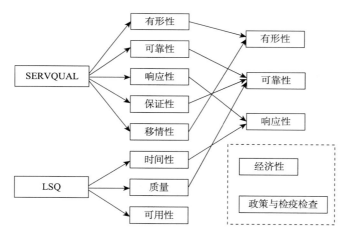

图 4.3　物流服务质量评价指标体系维度的设计

在图 4.3 中，将来自 SERVQUAL 模型中的 5 个指标与 LSQ 模型中的 3 个指标按照上述步骤进行调整，并根据生鲜农产品冷链物流服务质量的特性增加了经济性、政策与检疫检查两个指标。

2）评价指标体系指标的选取

为了进一步准确选取各维度具体指标，将其指标细致地分为一级指标、二级指标和三级指标，然后对指标依次编号，详见附录 1（生鲜农产品冷链物流服务质量影响因素调查问卷）。以有形性、可靠性、响应性、经济性、政策与检疫检查这 5 个维度为基本框架，结合对生鲜农产品冷链物流发展现状与问题的分析，严格按照并集、交集的原则对所编号的指标进行筛选、归纳，由于大多数服务质量评价指标体系只有两级，同时考虑到计算综合评价过程中的可操作性，故构建了生鲜农产品冷链物流服务质量评价的两级指标体系，其指标的具体说明见表 4.1。

表 4.1　生鲜农产品冷链物流服务质量初始评价指标体系

评价目标	一级指标	二级指标	序号	指标说明
生鲜农产品冷链物流服务质量	有形性	运输能力	1	配送车辆是否统一、正规，如遇突发情况时应急运输设备是否完善
		冷藏冷冻设备配备水平	2	在农产品配送过程中，有较为专业的冷藏冷冻设施设备
		包装水平	3	有专业的包装袋或者包装箱对货品进行包装
		员工形象	4	配送人员着工作服，熟悉冷链物流作业流程、操作规范
		信息管理水平	5	能够追踪记录物流配送过程中产生的信息
		冷链物流服务站点覆盖广	6	冷链物流服务站点覆盖广，便于顾客寄收货品
	可靠性	按时交货	7	能够在预期约定的时间内完成货品的配送
		在配送过程中能够保持货品的完好	8	在配送过程中保持货品的稳定和新鲜度等
		员工服务态度	9	配送人员热情地为顾客服务
		退货流程操作方便	10	退货流程操作方便快捷
		发货准确性	11	在提供配送服务时，产品、地址等信息准确
		配送过程中的损耗补偿	12	对配送过程中货品的损坏或者变质有相应的补偿
	响应性	配送时间长短	13	货品能够在顾客期望的时间内送达
		订单处理及时性	14	能够及时处理顾客订单
		误差信息反馈及时性	15	能够及时处理顾客的反馈与投诉
		物流信息更新时效	16	在配送过程中能够及时为顾客提供定位等物流信息
		能够告知货物准确的送达时间	17	能够准确告知顾客货品的送达时间
		能够快速联系到物流服务员工	18	在配送过程中，能够快速联系到物流服务员工
	经济性	物流价格	19	物流服务价格合理
		退货费用	20	当顾客意愿与预期不符时，产生的退货成本较低
	政策与检疫检查	政策补助	21	政府给予冷链物流服务体系的补助
		技术支持	22	政府设计专员小组给予技术支持
		农产品检测	23	对农产品合格与否进行监控管理

3. 生鲜农产品冷链物流服务质量评价指标体系检验与调整

为了检验表 4.1 所构建的初始评价指标体系，采用问卷调查的形式收集生鲜农产品冷链物流服务质量评价的相关数据，对问卷的有效数据进行信度和效度等分析与调整。

以构建的生鲜农产品冷链物流服务质量评价指标体系为基础，设计了对应的调查问卷，详见附录 2（邮政物流服务质量调查问卷）。基于 5 个等级的李克特（Likert）量表，分别从非常满意（5 分）、比较满意（4 分）、一般满意（3 分）、略不满意（2 分）和极不满意（1 分）5 个维度调查顾客对生鲜农产品冷链物流服务质量评价各指标的重要程度。此次问卷调查时间为 2018 年 9 月~2019 年 1 月，主要面向接受过物流服务的村镇人群，采用线上电子问卷的方式，利用当前流行的 QQ、微信和邮箱等工具向亲朋好友及同学发放问卷填写链接，同时在重庆工商大学、重庆大学、西南财经大学、上海师范大学、东北大学等各地高校贴吧及问卷星和物流管理等论坛推送问卷填写链接。本次共发放问卷 331 份，其中从亲朋好友及同学处收到 133 份问卷，从各大贴吧及论坛收到 198 份问卷。为了增加本次调查问卷的有效性，对无效问卷进行识别，设置了三个筛选标准：一是如果问卷呈现出明显规律，如出现同一答案，则视为无效问卷；二是此次被调研者如果在认真且快速的情况下填写至少需要 60 秒，如果时间小于 60 秒则视为无效。本次共发放问卷 331 份，其中有效问卷 237 份，无效问卷 94 份，有效率为 71.6%。

1）信度分析

为能够检验问卷数据的可靠性，采用最常用的信度分析方法，即 Cronbach's Alpha 系数。信度分析能够反映问卷各个题项之间的内部关系，以此检验数据的一致性，同时信度分析还可以检验同一调研人在重复填写问卷情况下的可靠性程度。

通常情况下，信度系数的取值在 0~1，如果量表所检测出来的 Cronbach's Alpha 系数大于或等于 0.9，说明量表的信度很高；如果 Cronbach's Alpha 系数在 0.8~0.9，说明量表的信度较好；如果 Cronbach's Alpha 系数在 0.7~0.8，说明量表的信度一般，此时可能需要对一些选项进行修改；如果 Cronbach's Alpha 系数小于 0.7，则说明量表信度太低，需要将不合格的选项删除。

采用"SPSS-分析-度量-可靠性"的方法，得到如表 4.2 所示的信度检验结果，其中 Cronbach's Alpha 值为 0.923，基于标准化项的 Cronbach's Alpha 值为 0.923，两个系数值都大于 0.9，由上述 Cronbach's Alpha 系数取值评判标准可以看出，此次问卷收集到的数据可信度较高，构建的初始评价指标体系可靠性较强。

表 4.2　附录 1 的 Cronbach's Alpha 信度检验结果

Cronbach's Alpha	基于标准化项的 Cronbach's Alpha	项数
0.923	0.923	23

2）评价指标总体相关性分析

为对评价指标体系做进一步的检验与调整，选择广泛应用于统计分析的总体相关性分析方法。对问卷收集到的有效数据进行总体相关性分析，在此基础上，进一步对评价指标体系进行检验与调整，利用 SPSS 总体相关性分析方法计算各量表所对应的指标总体相关系数，其中如果得到的总体相关系数小于 0.4，需要将该指标删除后再次计算 Cronbach's Alpha 系数，Cronbach's Alpha 系数若增加则应该删除该指标，反之，说明删除该指标后，数据信度将会下降，考虑到整体数据的可靠性，应该将该指标保留。

（1）有形性。

生鲜农产品冷链物流服务质量评价的有形性维度包括运输能力、冷藏冷冻设备配备水平、包装水平、员工形象、信息管理水平、冷链物流服务站点覆盖广共 6 个指标。由表 4.3 和表 4.4 可知，有形性维度的总体相关系数都大于 0.4，Cronbach's Alpha 值为 0.895，基于标准化项的 Cronbach's Alpha 值为 0.895，两个系数值都大于 0.8，而运输能力指标的总体相关系数小于 0.4，若删除该指标，Cronbach's Alpha 值上升为 0.915，维度内的信度上升，因此对运输能力指标做删除处理。

表 4.3　有形性维度的 Cronbach's Alpha 信度检验结果

Cronbach's Alpha	基于标准化项的 Cronbach's Alpha	项数
0.895	0.895	6

表 4.4　有形性维度下各指标总体相关系数表

指标	项已删除的刻度均值	项已删除的刻度方差	校正的项总计相关性	多相关性的平方	项已删除的 Cronbach's Alpha 值
1	19.42	25.131	0.198	0.041	0.915
2	19.55	23.952	0.780	0.612	0.897
3	19.51	25.124	0.708	0.514	0.908
4	19.46	23.836	0.737	0.559	0.904
5	19.49	24.363	0.782	0.618	0.897
6	19.45	24.774	0.763	0.585	0.900

（2）可靠性。

生鲜农产品冷链物流服务质量评价的可靠性维度包括按时交货、在配送过程中能够保持货品的完好、员工服务态度、退货流程操作方便、发货准确性、对配送过程中货品的损坏或者变质有相应的补偿 6 个指标。由表 4.5 和表 4.6 可知，可靠性维度的 Cronbach's Alpha 值为 0.893，基于标准化项的 Cronbach's Alpha 值为 0.888，而退货流程操作方便指标的总体相关系数小于 0.4，若删除该指标，可靠性维度内的信度上升，因此应该删除退货流程操作方便指标。

表 4.5 可靠性维度的 Cronbach's Alpha 信度检验结果

Cronbach's Alpha	基于标准化项的 Cronbach's Alpha	项数
0.893	0.888	6

表 4.6 可靠性维度下各指标总体相关系数表

指标	项已删除的刻度均值	项已删除的刻度方差	校正的项总计相关性	多相关性的平方	项已删除的 Cronbach's Alpha 值
7	19.84	23.539	0.607	0.406	0.891
8	19.83	21.065	0.870	0.842	0.849
9	19.84	20.392	0.894	0.850	0.844
10	19.73	28.334	0.206	0.048	0.941
11	19.79	21.105	0.869	0.844	0.849
12	19.87	20.826	0.880	0.836	0.847

（3）响应性。

生鲜农产品冷链物流服务质量评价的响应性维度包括配送时间长短、订单处理及时性、误差信息反馈及时性、物流信息更新时效、能够告知货物准确的送达时间、能够快速联系到物流服务员工 6 个指标。由表 4.7 和表 4.8 可知，响应性维度的 Cronbach's Alpha 值为 0.804，基于标准化项的 Cronbach's Alpha 值为 0.803，而配送时间长短与能够快速联系到物流服务员工这两个指标的总体相关系数小于 0.4，若删除这两个指标，Cronbach's Alpha 值分别上升为 0.906、0.910，维度内的信度上升，因此对配送时间长短与能够快速联系到物流服务员工指标做删除处理。

表 4.7 响应性维度的 Cronbach's Alpha 信度检验结果

Cronbach's Alpha	基于标准化项的 Cronbach's Alpha	项数
0.804	0.803	6

表 4.8 响应性维度下各指标总体相关系数表

指标	项已删除的刻度均值	项已删除的刻度方差	校正的项总计相关性	多相关性的平方	项已删除的 Cronbach's Alpha 值
13	19.71	28.258	0.109	0.089	0.906
14	19.71	23.506	0.819	0.756	0.874
15	19.68	22.939	0.793	0.693	0.878
16	19.80	22.600	0.897	0.849	0.862
17	19.73	23.310	0.853	0.888	0.869
18	19.76	29.643	0.259	0.077	0.910

（4）经济性。

生鲜农产品冷链物流服务质量评价的经济性维度只有物流价格和退货费用这两个指标。由表 4.9 和表 4.10 可知，经济性维度的 Cronbach's Alpha 值为 0.992，基于标准化项的 Cronbach's Alpha 值为 0.992，两个系数值都大于 0.9，且删除任一指标都会降低经济性维度总体的 Cronbach's Alpha 值，所以对经济性维度下的两个指标都予以保留。

表 4.9　经济性维度的 Cronbach's Alpha 信度检验结果

Cronbach's Alpha	基于标准化项的 Cronbach's Alpha	项数
0.992	0.992	2

表 4.10　经济性维度下各指标总体相关系数表

指标	项已删除的刻度均值	项已删除的刻度方差	校正的项总计相关性	多相关性的平方	项已删除的 Cronbach's Alpha 值
19	3.88	1.311	0.985	0.970	0
20	3.85	1.372	0.985	0.970	0

（5）政策与检疫检查。

生鲜农产品冷链物流服务质量评价的政策与检疫检查维度包括政策补助、技术支持、农产品检测 3 个指标。由表 4.11 和表 4.12 可知，政策与检疫检查维度的 Cronbach's Alpha 值为 0.781，基于标准化项的 Cronbach's Alpha 值为 0.772，两个系数值都在 0.7~0.8，表示需要删除量表的有些选项。其中技术支持指标的总体相关系数小于 0.4，若删除该指标，维度内信度大幅度上升，说明技术支持影响了其他两个维度，因此将技术支持指标删除。

表 4.11　政策与检疫检查维度的 Cronbach's Alpha 信度检验结果

Cronbach's Alpha	基于标准化项的 Cronbach's Alpha	项数
0.781	0.772	3

表 4.12　政策与检疫检查维度下各指标总体相关系数表

指标	项已删除的刻度均值	项已删除的刻度方差	校正的项总计相关性	多相关性的平方	项已删除的 Cronbach's Alpha 值
21	7.95	3.252	0.804	0.971	0.478
22	7.78	5.384	0.305	0.112	0.992
23	7.91	3.246	0.829	0.971	0.450

3）效度及因子分析

效度分析是指通过测量对象的准确性来反映对象内部之间的有效程度，包含结构效度、标准效度与内容效度，被广泛应用于数据统计领域。通过 KMO 检验和 Bartlett's 球形度检验来检验初始评价指标体系的内部效度。KMO 值高于 0.8，表明效度非常高；KMO 值在 0.7~0.8，表明效度较好；KMO 值在 0.6~0.7，表明效度可以接受；KMO 值在 0.5~0.6，表明效度不太好；KMO 值小于 0.5，表明效度完全不佳，需要重新修正选项。

利用"SPSS-分析降维-因子分析"对调整后的生鲜农产品冷链物流服务质量评价指标体系进行效度检验，得到表 4.13 的 KMO 和 Bartlett's 球形度检验结果。从表 4.13 中可以得到 KMO 统计量为 0.864（高于 0.8），可见效度非常高。当显著性水平低于 0.05 时适合做因子分析，而 Bartlett's 球形度检验的结果表明 Sig（显著性概率）为 0.000，因此适合进行因子分析。

表 4.13　KMO 和 Bartlett's 球形度检验结果

KMO 取样适切性量数		0.864
Bartlett's 球形度检验	上次读取的卡方	5700.933
	自由度	190
	显著性	0.000

进行下一步操作，提取公共因子，根据特征根是否大于 1 进行判断，提取主因子并结合累计贡献率进行解释。如表 4.14 所示，前 5 个主因子特征值均大于 1，且总方差贡献率值为 84.241%（>60%），说明提取的 5 个公共因子能够解释大约 84.241%的所有原数据信息，说明问卷数据得以保留，因子分析结果有效。

表 4.14　解释的总方差

成分	初始特征值			提取载荷平方和			旋转载荷平方和		
	总计	方差百分比	累计百分比	总计	方差百分比	累计百分比	总计	方差百分比	累计百分比
1	7.605	38.025	38.025	7.605	38.025	38.025	4.406	22.031	22.031
2	3.973	19.866	57.891	3.973	19.866	57.891	4.272	21.361	43.393
3	2.913	14.565	72.457	2.913	14.565	72.457	4.117	20.587	63.980
4	1.324	6.622	79.079	1.324	6.622	79.079	2.193	10.965	74.945
5	1.032	5.162	84.241	1.032	5.162	84.241	1.859	9.296	84.241
6	0.528	2.641	86.882						
7	0.445	2.223	89.105						
8	0.348	1.741	90.847						
9	0.335	1.675	92.522						
10	0.287	1.434	93.957						
11	0.268	1.338	95.295						
12	0.215	1.073	96.367						

成分	初始特征值			提取载荷平方和			旋转载荷平方和		
	总计	方差百分比	累计百分比	总计	方差百分比	累计百分比	总计	方差百分比	累计百分比
13	0.196	0.978	97.346						
14	0.143	0.715	98.060						
15	0.112	0.562	98.622						
16	0.110	0.549	99.171						
17	0.085	0.423	99.594						
18	0.055	0.277	99.870						

注：提取方法为主成分分析

为继续发掘因子间的关系，将进行因子载荷矩阵旋转，如表 4.15 所示。

表 4.15　旋转后的成分矩阵

题项	成分				
	1	2	3	4	5
2. 在农产品配送过程中，有较为专业的冷藏冷冻设施设备		0.800			
3. 有专业的包装袋或者包装箱对货品进行包装		0.780			
4. 配送人员着工作服，熟悉冷链物流作业流程、操作规范		0.780			
5. 能够追踪记录物流配送过程中产生的信息		0.752			
6. 冷链物流服务站点覆盖广，便于顾客寄收货品		0.815			
7. 能够在预期约定的时间内完成货品的配送			0.714		
8. 在配送过程中保持货品的稳定和新鲜度等			0.911		
9. 配送人员热情地为顾客服务			0.929		
11. 在提供配送服务时，产品、地址等信息准确			0.921		
12. 对配送过程中货品的损坏或者变质有相应的补偿			0.924		
14. 能够及时处理顾客订单	0.879				
15. 能够及时处理顾客的反馈与投诉	0.883				
16. 在配送过程中能够及时为顾客提供定位等物流信息	0.931				
17. 能够准确告知顾客货品的送达时间	0.902				
19. 物流服务价格合理					0.910
20. 当顾客意愿与预期不符时，产生的退货成本较低					0.890
21. 政府给予冷链物流服务体系的补助				0.923	
23. 对农产品合格与否进行监控管理				0.913	

根据题项内容及因子载荷情况，可对各个公共因子进行命名。其中，公共因子 1 包含因子 14~因子 17，可命名为响应性；公共因子 2 包含因子 2~因子 6，可命名为有形性；公共因子 3 包含因子 7、因子 8、因子 9、因子 11、因子 12，可命

名为可靠性；公共因子 4 包含因子 21、因子 23，可命名为政策与检疫检查；公共
因子 5 包含因子 19、因子 20，可命名为经济性。整体结果表明，因子分析及命名
的各个公共因子具备良好的有效性和区分性，说明命名的 5 个公共因子是合理有
效的。因此，根据表 4.15 中"题项"的顺序，将二级指标重新编号，确立了最终
的生鲜农产品冷链物流服务质量评价指标体系，如表 4.16 所示。

表 4.16　生鲜农产品冷链物流服务质量评价调整后的指标体系

评价目标	一级指标	序号	二级指标	序号	指标说明
生鲜农产品冷链物流服务质量	有形性	1	冷藏冷冻设备配备水平	1	在农产品配送过程中，有较为专业的冷藏冷冻设施设备
			包装水平	2	有专业的包装袋或者包装箱对货品进行包装
			员工形象	3	配送人员着工作服，熟悉冷链物流作业流程、操作规范
			信息管理水平	4	能够追踪记录物流配送过程中产生的信息
			冷链物流服务站点覆盖广	5	冷链物流服务站点覆盖广，便于顾客寄收货品
	可靠性	2	按时交货	6	能够在预期约定的时间内完成货品的配送
			在配送过程中能够保持货品的完好	7	在配送过程中保持货品的稳定和新鲜度等
			员工服务态度	8	配送人员热情地为顾客服务
			发货准确性	9	在提供配送服务时，产品、地址等信息准确
			配送过程中的损耗补偿	10	对配送过程中货品的损坏或者变质有相应的补偿
	响应性	3	订单处理及时性	11	能够及时处理顾客订单
			误差信息反馈及时性	12	能够及时处理顾客的反馈与投诉
			物流信息更新时效	13	在配送过程中能够及时为顾客提供定位等物流信息
			能够告知货物准确的送达时间	14	能够准确告知顾客货品的送达时间
	经济性	4	物流价格	15	物流服务价格合理
			退货费用	16	当顾客意愿与预期不符时，产生的退货成本较低
	政策与检疫检查	5	政策补助	17	政府给予冷链物流服务体系的补助
			农产品检测	18	对农产品合格与否进行监控管理

在本节对评价指标检验与调整的过程中，共有 5 个指标不符合评价指标的总
体相关性，分别是运输能力、退货流程操作方便、配送时间长短、能够快速联系

到物流服务员工、技术支持，且将这 5 个指标删除后，数据整体信度和效度有所提高，因此最终构建了表 4.16 中 5 个评价维度、18 个评价指标的生鲜农产品冷链物流服务质量评价指标体系。

4.1.2　基于 EW-FCE 法的生鲜农产品冷链物流服务质量评价

基于顾客的视角，在生鲜农产品冷链物流服务质量的综合评价指标中，各个指标都是模糊的，通常简单的数学方法无法确定指标的具体评估值，因为不同的被调研者对同一个指标的评价会受到不同主观因素的影响，因此评价值各有不同，无法得到唯一的评价值，而模糊综合评价法正好将定性的指标利用隶属度原理进行定量化处理。由于生鲜农产品冷链物流服务质量评价指标较多，且各二级指标隶属于五个一级指标，为方便对一级指标与二级指标进行综合处理，采用多级模糊综合评价模型能够提高评价研究的科学性与合理性。

采用 EW-FCE 构建生鲜农产品冷链物流服务质量评价模型，其中，模糊综合评价法能够利用模糊集合理论对多级指标的评价对象进行定量分析；熵权法能够将定性的指标转换成定量的指标，有效减少由于人的主观臆断带来的评价弊端。建立生鲜农产品冷链物流服务 EW-FCE 模型的基本思路如下：首先，确定生鲜农产品冷链物流服务质量的因素集与模糊综合评判集；其次，利用隶属度函数得到模糊关系矩阵，利用熵权法确定评价指标的权重向量，并将权重向量与模糊关系矩阵进行合成得到模糊综合评价结果矩阵；最后，将该结果矩阵与模糊综合评判集进行合成，得到生鲜农产品冷链物流服务质量的评价结果。

1. EW-FCE 模型的具体步骤

（1）确定评价因素集。

生鲜农产品冷链物流服务质量评价指标的集合即其服务质量的评价因素集，包含一级指标和二级指标，按照不同的层次分别为

$$U_i = (\mu_1, \mu_2, \cdots, \mu_m) \tag{4.1}$$

$$U_{ij} = (\mu_{i1}, \mu_{i2}, \cdots, \mu_{in}) \tag{4.2}$$

其中，$i \in (1, 2, \cdots, m)$，$j \in (1, 2, \cdots, n)$，且 i 表示生鲜农产品冷链物流服务质量评价指标体系中一级指标的个数，j 表示二级指标的个数，即 U_i 表示第 i 个一级指标，U_{ij} 表示第 i 个一级指标层下的第 j 个二级指标。

（2）建立评语集 C。

评语集代表每个评价指标在评价过程中所有可能出现的评价结果的集合。根据生鲜农产品冷链物流服务质量的评价特征，将评价标准划分为 5 个评价等级，

将评语集设为

$$C = (C_1, C_2, \cdots, C_m) \tag{4.3}$$

其中，$m = 5$，C_1、C_2、C_3、C_4、C_5分别表示非常满意、比较满意、一般满意、略有不满和极不满意。

采用李克特 5 分制计分法，设定其对应的评价结果分别为 5、4、3、2、1，则评价结果矩阵为 $(5,4,3,2,1)^{\mathrm{T}}$。

（3）计算隶属度 r_{ij}。

$$r_{ij} = 指标得到相应评语的有效数据 / 总的有效数据 \tag{4.4}$$

其中，r_{ij} 表示生鲜农产品冷链物流服务质量评价从因素 U_i 来看对 C 等级的隶属程度的大小。

（4）建立一级指标模糊关系矩阵 R（隶属度矩阵）。

$$R = \begin{bmatrix} r_{11} & r_{12} & \cdots & r_{1m} \\ r_{21} & r_{22} & \cdots & r_{2m} \\ \vdots & \vdots & & \vdots \\ r_{n1} & r_{n2} & \cdots & r_{nm} \end{bmatrix} \tag{4.5}$$

（5）通过赋值法得到一级指标的权重向量 W 与二级指标的权重向量 W_i。

$$W = (W_1, W_2, \cdots, W_n) \tag{4.6}$$

$$W_i = (W_{i1}, W_{i2}, \cdots, W_{in}) \tag{4.7}$$

（6）合成模糊综合评价结果矩阵 S。

对一级指标进行模糊综合评价，即合成指标的权重 W 与隶属度矩阵 R，得到生鲜农产品冷链物流服务质量的模糊综合评价结果矩阵 S：

$$S = W \times R = (w_1, w_2, \cdots, w_n) \times \begin{bmatrix} r_{11} & r_{12} & \cdots & r_{1m} \\ r_{21} & r_{22} & \cdots & r_{2m} \\ \vdots & \vdots & & \vdots \\ r_{n1} & r_{n2} & \cdots & r_{nm} \end{bmatrix} = (s_1, s_2, \cdots, s_n) \tag{4.8}$$

其中，S_i 代表被评价的对象属于 C_i 等级模糊子集的程度。

（7）计算二级指标综合评价结果。

$$E_i = S \times \begin{pmatrix} 5 \\ 4 \\ 3 \\ 2 \\ 1 \end{pmatrix} \tag{4.9}$$

（8）确定二级指标模糊关系矩阵 F：

$$F = \begin{pmatrix} S_1 \\ S_2 \\ \vdots \\ S_i \end{pmatrix} \tag{4.10}$$

（9）确定评价对象整体评价矩阵 G：

$$G = W_i \times F \tag{4.11}$$

（10）计算生鲜农产品冷链物流服务质量整体综合评价结果 E：

$$E = G \times \begin{pmatrix} 5 \\ 4 \\ 3 \\ 2 \\ 1 \end{pmatrix} \tag{4.12}$$

2. 基于 EW 法确定指标权重

基于 EW 法的生鲜农产品冷链物流服务质量评价模型具体步骤如下。

（1）确定熵 H：

$$H_i = -\frac{1}{\log m} \sum_{m=1}^{m} r_{ijm} \log(r_{ijm}) \tag{4.13}$$

其中，m 表示评价等级，生鲜农产品冷链物流服务质量评价等级为 5，r_{ijm} 为式（4.4）中所对应的隶属度。

（2）确定 V_{ij}：

$$V_{ij} = 1 + \frac{1}{\log m} \sum_{m=1}^{m} r_{ijm} \log(r_{ijm}) \tag{4.14}$$

其中，$0 \leqslant r_{ijm} \leqslant 1$，$i \in (1, 2, \cdots, m)$，$j \in (1, 2, \cdots, n)$。

（3）计算二级指标的权重向量 W_{ij} 与一级指标的权重向量 W_i：

$$W_{ij} = \frac{V_{ij}}{\sum\limits_{j=1}^{n} V_{ij}} \tag{4.15}$$

$$W_i = \frac{\sum\limits_{j=1}^{n} V_{ij}}{\sum\limits_{i=1}^{m} \sum\limits_{j=1}^{n} V_{ij}} \tag{4.16}$$

4.1.3　案例分析

1. 数据收集与检验

1）数据来源与统计

在数据来源方面，以具有代表性的邮政物流为例进行分析。邮政物流目前已经形成了集交通运输网、金融网和信息网于一体的庞大网络。

为检验生鲜农产品冷链物流服务质量评价模型，基于顾客满意度设计了包含18 个量表的邮政物流服务质量调查问卷，其中，顾客满意度采用经典的李克特量表和 5 分制计分法，分别从极不满意（1 分）、略有不满（2 分）、一般满意（3 分）、比较满意（4 分）、非常满意（5 分）5 个维度进行衡量。

本次问卷主要面向接受过邮政物流服务的重庆市村镇人群，通过纸质问卷和网络调查相结合的方式，具体来说，主要有以下几种渠道：①在重庆市新立镇、马灌镇、拔山镇、大岭乡等地区的乡镇邮政物流服务站点向顾客发放纸质问卷；②在乡镇人流量多的地方（如菜市场、广场等）发放纸质问卷；③利用当前流行的 QQ、微信和邮箱等工具向亲朋好友及同学发放问卷填写链接；④在各大贴吧及论坛推送问卷填写链接。为了提高问卷数据的有效性，设置以下操作对无效数据进行处理：①正常情况下认真且快速完成问卷至少需要 60 秒，如果低于 60 秒，则视为无效问卷；②若填写人提交的问卷内容呈现明显的规律，则将此问卷视为无效问卷。问卷调查总体情况如下：本次调查共收到 263 份问卷，其中电子问卷182 份，纸质问卷 81 份，有效数据 194 份，有效率为 73.8%。

2）信度与效度分析

为简化数据分析过程，本节主要对问卷数据进行信度和效度分析验证数据的有效性和可靠性。

（1）信度分析。

由表 4.17 可知，利用 SPSS 22.0 软件计算出的 Cronbach's Alpha 系数为 0.950，该数值大于 0.9，说明此次问卷测量量表误差较小、内部一致性较高，具有非常高的可信度。

表 4.17　附录 2 数据的可靠性统计量

Cronbach's Alpha	基于标准化项的 Cronbach's Alpha	项数
0.950	0.950	18

（2）效度分析。

由表 4.18 可知，KMO 统计量是 0.885（高于 0.8），说明各指标的相关性较强；经 Bartlett's 球形度检验的结果表明 Sig（显著性概率）为 0.000，小于显著性水平，故本次问卷结构效度检验可采用因子分析法。

表 4.18 附录 2 数据的 KMO 和 Bartlett's 球形度检验

KMO 取样适切性量数		0.885
Bartlett's 球形度检验	上次读取的卡方	5458.132
	自由度	190
	显著性	0.000

通过对数据采用主成分分析法进行因子分析，以特征值大于 1 的提取标准，总共提取了 5 个公共因子，得到各个公共因子的方差贡献率分别为 52.643%、15.092%、9.310%、6.237%、5.264%，而总方差贡献率值为 88.546%（>60%），说明提取的 5 个公共因子能够解释大约 88.546% 的所有原数据信息，具备极强的解释力和代表性，说明提取的 5 个公共因子具备一定的有效性。

2. 计算过程与结果分析

1）模糊评判矩阵的建立

根据通过调查问卷得出的对一级指标 U_i 的二级指标 U_{ij} 的评分，采用单指标测度计算方法确定指标隶属度得出模糊评价，计算出二级指标的熵权。生鲜农产品冷链物流服务质量评价指标调查结果如表 4.19 所示。

表 4.19 生鲜农产品冷链物流服务质量评价指标调查结果

一级指标	序号	二级指标	序号	非常满意（5分）	比较满意（4分）	一般满意（3分）	略有不满（2分）	极不满意（1分）
有形性	1	冷藏冷冻设备配备水平	1	59	94	21	16	4
		包装水平	2	24	90	57	17	6
		员工形象	3	20	55	96	15	8
		信息管理水平	4	18	84	68	17	7
		冷链物流服务站点覆盖广	5	39	64	79	10	2
可靠性	2	按时交货	1	31	116	30	10	7
		在配送过程中能够保持货品的完好	2	35	98	40	13	8
		员工服务态度	3	12	106	54	15	7
		发货准确性	4	31	101	56	4	2
		对配送过程中货品的损坏或者变质有相应的补偿	5	35	89	53	13	4

续表

一级指标	序号	二级指标	序号	问卷结果				
				非常满意（5分）	比较满意（4分）	一般满意（3分）	略有不满（2分）	极不满意（1分）
响应性	3	订单处理及时性	1	26	84	66	16	2
		误差信息反馈及时性	2	12	106	54	15	7
		物流信息更新时效	3	24	92	56	13	9
		能够告知货物准确的送达时间	4	98	15	60	17	4
经济性	4	物流价格	1	31	92	47	13	11
		退货费用	2	22	81	69	14	8
政策与检疫检查	5	政策补助	1	29	40	116	5	4
		农产品检测	2	31	44	95	16	8

通过表 4.19 的数据及式（4.4）可以计算出隶属度 r_{ij}，然后计算出生鲜农产品冷链物流服务质量评价中二级指标的测度值。

$$R_1 = \begin{bmatrix} 0.304 & 0.485 & 0.108 & 0.082 & 0.021 \\ 0.124 & 0.464 & 0.294 & 0.088 & 0.031 \\ 0.103 & 0.284 & 0.495 & 0.077 & 0.041 \\ 0.093 & 0.433 & 0.351 & 0.088 & 0.036 \\ 0.201 & 0.330 & 0.407 & 0.052 & 0.010 \end{bmatrix}$$

$$R_2 = \begin{bmatrix} 0.160 & 0.598 & 0.155 & 0.052 & 0.036 \\ 0.180 & 0.505 & 0.206 & 0.067 & 0.041 \\ 0.062 & 0.546 & 0.278 & 0.077 & 0.036 \\ 0.160 & 0.521 & 0.289 & 0.021 & 0.010 \\ 0.180 & 0.459 & 0.273 & 0.067 & 0.021 \end{bmatrix}$$

$$R_3 = \begin{bmatrix} 0.134 & 0.433 & 0.340 & 0.082 & 0.010 \\ 0.062 & 0.546 & 0.278 & 0.077 & 0.036 \\ 0.124 & 0.474 & 0.289 & 0.067 & 0.046 \\ 0.505 & 0.077 & 0.309 & 0.088 & 0.021 \end{bmatrix}$$

$$R_4 = \begin{bmatrix} 0.160 & 0.474 & 0.242 & 0.067 & 0.057 \\ 0.113 & 0.418 & 0.356 & 0.072 & 0.041 \end{bmatrix}$$

$$R_5 = \begin{bmatrix} 0.149 & 0.206 & 0.598 & 0.026 & 0.021 \\ 0.160 & 0.227 & 0.490 & 0.082 & 0.041 \end{bmatrix}$$

2）以熵权法计算权重

根据熵权的计算式（4.13），得到二级指标的各个计算值为

$$H_1 = (H_{11}, H_{12}, H_{13}, H_{14}, H_{15}) = (0.770, 0.805, 0.789, 0.798, 0.779)$$
$$H_2 = (H_{21}, H_{22}, H_{23}, H_{24}, H_{25}) = (0.722, 0.803, 0.731, 0.695, 0.797)$$
$$H_3 = (H_{31}, H_{32}, H_{33}, H_{34}) = (0.778, 0.731, 0.804, 0.745)$$
$$H_4 = (H_{41}, H_{42}) = (0.829, 0.808)$$
$$H_5 = (H_{51}, H_{52}) = (0.678, 0.818)$$

根据式（4.14）可计算出：

$$V_1 = (V_{11}, V_{12}, V_{13}, V_{14}, V_{15}) = (0.230, 0.195, 0.211, 0.202, 0.221)$$
$$V_2 = (V_{21}, V_{22}, V_{23}, V_{24}, V_{25}) = (0.278, 0.197, 0.269, 0.305, 0.203)$$
$$V_3 = (V_{31}, V_{32}, V_{33}, V_{34}) = (0.222, 0.269, 0.196, 0.255)$$
$$V_4 = (V_{41}, V_{42}) = (0.171, 0.192)$$
$$V_5 = (V_{51}, V_{52}) = (0.322, 0.182)$$

根据式（4.15）可计算各二级指标的熵权重向量为

$$W_1 = (W_{11}, W_{12}, W_{13}, W_{14}, W_{15}) = (0.217, 0.184, 0.200, 0.191, 0.208)$$
$$W_2 = (W_{21}, W_{22}, W_{23}, W_{24}, W_{25}) = (0.222, 0.157, 0.215, 0.243, 0.162)$$
$$W_3 = (W_{31}, W_{32}, W_{33}, W_{34}) = (0.236, 0.286, 0.208, 0.271)$$
$$W_4 = (W_{41}, W_{42}) = (0.471, 0.529)$$
$$W_5 = (W_{51}, W_{52}) = (0.639, 0.361)$$

利用计算出的二级指标的各个数据求出其对应的一级指标的权重为

$$V_1 = \sum_{j=1}^{5} V_{1j} = 0.230 + 0.195 + 0.211 + 0.202 + 0.221 = 1.059$$
$$V_2 = \sum_{j=1}^{5} V_{2j} = 0.278 + 0.197 + 0.269 + 0.305 + 0.203 = 1.252$$
$$V_3 = \sum_{j=1}^{4} V_{3j} = 0.222 + 0.269 + 0.196 + 0.255 = 0.942$$
$$V_4 = \sum_{j=1}^{2} V_{4j} = 0.171 + 0.192 = 0.363$$
$$V_5 = \sum_{j=1}^{2} V_{5j} = 0.322 + 0.182 = 0.504$$

$$\sum_{i=1}^{m}\sum_{j=1}^{n}V_{ij}=V_1+V_2+V_3+V_4+V_5=4.12$$

因此根据式（4.16）计算出一级指标的各个权重为

$$W_1=\frac{1.059}{4.12}=0.257 \qquad W_2=\frac{1.252}{4.12}=0.304$$

$$W_3=\frac{0.942}{4.12}=0.229 \qquad W_4=\frac{0.363}{4.12}=0.088$$

$$W_5=\frac{0.504}{4.12}=0.122$$

得到以及指标权重向量矩阵：

$$W=\left(W_1,W_2,W_3,W_4,W_5\right)=(0.257,0.304,0.229,0.088,0.122)$$

各一级指标和二级指标熵权的计算结果如表 4.20 所示。

表 4.20　各指标权重

一级指标	序号	熵权	二级指标	序号	熵权
有形性	1	0.300	冷藏冷冻设备配备水平	1	0.217
			包装水平	2	0.184
			员工形象	3	0.200
			信息管理水平	4	0.191
			冷链物流服务站点覆盖广	5	0.208
可靠性	2	0.269	按时交货	1	0.222
			在配送过程中能够保持货品的完好	2	0.157
			员工服务态度	3	0.215
			发货准确性	4	0.243
			对配送过程中货品的损坏或者变质有相应的补偿	5	0.162
响应性	3	0.246	订单处理及时性	1	0.236
			误差信息反馈及时性	2	0.286
			物流信息更新时效	3	0.208
			能够告知货物准确的送达时间	4	0.271
经济性	4	0.078	物流价格	1	0.471
			退货费用	2	0.529
政策与检疫检查	5	0.108	政策补助	1	0.639
			农产品检测	2	0.361

3）模糊综合判断

根据式（4.8）得到：

$$S_1 = W_1 \times R_1 = (W_{11}, W_{12}, W_{13}, W_{14}, W_{15}) \times R_1$$

$$= (0.217, 0.184, 0.200, 0.191, 0.208) \begin{bmatrix} 0.304 & 0.485 & 0.108 & 0.082 & 0.021 \\ 0.124 & 0.464 & 0.294 & 0.088 & 0.031 \\ 0.103 & 0.284 & 0.495 & 0.077 & 0.041 \\ 0.093 & 0.433 & 0.351 & 0.088 & 0.036 \\ 0.201 & 0.330 & 0.407 & 0.052 & 0.010 \end{bmatrix}$$

$$= (0.169, 0.399, 0.328, 0.077, 0.027)$$

$$S_2 = W_2 \times R_2 = (W_{21}, W_{22}, W_{23}, W_{24}, W_{25}) \times R_2$$

$$= (0.222, 0.157, 0.215, 0.243, 0.162) \begin{bmatrix} 0.160 & 0.598 & 0.155 & 0.052 & 0.036 \\ 0.180 & 0.505 & 0.206 & 0.067 & 0.041 \\ 0.062 & 0.546 & 0.278 & 0.077 & 0.036 \\ 0.160 & 0.521 & 0.289 & 0.021 & 0.010 \\ 0.180 & 0.459 & 0.273 & 0.067 & 0.021 \end{bmatrix}$$

$$= (0.145, 0.530, 0.241, 0.055, 0.028)$$

$$S_3 = W_3 \times R_3 = (W_{31}, W_{32}, W_{33}, W_{34}) \times R_3$$

$$= (0.236, 0.286, 0.208, 0.271) \begin{bmatrix} 0.134 & 0.433 & 0.340 & 0.082 & 0.010 \\ 0.062 & 0.546 & 0.278 & 0.077 & 0.036 \\ 0.124 & 0.474 & 0.289 & 0.067 & 0.046 \\ 0.505 & 0.077 & 0.309 & 0.088 & 0.021 \end{bmatrix}$$

$$= (0.212, 0.378, 0.304, 0.079, 0.028)$$

$$S_4 = W_4 \times R_4 = (W_{41}, W_{42}) \times R_4$$

$$= (0.471, 0.529) \begin{bmatrix} 0.160 & 0.474 & 0.242 & 0.067 & 0.057 \\ 0.113 & 0.418 & 0.356 & 0.072 & 0.041 \end{bmatrix}$$

$$= (0.135, 0.444, 0.302, 0.070, 0.049)$$

$$S_5 = W_5 \times R_5 = (W_{51}, W_{52}) \times R_5$$

$$= (0.639, 0.361) \begin{bmatrix} 0.149 & 0.206 & 0.598 & 0.026 & 0.021 \\ 0.160 & 0.227 & 0.490 & 0.082 & 0.041 \end{bmatrix}$$

$$= (0.153, 0.214, 0.559, 0.046, 0.028)$$

然后利用式（4.9）计算出各个二级评价结果的最终得分：

$$E_1 = S_1 \times \begin{pmatrix} 5 \\ 4 \\ 3 \\ 2 \\ 1 \end{pmatrix} = (0.169, 0.399, 0.328, 0.077, 0.027) \times \begin{pmatrix} 5 \\ 4 \\ 3 \\ 2 \\ 1 \end{pmatrix} = 3.606$$

$$E_2 = S_2 \times \begin{pmatrix} 5 \\ 4 \\ 3 \\ 2 \\ 1 \end{pmatrix} = (0.145, 0.530, 0.241, 0.055, 0.028) \times \begin{pmatrix} 5 \\ 4 \\ 3 \\ 2 \\ 1 \end{pmatrix} = 3.707$$

$$E_3 = S_3 \times \begin{pmatrix} 5 \\ 4 \\ 3 \\ 2 \\ 1 \end{pmatrix} = (0.212, 0.378, 0.304, 0.079, 0.028) \times \begin{pmatrix} 5 \\ 4 \\ 3 \\ 2 \\ 1 \end{pmatrix} = 3.668$$

$$E_4 = S_4 \times \begin{pmatrix} 5 \\ 4 \\ 3 \\ 2 \\ 1 \end{pmatrix} = (0.135, 0.444, 0.302, 0.070, 0.049) \times \begin{pmatrix} 5 \\ 4 \\ 3 \\ 2 \\ 1 \end{pmatrix} = 3.548$$

$$E_5 = S_5 \times \begin{pmatrix} 5 \\ 4 \\ 3 \\ 2 \\ 1 \end{pmatrix} = (0.153, 0.214, 0.559, 0.046, 0.028) \times \begin{pmatrix} 5 \\ 4 \\ 3 \\ 2 \\ 1 \end{pmatrix} = 3.418$$

根据式（4.10）得到二级指标模糊关系矩阵为

$$F = \begin{pmatrix} S_1 \\ S_2 \\ S_3 \\ S_4 \\ S_5 \end{pmatrix} = \begin{bmatrix} 0.169 & 0.399 & 0.328 & 0.077 & 0.027 \\ 0.145 & 0.530 & 0.241 & 0.055 & 0.028 \\ 0.212 & 0.378 & 0.304 & 0.079 & 0.028 \\ 0.135 & 0.444 & 0.302 & 0.070 & 0.049 \\ 0.153 & 0.214 & 0.559 & 0.046 & 0.028 \end{bmatrix}$$

经式（4.11）模糊变换可得

$$G = W \times F = (0.257, 0.304, 0.229, 0.088, 0.122) \times \begin{bmatrix} 0.169 & 0.399 & 0.328 & 0.077 & 0.027 \\ 0.145 & 0.530 & 0.241 & 0.055 & 0.028 \\ 0.212 & 0.378 & 0.304 & 0.079 & 0.028 \\ 0.135 & 0.444 & 0.302 & 0.070 & 0.049 \\ 0.153 & 0.214 & 0.559 & 0.046 & 0.028 \end{bmatrix}$$

$$= (0.167, 0.415, 0.322, 0.066, 0.030)$$

经式（4.12）模糊变换可得

$$E = G \times \begin{pmatrix} 5 \\ 4 \\ 3 \\ 2 \\ 1 \end{pmatrix} = (0.167, 0.415, 0.322, 0.066, 0.030) \times \begin{pmatrix} 5 \\ 4 \\ 3 \\ 2 \\ 1 \end{pmatrix} = 3.623$$

由以上结果可得，生鲜农产品冷链物流服务质量的综合评价值为 3.623。

4）结果分析

通过本节模型的计算可知，生鲜农产品冷链物流服务质量综合评价结果为 3.623，其中，一级指标有形性、可靠性、响应性、经济性和政策与检疫检查。5 个一级指标的综合评价结果分别为 3.606、3.707、3.668、3.548 和 3.418。根据满意度等级评判标准可知，生鲜农产品冷链物流服务质量评价一级评价指标的满意程度都在"一般"和"比较满意"之间，说明顾客基本满意邮政物流服务质量，其中，可靠性和响应性的满意度高于综合满意度，并向"比较满意"靠近；有形性和经济性的满意度略低于综合满意度；政策与检疫检查远远低于综合满意度，并向"略有不满"靠近。

4.2　生鲜农产品冷链物流效率评价

生鲜农产品冷链物流行业如何做好投入和产出的高效分配？拟基于物流经济学、效率相关理论，采用三阶段 DEA 对碳约束下长江经济带 11 个省市生鲜农产品冷链物流效率进行测算，分析生鲜农产品冷链物流效率的投入和产出指标的合理性。同时，利用 σ 收敛和 β 收敛分析生鲜农产品冷链物流效率的空间分布特征，根据实证结果对长江经济带不同地区生鲜农产品冷链物流发展提出政策建议。

4.2.1　生鲜农产品冷链物流效率评价指标体系构建

三阶段 DEA 评价指标由投入变量、产出变量和外部环境变量构成。根据柯布-道格拉斯生产函数的思想，生产过程中的投入主要包括劳动投入、资本投入和技术水平。由于技术水平难以量化，故在选取投入变量时主要考虑劳动和资本的投入。综合分析已有文献，碳约束下生鲜农产品冷链物流效率评价指标选取情况如表 4.21 所示。

表 4.21　生鲜农产品冷链物流效率评价指标选取情况

类型	变量	单位	计算方法
投入变量	碳排放量（X_1）	万吨	依据《2006 年 IPCC 国家温室气体清单指南》关于碳排放的估算
	人力资本（X_2）	万年	人均受教育年限乘以物流业从业人员数
	固定资产投资存量（X_3）	亿元	以 2007 年为基期折算物流业固定资产投入量
产出变量	生鲜农产品货运量（Y）	万吨	各类生鲜农产品产量之和
外部环境变量	地区生产总值（Z_1）	亿元	以 2007 年为基期折算地区生产总值
	政府支持力度（Z_2）		地方财政交通运输支出占地方财政一般预算支出的比例

（1）投入变量：冷链物流为一个高耗能行业，能源费用在资本投入中占很大比例，所以在已有文献中能源消耗量是反映资本投入的重要指标。在计算考虑碳约束下生鲜农产品冷链物流效率时，能源消耗量与碳排放量存在线性关系；此外，碳排放量为衡量物流运作中污染物排放的指标，社会希望它尽可能少，以符合 DEA 选取投入指标的标准。参考相关文献，采用碳排放量作为反映能源方面资本投入的指标。在农产品冷链物流中不仅从业人员数是反映劳动力投入的主要因素，劳动力质量也是影响生鲜农产品冷链物流顺畅运转的关键因素，因此选取人力资本作为劳动投入指标。为了更准确地表征生鲜农产品冷链物流中固定资产投入量，唐建荣等（2016）选取固定资产投资存量作为资本投入指标。

鉴于在现有统计标准下无法获取物流业的具体数据，参考国内其他学者的做法，选用交通运输、仓储及邮政业有关数据来界定物流业（唐建荣等，2016）。考虑到生鲜农产品冷链物流效率数据的准确性，对投入变量分别乘以生鲜冷链产品货运量占总货运量的比值，以此表示生鲜农产品冷链物流运作中实际劳动与资本投入。

（2）产出变量：由于缺少生鲜农产品冷链物流的相关数据，结合《2019 中国冷链物流发展报告》中对农产品冷链产品的统计标准，将各地区肉类、禽蛋、水产品、蔬菜、水果、牛奶、茶叶产量之和作为冷链生鲜农产品货运量，从而更加准确地反映出农产品冷链物流系统中的实际产出。

（3）外部环境变量：外部环境变量应选取对生鲜农产品冷链物流效率产生影响但又不在样本可控范围内的因素。例如，地区发展水平、政府对交通运输的支持力度等。一个地区的经济发展水平对该地区农产品冷链物流业发展有着较为显著的影响，地区生产总值为反映地区经济发展的重要指标，在选取外部环境变量时应优先考虑。此外，政府对交通运输的大力支持也是农产品冷链物流快速发展的原因之一，选择地方财政交通运输支出占地方财政一般预算支出的比例来衡量政府对交通运输的支持力度。

（4）数据来源：以长江经济带 11 个省市 2012~2017 年的数据为样本分析生鲜农产品冷链物流效率，基础数据来源于《中国统计年鉴》《中国人口和就业统计年鉴》《中国能源统计年鉴》，以及各省市历年统计年鉴及国家统计局网站，并进行必要整理与计算。

4.2.2　基于三阶段 DEA 的生鲜农产品冷链物流效率评价

在进行实证分析时，首先，需要对数据的同向性进行检验，即验证指标选取是否符合使用 DEA 模型测度效率的前提条件；其次，利用三阶段 DEA 模型对长江经济带生鲜农产品冷链物流效率进行计算；最后，利用 σ 收敛、β 收敛模型对长江经济带生鲜农产品冷链物流效率省际差异的收敛性进行检验（原雅坤等，2020）。

当使用 DEA 测度效率时，投入与产出必须满足同向性要求，即投入增加必然导致产出增加。选用皮尔逊相关系数对变量的同向性进行检验。利用 SPSS 20.0 软件分析变量相关系数，结果见表 4.22。

表 4.22　2012~2017 年生鲜农产品冷链物流系统中投入、产出变量的皮尔逊相关系数

产出变量	2012 年			2013 年			2014 年		
	X_1	X_2	X_3	X_1	X_2	X_3	X_1	X_2	X_3
Y	0.681**	0.834***	0.737***	0.839***	0.815***	0.826***	0.651**	0.663**	0.390*

产出变量	2015 年			2016 年			2017 年		
	X_1	X_2	X_3	X_1	X_2	X_3	X_1	X_2	X_3
Y	0.810***	0.674**	0.445*	0.720**	0.648**	0.437*	0.908**	0.792**	0.809**

*、**、***分别表示在 10%、5%、1%显著性水平下显著

由表 4.22 可知，每年各投入变量与产出变量均在 10%显著性水平下呈正相关

关系，投入与产出变量满足同向性要求。其中，2014 年投入变量 X_3 与产出变量 Y 的皮尔逊相关系数为 0.390，为弱相关；2015 年和 2016 年投入变量 X_3 与产出变量 Y 的皮尔逊相关系数在 0.4~0.6，为中等强度相关；其他投入与产出变量 Y 的皮尔逊相关系数均大于 0.6，为强相关。因此，可以推断收集的数据具有同向性，满足使用 DEA 模型测度效率的前提条件。三阶段 DEA 处理结果如下。

1. 第一阶段 BCC 模型实证结果

运用 DEAP 2.1 软件计算长江经济带 11 个省市生鲜农产品冷链物流效率，结果包括综合技术效率（TE）、纯技术效率（PTE）和规模效率（SE）。以年为单位，对长江经济带 11 个省市生鲜农产品物流效率求平均值，结果详见图4.4。

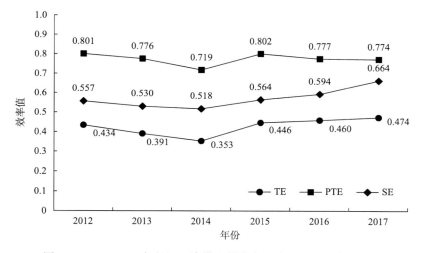

图 4.4　2012~2017 年长江经济带生鲜农产品冷链物流效率平均值

由图 4.4 可知，在不考虑随机误差及外部环境影响情况下，长江经济带生鲜农产品冷链物流综合技术效率平均值在 0.353~0.474，整体偏低；纯技术效率平均值整体呈波动下降趋势；规模效率平均值呈波动增长趋势。其中，2017年相较于 2012 年，综合技术效率与规模效率分别提高了 0.040、0.107，而纯技术效率降低 0.027。由此可知，引起综合技术效率平均值提高的主要原因是规模技术效率提高。此外，连续 6 年规模效率平均值均小于纯技术效率平均值，这表明虽然规模效率提高，但规模效率较低仍是制约综合技术效率提高的主要原因。

2. 第二阶段 SFA 回归结果

以第一阶段中得到投入变量松弛量为因变量，以地区发展水平（Z_1）、政府支持力度（Z_2）两个外部环境变量为自变量，运用 Frontier 4.1 软件进行 SFA 分析，结果见表 4.23。

表 4.23 生鲜农产品冷链物流效率测算第二阶段 SFA 回归结果

自变量松弛量	年份	常数项	Z_1	Z_2	δ^2	γ	LR 检验值
X_1 松弛量	2012	6.2909***	−0.0001	−0.6852*	102.4320***	0.9999***	8.1170
	2013	7.6358***	0.0000	−0.8261***	26.6723***	0.9999***	3.9268
	2014	14.3526	−0.0002*	−2.2623***	28.0482*	0.9998***	3.9433
	2015	9.6778***	−0.0001*	−0.9099**	35.1920***	0.9999***	4.6759
	2016	19.0965***	−0.0002*	−2.3895**	95.3953***	0.9999***	7.2627
	2017	0.1209	0.0004	−0.0300	70.2567*	0.9999***	7.5389
X_2 松弛量	2012	1.8084*	0.0001*	−0.1961*	15.8737***	0.9997***	8.9844
	2013	1.4037	0.0003	−0.2175	16.3689***	0.9999***	7.8093
	2014	7.6540***	−0.0001*	−0.5822***	59.5176***	0.9999***	5.3970
	2015	3.9096	−0.0001	−0.3675	56.1574***	0.9999***	9.7719
	2016	5.2829*	−0.0001	−0.6939	66.0283***	0.9999***	10.1268
	2017	−0.0505	0.0004	−0.0671	73.0622	0.9999***	6.3654
X_3 松弛量	2012	53.5450***	0.0002	−7.0775***	1089.0281***	0.9999***	6.3553
	2013	52.1500***	0.0001	−6.3455***	1607.1960***	0.9990***	3.9714
	2014	220.4301***	−0.0030	−21.3339***	11620.4570***	0.9999***	6.6417
	2015	187.1400***	−0.0034*	−14.5837***	31072.4010***	0.9999***	7.2601
	2016	367.1700***	−0.0045	−43.4465***	31324.3290***	0.9999***	7.5062
	2017	94.5668***	0.0005	−16.5893***	1847.8919***	0.9999***	3.7824

*、**、***分别表示在 10%、5%、1%显著性水平下显著

由表 4.23 可知，尽管存在环境变量与个别投入变量回归系数不显著的情况，但从 LR 检验值可知，除 2017 年 X_3 松弛量外，其他投入变量松弛量均通过了 10% 显著性水平下的似然比检验，说明环境变量对投入变量冗余存在显著性影响；γ 值均高于 0.9，并达到 1%显著性水平，说明管理因素对各投入变量冗余的影响占主导地位，随机因素次之。因此，仅使用 DEA 模型计算农产品冷链物流效率存在偏差，有必要利用 SFA 分离外部环境因素与随机因素对效率造成的影响。

首先，从地区发展水平（Z_1）的回归系数来看，若回归系数小于 0，则表示地区发展水平越高，越有利于降低投入变量冗余，提高生鲜农产品冷链物流效率；

反之，表示地区发展水平的提高，反而增大投入变量冗余，降低生鲜农产品冷链物流效率。由表 4.23 可知，地区发展水平与 3 种投入变量的系数偏小且显著性较差，但总体来看，地区发展水平与投入变量松弛量呈负相关关系，即地区经济发展水平越高越有利于降低资源浪费，提高生鲜农产品冷链物流效率。

其次，从政府支持力度（Z_2）的回归系数来看，该变量与 3 种投入变量松弛量系数均为负，这表明政府支持力度的加大会导致投入变量冗余减少，有利于实现生鲜农产品冷链物流行业的规模效率。政府对交通运输业支持力度较大的地区，整个物流行业发展更好，更有利于生鲜农产品冷链物流的长足发展。

3. 第三阶段 BCC 模型实证结果

根据式（2.14）对投入变量进行调整，再次使用 DEAP 2.1 软件，以调整后的投入变量和原产出变量为依据测算农产品冷链物流效率，计算结果见表 4.24。

表 4.24　2012~2017 年长江经济带 11 个省市生鲜农产品冷链物流效率

省份	2012 年			2013 年			2014 年		
	TE	PTE	SE	TE	PTE	SE	TE	PTE	SE
上海	0.165	1.000	0.165	0.143	1.000	0.143	0.152	1.000	0.152
江苏	0.554	1.000	0.554	0.387	1.000	0.387	0.600	1.000	0.600
浙江	0.323	0.382	0.846	0.286	0.351	0.814	0.409	0.518	0.790
安徽	1.000	1.000	1.000	1.000	1.000	1.000	1.000	1.000	1.000
江西	0.618	1.000	0.618	0.461	0.747	0.617	0.564	0.878	0.642
重庆	0.298	0.554	0.538	0.245	0.443	0.552	0.403	0.689	0.585
四川	0.452	1.000	0.452	0.504	1.000	0.504	0.175	0.334	0.524
贵州	0.315	0.715	0.441	0.356	0.762	0.467	0.422	0.877	0.481
云南	0.206	0.322	0.641	0.265	0.391	0.677	0.171	0.249	0.685
湖北	0.293	0.450	0.650	0.275	0.531	0.518	0.443	0.633	0.700
湖南	0.722	1.000	0.722	0.549	1.000	0.549	0.711	1.000	0.711
平均值	0.450	0.766	0.602	0.406	0.748	0.566	0.459	0.743	0.625
省份	2015 年			2016 年			2017 年		
	TE	PTE	SE	TE	PTE	SE	TE	PTE	SE
上海	0.151	1.000	0.151	0.129	1.000	0.129	0.180	1.000	0.180
江苏	0.513	1.000	0.513	0.582	1.000	0.582	0.434	1.000	0.434
浙江	0.327	0.439	0.744	0.374	0.515	0.727	0.294	0.295	0.997

续表

省份	2015 年			2016 年			2017 年		
	TE	PTE	SE	TE	PTE	SE	TE	PTE	SE
安徽	1.000	1.000	1.000	1.000	1.000	1.000	1.000	1.000	1.000
江西	0.490	0.811	0.604	0.517	0.884	0.585	0.548	0.630	0.870
重庆	0.310	0.556	0.557	0.311	0.555	0.561	0.227	0.296	0.767
四川	0.140	0.279	0.501	0.114	0.220	0.516	0.429	1.000	0.429
贵州	0.525	1.000	0.525	0.612	1.000	0.612	0.368	0.450	0.818
云南	0.498	0.687	0.725	0.463	0.590	0.785	0.319	0.321	0.994
湖北	0.370	0.614	0.602	0.417	0.564	0.739	0.339	0.640	0.530
湖南	0.649	1.000	0.649	0.734	1.000	0.734	0.665	1.000	0.665
平均值	0.452	0.762	0.597	0.478	0.757	0.634	0.437	0.694	0.699

注：TE=PTE×SE

由表 4.24 可知，去除外部环境及随机因素影响后，对比各省市的三项效率值可以发现，省际效率差异较大。2012 年长江经济带生鲜农产品冷链物流综合技术效率最大值与最小值之间的差距为 0.835。其中安徽三项效率值均为 1.000，达到强 DEA 有效，处于技术效率前沿面。上海虽纯技术效率为 1.000，但规模效率偏低，致使综合技术效率仅为 0.165，在 11 个省市中效率值最小。这是由于上海市生鲜农产品主要依靠周边省份输送，使用生鲜农产品产量作为货运量，故生鲜农产品冷链物流的实际货运量被低估，因此上海规模效率较低。随后几年综合技术效率最大与最小值之间的差距波动不大，均在 0.846 左右。虽然长江经济带各省市综合技术效率极差趋于稳定，但除安徽外其他省市综合技术效率均在逐年变化，所以 2012~2017 年长江经济带 11 个省市的农产品冷链物流效率差异是否存在收敛有待进一步验证。

在样本观察期内，长江经济带生鲜农产品冷链物流的综合技术效率平均值为 0.447，纯技术效率平均值为 0.745，规模效率平均值为 0.620。由此可见，造成长江经济带生鲜农产品冷链物流综合技术效率偏低的主要原因是规模效率偏低。这与俞佳立和钱芝网（2018）中长江经济带整体物流业三项效率值间的关系相一致。

为进一步对比分析投入变量调整前后长江经济带生鲜农产品冷链物流效率的变化情况，以年为单位分别计算调整前后长江经济带 11 个省市的效率平均值，绘制对比图如图 4.5 所示。

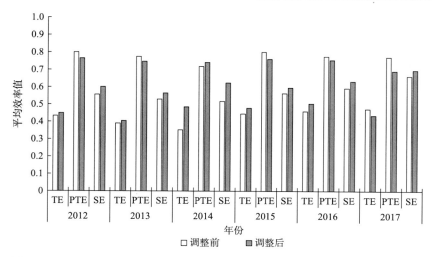

图 4.5 2012~2017 年长江经济带生鲜农产品冷链物流效率平均值调整前后对比

由图 4.5 可知，剔除外部环境和随机误差因素的影响后，长江经济带各年份生鲜农产品冷链物流效率平均值有明显变化。总体来看，2012~2016 年调整后的综合技术效率均有所提升，其中，2015 年综合技术效率提升幅度最小，为 1.35%，2014 年综合技术效率提升幅度最大，为 30.03%。2017 年综合技术效率调整后相比调整前下降了 7.88%。调整后的纯技术效率在 2014 年有所上升，其他年份均相较调整前有所下降，每年平均降低 4.32%。2012~2017 年，调整后的规模效率与调整前相比均有所上升。2014 年规模效率相比调整前增加 0.107，提升幅度达 20.66%，增幅最大；而 2017 年规模效率相比调整前增加 0.035，提升幅度为 5.20%，增幅最小。由此可见，调整后综合技术效率的提升主要是因为规模效率的提升，这表明外部环境与随机误差因素制约了纯技术效率的提升，却对规模效率提升具有积极作用。

4.2.3 生鲜农产品冷链物流效率的收敛性分析

为了进一步考察长江经济带生鲜农产品冷链物流省际差异的演变趋势，参考唐建荣等（2018）的研究，从 σ 收敛和 β 收敛两个层面对其加以检验。其中，σ 收敛是基于样本研究期末效率水平的描述，β 收敛则是针对样本观察期内效率增量而言。

1. 冷链物流效率的 σ 收敛性分析

1）σ 收敛模型

σ 收敛是指不同地区生鲜农产品冷链物流效率差距随时间变化呈现下降态

势。参考刘明和王思文（2018）的研究，采用标准差衡量 σ 收敛，计算公式如下：

$$\sigma_t = \sqrt{\frac{1}{n} \times \sum_{i=1}^{n}\left(\mathrm{TE}_{i,t} - \frac{1}{n} \times \sum_{i=1}^{n} \mathrm{TE}_{i,t} \right)} \qquad (4.17)$$

其中，σ_t 为 t 年时样本区域农产品冷链物流综合技术效率的标准差；$\mathrm{TE}_{i,t}$ 为 i 地区 t 年生鲜农产品冷链物流的综合技术效率。若 σ_t 值随着年份 t 增大而减小，则表明该区域内具有 σ 收敛。

2）σ 收敛分析

采用标准差作为 σ 收敛的检验方法，对长江经济带整体及上游、中游、下游各省市农产品冷链物流综合技术效率差异的收敛性进行评判，结果见图 4.6。

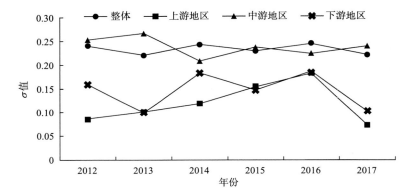

图 4.6　2012~2017 年长江经济带生鲜农产品冷链物流效率各年份 σ 值

由图 4.6 可知，虽然在 2014 年及 2016 年整体物流效率的 σ 值相较于前一年出现上升，但没有改变长江经济带各省市生鲜农产品冷链物流效率 σ 值在样本期内的下降趋势，即各省市间生鲜农产品冷链物流效率差异呈收敛状态。在此，将长江经济带分为上游、中游、下游三个区域，进一步分析引起 σ 值波动下降的具体区域。参考王宇昕等（2019）的研究，将上游地区界定为云南、贵州、四川和重庆；中游地区界定为湖北、湖南、江西和安徽；下游地区界定为江苏、浙江和上海。2012~2016 年上游地区的 σ 值逐年增加，从 0.088 上升到 0.185，这说明上游地区各省市效率差异在这期间呈发散状态；到了 2017 年上游地区的 σ 值下降为 0.074，这表明随着省际贸易往来的加深，长江上游地区四个省市的生鲜农产品冷链物流发展相互影响，效率差异开始减小。中游地区，各省间生鲜农产品冷链物流效率 σ 值从 0.253 下降至 0.239，在样本观测期内呈现收敛趋势。这说明中游四省生鲜农产品冷链物流发展呈现均衡发展态势，省际差异逐步缩小。下游地区 σ 值升降趋势同长江经济带整体一致。由此可以推断，中游地区及下游地区是引起长江经济带整体生鲜农产品冷链物流效率收敛的主要地区。

2. 冷链物流效率的 β 收敛性分析

1）β 收敛模型

β 收敛可分为绝对 β 收敛和条件 β 收敛。其中，绝对 β 收敛是指在不考虑外在影响因素的条件下，各地区生鲜农产品冷链物流效率的增长速度与其初始效率水平呈负相关关系。基于三阶段 DEA 得出的数据，参考刘明和王思文（2018）的研究，构建绝对 β 收敛模型为

$$\ln\left(\mathrm{TE}_{i,T}\right) = \alpha + \beta \times \ln\left(\mathrm{TE}_{i,t}\right) + \varepsilon_{i,t} \tag{4.18}$$

其中，t 和 T 分别为样本研究期初和期末；α、β、ε 分别为常数项、收敛系数和随机误差项，其他字母含义同式（4.17）。若 β 显著大于 1，则表明该样本区域内生鲜农产品冷链物流效率发展处于收敛状态；反之，则处于发散状态。

条件 β 收敛是指在考虑外在影响因素的条件下，生鲜农产品冷链物流效率较低地区与效率较高地区之间存在赶超趋势，并随着时间推移逐步趋于稳定。参考滕泽伟等（2017）的研究，构建条件 β 收敛模型为

$$\ln\left(\mathrm{TE}_{i,t+1} / \mathrm{TE}_{i,t}\right) = \alpha + \beta \times \ln\left(\mathrm{TE}_{i,t}\right) + \gamma \times X_{i,t} + \varepsilon_{i,t} \tag{4.19}$$

其中，$\ln\left(\mathrm{TE}_{i,t+1} / \mathrm{TE}_{i,t}\right)$ 为 i 地区农产品冷链物流效率在 t 年增长率的对数值；X 为外在影响因素矩阵；γ 为相关回归系数矩阵。若 β 显著为负，表示该样本区域内农产品冷链物流效率发展处于收敛状态；反之，则表示该样本区域内农产品冷链物流效率发展处于发散状态。

2）β 收敛分析

σ 收敛性分析仅从当前效率分析了长江经济带各区域效率差异的收敛性，为进一步分析省域效率差异的演进趋势，需要采用 β 收敛进行检验。2012~2017 年长江经济带生鲜农产品冷链物流效率绝对 β 收敛结果如表 4.25 所示。

表 4.25　2012~2017 年长江经济带生鲜农产品冷链物流效率绝对 β 收敛结果

变量	整体	上游地区	中游地区	下游地区
α	−0.1709	−0.6260	−0.0915	−0.4046***
β	0.8213***	0.4151	0.8479**	0.7268***
F 值	57.9900	0.6400	50.7500	89 947.9800
调整 R^2	0.8507	−0.1379	0.9431	1.0000

、*分别表示在 5%、1%显著性水平下显著

由表 4.25 可知，从长江经济带整体层面上来看，β 收敛系数显著小于 1，具有明显绝对 β 收敛特征，即存在农产品冷链物流效率水平相对较低的地区加快赶超效率水平相对较高的地区。从三大区域来看，中游地区与下游地区 β 收敛系数在 5%显著性水平下小于 1，具有明显绝对 β 收敛特征；上游地区虽显著性较差，

但 β 收敛系数仍远小于 1，这表明长江经济带上游地区农产品冷链物流效率省际差异无明显扩大或缩小。因此，在不考虑外在因素条件下，中游地区及下游地区呈绝对 β 收敛，是引起长江经济带整体呈 β 收敛的主要原因。

参考已有文献，引入产业结构、物流专业化水平作为控制变量，检验长江经济带生鲜农产品冷链物流效率的条件 β 收敛特征。其中，产业结构采用第三产业占地区生产总值的比重来衡量，通常来说，产业结构优化升级，可以加快物流业生产要素集聚，进而导致农产品冷链物流效率的提升；物流专业化水平以物流业产值占地区生产总值的比重来衡量，物流专业化水平的提高可以降低农产品冷链物流的运作成本，促进效率提升。2012~2017 年长江经济带生鲜农产品冷链物流效率条件 β 收敛结果如表 4.26 所示。

表 4.26　2012~2017 年长江经济带生鲜农产品冷链物流效率条件 β 收敛结果

变量	整体	上游地区	中游地区	下游地区
α	−0.5426	−0.8102	−1.3375	−2.6381**
β	−0.9449***	−0.7764*	−1.2558***	−1.6998***
产业结构	0.2350*	1.3257	1.2398*	−0.3730
物流专业化水平	−14.5465	−11.3985	1.7110	−34.2083*
F 值	9.63	2.35	9.70	12.04

*、**、***分别表示在 10%、5%、1%显著性水平下显著

由表 4.26 可知，无论是从长江经济带整体角度还是从三大区域角度来看，条件 β 收敛系数值均小于 0，并通过了 10%显著性水平检验。这表明，长江经济带生鲜农产品冷链物流效率的省际差异呈现显著条件 β 收敛特征，即长江经济带 11 个省市生鲜农产品冷链物流效率差异正在缩小，并逐步趋于稳态。通过比较 β 收敛系数的绝对值，可以发现中游地区及下游地区省际差异缩小速度明显快于上游地区。其中收敛速度最快的是下游地区，其次是中游地区。在未来短期内，长江经济带生鲜农产品冷链物流效率省际差异仍将明显存在。

此外，各控制变量在整体和各大区域的实证结果不完全相同。其中，产业结构系数在长江经济带整体及中游地区存在显著正相关关系。这说明，产业结构对缩小长江经济带整体及中游地区四省生鲜农产品冷链物流效率差异有明显促进作用。物流专业化水平系数在长江经济带下游地区显著为负，而在整体、上游及中游地区没有通过显著性检验，说明物流专业化水平对缩小整体及上游、中游地区生鲜农产品冷链物流效率省际差异无显著促进作用，但显著促进下游地区省际效率的收敛。

本节以长江经济带为例，研究生鲜农产品冷链物流效率。从测算结果及收敛性可以看出整体效率偏低，效率值逐年提升。长江经济带作为我国具有代表性的

区域，在物流业发展中能体现较高水平。长江经济带生鲜农产品冷链物流效率的测算结果，不仅能够反映该区域的生鲜农产品冷链物流现状，还能折射出整个生鲜农产品冷链物流现状及未来发展方向。从生鲜农产品冷链物流现状来看，物流效率整体偏低，但效率值随着产出和投入的变化不断提升，并向更高效率的方向发展。从生鲜农产品冷链物流的投入角度来看，目前地区发展水平越高越有利于降低投入变量冗余，提高生鲜农产品冷链物流效率。政府支持力度的加大会导致投入变量冗余减少，有利于实现生鲜农产品冷链物流行业的规模效率。从生鲜农产品冷链物流投入产出变量调整来看，利用式（2.14）对效率较低的区域进行调整，以使其效率值得以提高，并优化投入产出比，以选用最少投入达到最大产出的目的。

第5章 生鲜农产品冷链物流配送流程优化

生鲜农产品冷链物流配送业务是生鲜农产品冷链物流的重要环节，也是冷链物流企业的核心业务。配送流程的优化有利于提高企业核心竞争力，保证冷链物流服务质量，提升企业形象。

生鲜农产品冷链物流配送流程属于离散事件动态系统，对其进行研究需要采用理论的建模方法将一系列的实践流程转化为理论模型。离散事件动态系统的建模方法包括 EPC 方法、DFD 法、IDEF 建模方法和 Petri 网方法等。其中，Petri 网方法是具有良好数学定义和图形分析的方法，能够直观、系统地表达各种行为，并且能够通过软件编程实现仿真，还能通过 Petri 网特有的分析方法分析模型的静态结构和动态行为。Petri 网在冷链物流配送流程领域的应用还较少，因此采用以 Petri 网为基础的建模工具来对冷链物流配送流程进行建模，通过结构和性能分析，找出流程中有待优化的环节，然后对其进行整合和优化，以降低冷链物流运作成本，提升服务水平，保障食品安全。

5.1 生鲜农产品冷链物流配送流程分析

生鲜农产品冷链物流配送是冷链物流中的重要环节。冷链物流配送有着多种经营模式，包括供应商直接配送、企业自营配送和第三方冷链物流配送等。不同配送模式下的配送流程存在差异，在此选择应用范围最广，将成为今后发展趋势的第三方冷链物流作为研究对象，对冷链物流配送模式进行流程描述和分析。

《物流术语》（GB/T 18354—2021）中对配送的定义是"根据客户要求，对物品进行分类、拣选、集货、包装、组配等作业，并按时送达指定地点的物流活动"。冷链配送的宗旨就是将准确数量的货物在准确的时间送达准确的地点，保证货物的质量完好并由签收人接收。

　　总体来看，冷链物流配送流程大体相似，通过实地调研和文献总结可以找出配送的整个流程一般如下：接到客户订单，对订单进行处理，通过审核之后进行货物分拣和车辆调度作业，然后进行货物的装卸、搬运工作，车辆配载完成后进行货物配送，到达指定地点再卸货验收，签收回单。整个流程在冷链低温环境下完成，信息处理工作贯穿整个流程的始终。图 5.1 为冷链物流配送流程图。

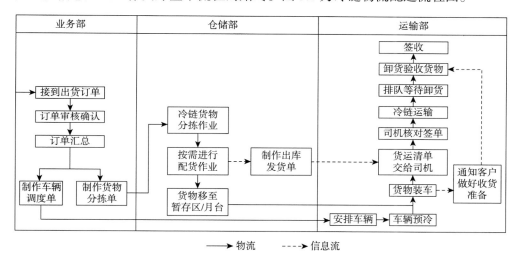

图 5.1　冷链物流配送流程图

　　冷链物流企业在接到客户订单后，先进行订单处理作业，客户需要提出配送申请，冷链物流企业再进行订单审核，建立合同关系。冷链物流企业接下这笔订单业务之后将客户的货物代为存储，涉及货物出入库、保管、分拣等作业环节。当客户提出货物配送请求时，冷链物流企业开始货物配送作业，根据汇总的订单制作货物分拣单和车辆调度单，再进行货物的分拣出库作业，并安排配送车辆。待货物出库到达暂存区后，企业业务人员通知客户准备收货，告知本次配送货物的种类、数量等信息，客户安排相关收货人员准备进行收货作业；同时当冷链配送车辆到达后，将货物从暂存区搬运至月台进行清点后开始装车；业务部门人员打印好出库货物清单，待冷链配送车辆到达后，将货物清单交给货车司机（一般物流企业押运员的工作由货车司机来承担，以减少成本费用），并和货车司机共同清点配送货物数量，司机签字确定，并收回该单据。数量清点无误后进行货物装车作业，之后进行配送运输，该过程一般占据配送过程的较长时间。当冷链配送车辆到达后，在收货人员就位和货物卸载完毕后，开始货物检验作业，收货人员和货车司机共同清点货物数量，在清点无误后收货人员进行签字确认，并将相关单据交由司机，由司机带回交给业务部门，冷链货物则搬运到冷库或冷藏柜进行暂时储存或者零售。至此，冷链配送业务完成，这也是整个冷链物流环节的结束。接下来对冷链配送的具体环节进行详细阐述，包括订单处理、分拣作业、货物发运、货物交接和信息处理五个环节。

1. 订单处理

订单处理工作是冷链物流配送的开始环节，是整个冷链物流配送业务得以开展的首要条件。订单处理是与客户直接沟通的环节，对冷链物流后续的分拣、发运等作业有直接影响，高效快捷的订单处理可以缩短整个冷链物流运作的时间，对提高服务质量很有帮助。从相关文献的阅读总结和实地调研可以发现，目前多数物流配送中心在处理订单时，主要包括以下作业环节。

1）订单受理

订单受理的首要工作是工作人员取得客户的订单，订货方式可分为传统订货和电子订货两种。传统订货包括电话、传真、邮寄及业务员直接跑单接单等方式；电子订货是将批发商或者零售商等终端所发生的订货数据输入电脑，通过网络的方式将相关资料传给上游公司、供应商或者生产商的订货方式。获得订单后需要对订单信息进行整理、分类，并与客户进行确认，主要包括所需货物的种类、数量及日期的确定，然后将确认无误的订单信息发送给冷链配送中心，配送中心在接收到客户订单信息后，要对订单进行梳理，并针对每个客户建立相应的订单文档，用于记载客户的订单详情，方便后续的查阅和订单信息更新工作，保证相关商流的准确性和有效性。配送中心会根据订单详情对订单进行分类汇总，方便后续的分拣、配送等作业。

2）订单数据处理

在接收到订单后，需对订单信息进行统计确认，如果信息有误，需要及时沟通并修改订货信息，形成新的订货记录；如果信息无误，则要对仓库的库存情况进行查询，根据确认结果进行库存分配，在库存不足的情况下需要进行补货作业，在货物充足的情况下制作货物分拣单、出货单、车辆调度单等单据，并将这些单据打印输出，据此进行后续作业。

3）订单状况管理

订单状况管理主要包括三个方面：一是订单在流转过程中是否按照正常程序进行；二是不同工作人员在订单进行对接时是否出现对接错误，这些都应当避免，如果检查到出现错误要及时进行更正；三是如果客户在后续阶段提出对订单信息的修改时，工作人员要及时进行相关信息的更新操作，并将更新后的信息传递给订单的相关使用者，避免信息传递不及时而导致的损失。

4）订单跟踪管理

订单从接单作业开始，经过输入、审核确认、库存分配等处理后生成相关作业单据，然后经过分拣、出货、配送、签收、结账等作业过程，在完成上述过程后订单的处理工作才结束，相关的业务数据成为存档资料。业务系统应当保证订单在每个节点上的处理都依正常程序来进行，并且前后节点的衔接无误。对于订单处理过程中的错误，要及时加以修正更新，以保证订单信息的准确无误，避免由此造成的不必要损失。由此可见，一笔订单在经过订单处理、库存分配、出货环节后并不意味着订单处理作业已经完成，还应关注货物是否按时按量发出、货款是否到位及突发情况的应对处理等。由于冷链物流对时间要求较高，所以遇到突发情况时要及时处理以保证货物的作业时间尽可能缩短，保障产品质量。图 5.2 为订单处理流程。

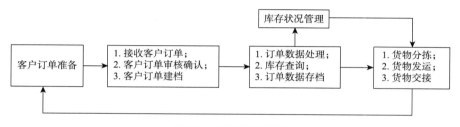

图 5.2　订单处理流程

2. 分拣作业

分拣作业是将客户所需要的货物从冷藏或者冷冻储存处取出，按照客户进行分类、集中、处理和放置的过程。分拣作业的目的是在降低分拣错误率的前提下，将正确的货物以正确的数量、在正确的时间内送达客户。分拣作业分为按单分拣（single-order-pick）和按品种分拣（批量分拣，batch pick）两种，将两种方法做简单分析比较，见表 5.1。为了提高分拣效率，自动化拣货系统逐渐被采用，这也降低了人工分拣带来的错误率。

表 5.1　各拣货方式的优缺点

拣货方式	优点	缺点
按单分拣	易于实施，配货准确率高； 各分拣相互间无约束，依紧急程度，调整配货次序； 用户数量无限制，作业人员数量也可以随时调整，有利于开展及时配送服务； 作业方法简单； 拣货后无须进行分类作业，适用于大订单的处理	当货物种类繁多时，拣货行走路径增加，拣货效率下降； 拣货区域偏大，行走、搬运系统设计困难
按品种分拣	有利于车辆的合理调配和规划配送路径； 可以缩短拣货的行走距离，提高分拣作业的效率； 适用于订单庞大的系统	运作难度较高，计划性强，与按单分拣相比错误率较高； 无法对订单进行及时反应，必须等到订单累积到一定数量时才能进行处理，因此会耽搁时间

当冷链配送中心对客户订单审核确认之后，就将订单信息进行汇总、归类，同时制作相应的货物配送清单，并进行拣货作业，工作人员就会根据客户的需求，按照所需要的货物数量、种类进行拣货作业。

现行的拣货单元主要包括货物单品、箱、托盘和特殊品四类层级，不同性质的货物可以按照不同层级来进行归类拣货。当出现客户订单需求量很大，并且需要集中在同一时段进行配送时，最佳的拣货方式就是批量分拣，这种拣货方式的缺点在于无法对订单进行及时反应，必须等到订单累积到一定数量时才能进行处理，因此会耽搁时间；当客户订单多但是很散乱，并且不要求在同一时段配送时，可以采取按单分拣的拣货方式，此种方式能够做到快速反应，但是效率低下。

拣货作业完成后需要对已经分类后的货物进行再检查，确保所分拣货物是客户所需要的数量，规格符合要求，并且不存在质量问题，当货物确认无误后，可以将货物进行打包处理，并将货物按照客户进行归类，也可以附上客户和货物的基本信息，方便后续工作人员的识别。

如果出现所要配送的货物不足一整车的情况时可能需要进行货物的拼车，运送散装货物时可能还会使用到周转箱等工具。为了提高分拣作业的效率，可以采用自动化立体仓库，对货物的进出仓库进行全自动、条码化或者引入射频识别（radio frequency identification，RFID）进行管理，这样可以做到准确高效。当分拣作业完成后，分拣工作人员要将货物与发货单进行核对，审核完成后配送中心制作出库单，并将货物运到货物暂存区等待配送车辆运输。图 5.3 为货物分拣作业流程。

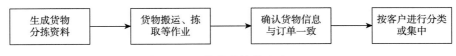

图 5.3　货物分拣作业流程

3. 货物发运

货物发运是将货物配送给客户的物流环节。由于客户所处的空间位置和内部条件，以及生产经营方式的不同，为了满足不同客户的需求，需要采用不同的配送服务方式。配送作业要针对不同的客户划分出基本配送区域，根据配送车辆的配载及货物的品种特性合理安排配送车辆，明确货物配送顺序，在完成车辆记载后进行配送服务。货物发运的主要任务就是将指定货物安全快速地送达指定地点，交由指定接收人员。待配送车辆到达月台后，货物发运环节开始，将要配送的货物从暂存区移至月台，等待货车司机审核确认。司机应根据发货单，对将要发运货物的种类、数量、周转箱、包装和送达目的地进行审核确认，无误后在运单上签字，这时就可以将货物装车。机械化程度较高的物流公司一般采用叉车进行装车，但是这对货物的包装有所要求。对于采用周转箱盛装的零散货物，一般采用人工搬运。装车完成之后即可进行运输，要对冷藏车的行驶路径、出行时间进行合理规划，尽量避开拥堵时段，否则就会增加车辆的油耗成本及货物的损坏成本。冷链配送车辆一般配备全球定位系统和温控系统，可以全程跟踪观察车辆位置、行驶速度、车内温度等实时情况。对于温控要求较高的生鲜农产品，可以采用蓄冷箱进行装载，直接将货物移送至超市或者商场的冷柜销售。货物发运流程如图 5.4 所示。

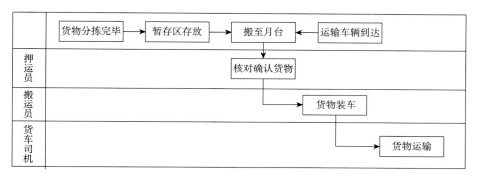

图 5.4 货物发运流程

4. 货物交接

货物交接是冷链物流的最后一个环节，在冷链车辆到达时即进入货物交接程序。一般大型超市、商场的货物接收时间安排在清晨的固定时间段，因此在这段时间内会有很多车辆从配送中心出发前来送货，当运输车辆到达后一般需要排队等待，不能直接进行货物交接。当排队等待结束方可交货时，超市或者商场的收货人员协同司机将货物从冷链配送车辆搬运至月台，超市收货人员按照事先通过传真或网络收到的货物清单，与货车司机一同核对货物的种类、数量、包装是否完好等，另外还要抽查货物是否有变质或者过期等情况，这对冷链易腐产品尤为重要。同时，要尽量减少货物交接环节的时间，尽快将货物转运到冷藏或冷冻室储存，以减少对货物品质的影响。在验货过程中，如果存在有问题的货物或者有与货物清单不一致的错发货物，则可以拒绝签收该部分货物，并返还给司机。对没有问题的货物进行签收，相关单据交由司机带回。如果有零散货物周转箱，则将周转箱一并带回。若存在货物漏发情况，则要第一时间告知司机并登记，随后与配送中心业务人员联系及时安排补发。图 5.5 为货物交接流程（郭磊，2010）。

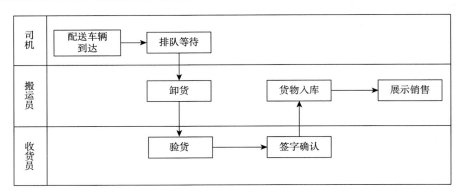

图 5.5 货物交接流程

5. 信息处理

信息处理贯穿于整个冷链物流活动中，也正是信息的及时快速传播，使得各部门之间的工作更加协调、衔接顺畅。冷链配送过程中的信息处理表现在如下部分。

1）通知配送中心

在订单审核完成之后，会提交给配送中心仓储部门进行冷链货物分拣作业，随后业务组会通知搬运组将货物搬运至暂存区等待配送车辆到来。

2）通知配送车辆

订单审核通过之后会通知车辆组进行冷链配送车辆的准备工作，并做好车辆的提前预冷准备工作，将车辆行驶至月台进行货物装车，然后进行运输配送。

3）通知客户做好收货准备

在货物进行装车作业时，业务组要及时通知客户做好货物接收准备，并将货物清单信息传递给对方，客户则需要安排好人员等待验货、收货作业。

4）准备好货物发运清单，交给货车司机

将所要配送货物的具体清单交由司机，让司机进行货物核对，并签字确认。另有一份由司机携带，待收货人员验收货物之后签字确认，并带回返还给业务人员。

前面分析了第三方冷链物流配送流程，并总结了其冷链配送流程图，在此基础上利用随机 Petri 网对冷链配送流程进行建模，用库所、变迁、托肯和有向弧表现配送业务流程中的各个环节和状态，明确冷链配送流程中库所、变迁等的对应内容，以及它们之间的逻辑关系表达，并在随机 Petri 网模型的基础上，利用随机 Petri 网特有的结构分析方法验证模型的正确性。

5.2　生鲜农产品冷链物流配送流程随机 Petri 网建模

5.2.1　冷链物流配送流程随机 Petri 网建模的流程元素表示方法

随机 Petri 网模型一般包括库所、变迁、托肯和有向弧等元素。库所表示资源的状态和条件，在冷链物流配送流程模型中可以是冷链车辆的预冷完成、冷链货物在暂存区存放等状态和条件；变迁表示活动、操作、作业等动态事件，可以是事件中的某一动作，在此模型中可以是冷链车辆预冷、冷链运输等动态事件；托肯存在于库所之中，表示相应的资源为可用状态或者该库所的状态已经达到；有向弧表示 Petri 网元素之间的流关系。当库所中有托肯，并满足一定条件时，相关变迁会被激活，当满足一定条件时又会引发下一个库所的状态，变迁的激活意味着前面状态的结束和后续状态的开始，随机 Petri 网模型中变迁的时延表示变迁从发生到结束所用的时间，在冷链物流配送模型中可以是冷链运输配送这一变迁所需要的时间。Petri 网中的初始标识是指初始资源的所在位置，反映了系统的初始状态，在初始标识下变迁才会不断被激活，引发后续状态的改变。Petri 网元素和业务流程元素对比关系如表 5.2 所示。

表 5.2　**Petri 网元素和业务流程元素对比关系**

Petri 网元素	业务流程元素
库所	资源状态或条件
变迁	资源的消耗或使用
托肯	资源的数量
初始标识	初始资源所在

5.2.2　冷链物流配送流程随机 Petri 网建模的逻辑关系表示方法

冷链物流配送流程随机 Petri 网的逻辑关系包括顺序关系、并发关系、选择关系和循环关系四种，它们是任何复杂 Petri 网的基础，可以表达一整套业务流程。

（1）顺序关系。它是 Petri 网中最简单的逻辑关系，库所在初始标识下，按先后顺序激活变迁，任务事件也按先后顺序被执行。如图 5.6 所示，当 T_1 被激活后，托肯会传递给 P_2，又会激活 T_2，托肯传递给 P_3，所有变迁按顺序执行。最终状态会在所有变迁依顺序执行结束后完成，最终库所会得到托肯。

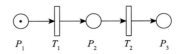

图 5.6　Petri 网的顺序关系

（2）并发关系。并发关系表示多个任务事件可以同时被执行，它们之间相互并行，互不影响，任一变迁的激活不会使另一个变迁被激活。如图 5.7 所示，P_1 能够激活变迁 T_1，将托肯传递给 P_2，同时 P_3 将 T_2 激活，将托肯传递给 P_4，可以看出变迁 T_1、T_2 可以同时被激活，最终库所 P_5 会得到托肯。

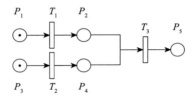

图 5.7　Petri 网的并发关系

（3）选择关系。选择关系又称为冲突或不确定关系，冲突双方谁先被激活取决于系统实际运行环境和状态，谁拥有优先权是不确定的。系统必须在两个或多个任务事件中选择一个来执行，其实这反映了一种系统资源的竞争状态。如图 5.8 所示，P_1 在初始标识下可以激活变迁 T_1 或者 T_3，因此此时就存在选择的关系，发生了系统冲突，选择了其中某一个变迁之后，另外一个变迁则不会被激活。

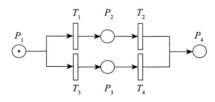

图 5.8　Petri 网的选择关系

（4）循环关系。循环关系也被称为迭代关系，是系统中的某个变迁反复不断地被激活，进入无限循环执行的状态。如图 5.9 所示，变迁 T_1 会被循环激活。

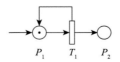

图 5.9　Petri 网的循环关系

5.2.3　冷链物流配送流程随机 Petri 网建模步骤

在明确了随机 Petri 网的流程元素和逻辑关系的表达与冷链物流配送流程之后，就可以利用随机 Petri 网来进行建模。由于时间因素对冷链物流来说至关重要，所以采用引入时间因素的随机 Petri 网来进行建模优化。由于建模过程比较复杂，在此先对建模的步骤和注意事项进行梳理。

（1）确定作业流程。建模的基础是要先熟知冷链配送业务具体要经过哪些流程，然后根据随机 Petri 网的概念里对流程中的初始标识、库所、变迁、托肯等进行逐一确认，这些对应的是 Petri 网中的流程元素。初始标识反映的是系统初始资源所在的位置，是系统状态的表现，在冷链物流配送流程中资源可以是冷链配送车辆、冷链货物订单和冷链货物等，变迁只有在初始标识的作用下才会被激活；库所反映的是资源的状态和条件，在此处可以是订单审核完成、货物拣货完成、冷链配送车辆预冷完成等；变迁表示的是资源的使用或者进行状态，可以是订单审核、货物分拣、货物签收等一系列动作过程。确定作业流程的工作就是将流程元素对应到 Petri 网元素当中，为后续建模奠定基础。

（2）确定 Petri 元素对应关系。在上一步确定了作业流程中的库所、变迁、托肯之后，需要确定众多库所和变迁之间的对应关系，需要从哪个库所开始，它将激活哪个变迁，如此往复，在这个过程中利用 Petri 网的逻辑关系，确定顺序、并发、选择或者循环关系等，还要确保库所与库所之间要有变迁进行连接，因为库所与库所、变迁与变迁不能两两相连。模型中的库所用圆圈表示，变迁用矩形表示，两者之间用有向箭头连接，表示流关系，托肯用小黑点表示，存在于库所之中，反映初始资源的状态分布。

（3）对 Petri 网进行检验。在确定好库所和变迁之间的关系后，确认模型能否简洁、正确表达流程的运行，是否存在孤立节点，是否有发生死锁的节点（节点永远不能达到被执行的条件或者陷入无限循环被重复执行），以及确认模型的逻辑关系是否正确合理。接下来可以通过模型的关联矩阵或者可达标识图，采用数学方法对模型的可达性、有界性和活性进行验证，当存在冲突或者死锁情形时就要重新建模加以改进。

5.2.4　X 冷链物流公司配送流程随机 Petri 网建模

X 冷链物流公司是重庆一家专业从事第三方冷链物流业务的冷链物流企业，主要从事冷冻、冷藏及恒温产品的运输配送服务，其经营范围覆盖川渝、云贵地区及周边市场。公司拥有专业的管理队伍，配备 50 余辆冷链配送车辆和一批高素质的车辆调度人员、驾驶人员及货物搬运人员，可以实现"门到门""仓到仓"，为客户提供安全专业的 24 小时城际运输和城市冷链物流配送服务。

该公司以客户服务为导向，提供配送及时、安全、准确、高效的服务，采用先进的冷链物流运作模式并以信息技术手段为支撑，为客户提供安全、优质、便捷的服务。

根据 X 冷链物流公司的实际配送业务流程和业务流程图，以及前面介绍的随机 Petri 网建模步骤，建立如图 5.10 所示的随机 Petri 网模型。由于冷链物流配送流程的时间具有不确定性，在此假设各变迁的时间为一随机变量，并服从负指数分布。

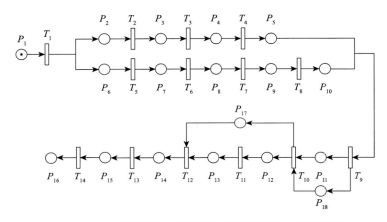

图 5.10　X 冷链物流公司冷链配送流程随机 Petri 网模型图

X 冷链物流公司冷链配送流程随机 Petri 网模型中各元素的含义如表 5.3 所示。

表 5.3　X 冷链物流公司冷链配送流程随机 Petri 网模型中各元素的含义

库所	业务环节含义	变迁	业务环节含义
P_1	接到出货订单	T_1	订单审核分类
P_2	车辆组订单审核完成	T_2	制作车辆调度单
P_3	车辆调度单制作完成	T_3	安排车辆
P_4	车辆安排完成	T_4	车辆预冷
P_5	预冷完成	T_5	制作货物分拣单
P_6	仓储部订单审核完成	T_6	拣货作业
P_7	货物分拣单制作完成	T_7	货物移至暂存区
P_8	拣货完成	T_8	搬至月台
P_9	暂存区	T_9	货物装车

续表

库所	业务环节含义	变迁	业务环节含义
P_{10}	月台	T_{10}	运输
P_{11}	装车完毕	T_{11}	排队等待卸货
P_{12}	到达商铺	T_{12}	卸货
P_{13}	排队结束	T_{13}	货物验收
P_{14}	卸货完成	T_{14}	签收、上交单据
P_{15}	验收完成		
P_{16}	签收完成、单据上交		
P_{17}	收货员做好收货准备		
P_{18}	货物清单交给司机		

根据现实情况可以得到各变迁发生的时延 τ ，如表 5.4 所示。

表 5.4　X 冷链物流公司冷链配送流程中各变迁发生的时延

变迁发生时延	单位时间/分钟	变迁发生时延	单位时间/分钟	变迁发生时延	单位时间/分钟
τ_1	30	τ_6	100	τ_{11}	60
τ_2	20	τ_7	60	τ_{12}	20
τ_3	30	τ_8	20	τ_{13}	15
τ_4	10	τ_9	30	τ_{14}	30
τ_5	20	τ_{10}	200	τ_{15}	30

根据各变迁的发生时延可以得到各变迁的发生率，如表 5.5 所示。

表 5.5　X 冷链物流公司冷链配送流程中各变迁的发生率

变迁发生率	次数/单位时间/（次/分钟）	变迁发生率	次数/单位时间/（次/分钟）	变迁发生率	次数/单位时间/（次/分钟）
λ_1	2	λ_6	0.6	λ_{11}	1
λ_2	3	λ_7	1	λ_{12}	3
λ_3	2	λ_8	3	λ_{13}	4
λ_4	6	λ_9	2	λ_{14}	2
λ_5	3	λ_{10}	0.3	λ_{15}	2

5.3 冷链物流配送流程的随机 Petri 网模型分析

5.3.1 冷链物流配送流程随机 Petri 网模型的结构分析

在随机 Petri 网模型建立之后,采用随机 Petri 网独有的分析方法来对模型的特性进行分析，从中反映模型的一些性质，也可以找出模型中可能存在的问题，以达到确认模型是否正确可行的目的，这些都是随机 Petri 网建模方法的优势所在。随机 Petri 网的行为特性包括活性、有界性和可达性,其中，活性用于检查随机 Petri 网模型中是否所有的变迁都被激活，模型中不存在冲突或者死锁的情况；有界性用于检查模型的每一个库所中是否会聚集无穷个托肯；可达性用来描述一个状态或者标识能否到达另一个状态或者标识，一个良好设计的系统应该是每个状态标识都能到达。

对随机 Petri 网模型活性、有界性和可达性进行检验常用的方法有可达图分析方法和关联矩阵分析方法。可达图分析方法是图形分析方法，关联矩阵分析方法是数学分析方法，将要建立的冷链物流配送流程随机 Petri 网模型较为复杂，图形分析方法不便于分析，因此采用关联矩阵分析方法，求解 P 不变量，依据状态方程确定随机 Petri 网性能。在随机 Petri 网的关联矩阵分析方法中，P 不变量反映部分库所中托肯数的一种加权守恒性，当系统中任务事件被执行时，P 不变量能构成一个任务执行的路径。利用已构建的随机 Petri 网模型来求解 P 不变量，首先求得输出矩阵 I、输入矩阵 O、关联矩阵 $C = O - I$，其次由 $C^{\mathrm{T}} \times X = 0$ 求得方程的解，即 P 不变量。

$$I = \begin{bmatrix} a_{11} & a_{12} & \cdots & a_{1m} \\ a_{21} & a_{22} & \cdots & a_{2m} \\ \vdots & \vdots & a_{ij} & \vdots \\ a_{n1} & a_{n2} & \cdots & a_{nm} \end{bmatrix} \quad O = \begin{bmatrix} a'_{11} & a'_{12} & \cdots & a'_{1m} \\ a'_{21} & a'_{22} & \cdots & a'_{2m} \\ \vdots & \vdots & a'_{ij} & \vdots \\ a'_{n1} & a'_{n2} & \cdots & a'_{nm} \end{bmatrix}$$

若最后根据方程 $C^{\mathrm{T}} \times X = 0$ 求得的 P 不变量中的每个元素都能够覆盖 Petri 网中的每一个库所，则可认定该 Petri 网是有界的。

可达性的检验需要建立随机 Petri 模型的状态方程，分析随机 Petri 网模型的行为特征，从而保证系统状态可达，确保模型结构的正确。针对随机 Petri 网模型，构建系统状态方程 $M_0 + C \times U = M$，其中，M_0 为系统初始标识，是以库所集 P 为序标的列向量，C 为系统的关联矩阵，U 为以系统变迁集 T 为序标的列向量，M 为初始标识发生变迁 U 之后系统到达的状态。如果从状态 M_0 到达状态 M，状态方程存在非负整数解 U ，则状态 M 可达，否则状态 M 不可达。

对于冲突的检验是依次检查库所是否与多个变迁相联系，判断它们的关系是顺序、并发、选择或者循环，冲突是由于系统中的变迁对有限公共资源争夺的结果。冲突的解决办法有两个：一是增加互补库所，添加相应信息；二是设定各个活动的优先级别，让它们之间不存在选择关系。

死锁是两个或两个以上的变迁在执行过程中，相互争夺资源而造成等待的现象，在没有外力推动作用的情况下，系统将处于停滞状态。对于死锁的检查，可以采取以下步骤（王秀芬，2011）。

一是检查模型中有无闭环存在；

二是检查每一个闭环有无与闭环以外的变迁相联系，若没有则出现死锁，若有则可以跳出该闭环进入下一变迁；

三是对每一个闭环检查有无与闭环以外的所有联系的变迁，若无联系则死锁，若有联系则不会死锁。

对上述已建立的 X 冷链物流公司的冷链配送随机 Petri 网模型的结构进行分析，用以验证模型的正确性。采用关联矩阵分析方法来检验模型的有界性、可达性和活性，在模型正确性的基础上进行性能分析，分析各个环节的效率等。

根据前述 Petri 网的基本理论，可以得到模型的输出矩阵 I 和输入矩阵 O ：

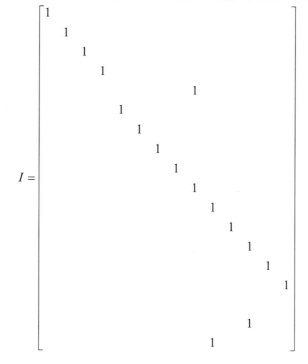

$$O = \begin{bmatrix}
1 & & & & & & & & & & & & & & \\
& 1 & & & & & & & & & & & & & \\
& & 1 & & & & & & & & & & & & \\
& & & 1 & & & & & & & & & & & \\
1 & & & & & & & & & & & & & & \\
& & & & 1 & & & & & & & & & & \\
& & & & & 1 & & & & & & & & & \\
& & & & & & 1 & & & & & & & & \\
& & & & & & & 1 & & & & & & & \\
& & & & & & & & 1 & & & & & & \\
& & & & & & & & & 1 & & & & & \\
& & & & & & & & & & 1 & & & & \\
& & & & & & & & & & & 1 & & & \\
& & & & & & & & & & & & 1 & & \\
& & & & & & & & & & & & & 1 & \\
& & & & & & & & & & & & 1 & & \\
\end{bmatrix}$$

所建随机 Petri 网模型的关联矩阵=输入矩阵−输出矩阵，即 $C = O - I$，可得

$$C = \begin{bmatrix}
-1 & & & & & & & & & & & & & & & \\
1 & -1 & & & & & & & & & & & & & & \\
& 1 & -1 & & & & & & & & & & & & & \\
& & 1 & -1 & & & & & & & & & & & & \\
& & & 1 & & & & & -1 & & & & & & & \\
1 & & & & -1 & & & & & & & & & & & \\
& & & & 1 & -1 & & & & & & & & & & \\
& & & & & 1 & -1 & & & & & & & & & \\
& & & & & & 1 & -1 & & & & & & & & \\
& & & & & & & 1 & -1 & & & & & & & \\
& & & & & & & & 1 & -1 & & & & & & \\
& & & & & & & & & 1 & -1 & & & & & \\
& & & & & & & & & & 1 & -1 & & & & \\
& & & & & & & & & & & 1 & -1 & & & \\
& & & & & & & & & & & & 1 & -1 & & \\
& & & & & & & & & & & & & 1 & & \\
& & & & & & & & & & & & 1 & & -1 & \\
& & & & & & & & & & & & 1 & -1 & & \\
\end{bmatrix}$$

由 $C^{\mathrm{T}} \times X = 0$ 可以得到此方程的解，即 P 不变量为

$$X_1^{\mathrm{T}} = (1,1,1,1,1,0,0,0,0,0,1,1,1,1,1,1,0,0)$$

$$X_2^{\mathrm{T}} = (1,0,0,0,0,1,1,1,1,1,1,1,1,1,1,1,0,0)$$

$$X_3^{\mathrm{T}} = (1,1,1,1,1,0,0,0,0,0,1,0,0,1,1,1,1,0)$$

$$X_4^{\mathrm{T}} = (1,1,1,1,1,0,0,0,0,0,0,1,1,1,1,1,0,1)$$

可以看出 P 不变量覆盖了所有的库所，说明该 Petri 网模型是有界的，根据可达性和活性的定义可知，该 Petri 网模型具有可达性和活性，所以该冷链物流配送流程的 Petri 网模型是正确的。

5.3.2　冷链物流配送流程随机 Petri 网模型的性能分析

随机 Petri 网应用在系统模型的性能分析中分为三个步骤：一是根据冷链物流配送业务流程，建立系统的随机 Petri 网模型；二是构造随机 Petri 网模型的可达图，进一步将可达图转化为马尔可夫链；三是基于同构马尔可夫链的稳定状态概率进行所要求的系统性能分析。

上述步骤中的马尔可夫链是状态空间中从一个状态到另一个状态的转换的随机过程，该过程要求具备"无记忆"的性质：下一状态的概率分布只能由当前状态决定，在时间序列中与它前面的历史事件均无关。这种"无记忆"的性质称作马尔可夫性质。马尔可夫链作为实际过程的统计模型具有许多应用。

假定存在一个与随机 Petri 网同构的马尔可夫链，设马尔可夫链中 n 个状态的稳定状态概率是一个行向量 $X = (x_1, x_2, \cdots, x_n)$，根据马尔可夫过程有如下线性方程组：

$$\begin{cases} XQ = 0 \\ \displaystyle\sum_{i=1}^{n} x_i = 1 \end{cases} \qquad (5.1)$$

其中，矩阵 Q 为马尔可夫过程的转移速率矩阵。

在求得稳定状态概率的基础上，对如下系统模型进行性能指标分析。

（1）在每个状态 M 中驻留的时间。

在每个可达标识 $M \in [M_0 >$ 中的驻留时间是以 $-r_{i,i}$ 为参数的一个指数分布随机变量，平均为

$$\overline{\tau}(M) = (-r_{i,i})^{-1} = \left(\sum_{t_j \in H} \lambda_j \right)^{-1} \qquad (5.2)$$

其中，H 为在 M 可实施的所有变迁的集合。

（2）令 $M_i[t_k > M_j$ ，下一个状态是 M_j ，在 M_i 状态的等待时间是一个指数分布的随机变量，其平均值为

$$\overline{\tau}\left(M_i\big|M_j\right)=1/r_{i,j}=1/\lambda_k \quad (i\neq j) \tag{5.3}$$

（3）托肯概率密度函数：在稳定状态下，每个库所中所包含的托肯数量的概率。对 $\forall p_i \in P$ ， $\forall i \in N$ ，可达标识的稳定概率求得库所 p 的托肯概率密度函数为

$$P\big[M(p)=i\big]=\sum_j P\big[M_j\big] \tag{5.4}$$

其中， $M_j \in [M_0 >$ 且 $M_j(p)=i$ 。

（4）库所中的平均托肯数：对于 $\forall p_i \in P$ ， $\overline{u}_i$ 表示在稳定状态下，库所 p_i 在任一可达标识中的平均托肯数，则有

$$\overline{u}_i=\sum_j j\times P\big[M(p_i)=j\big] \tag{5.5}$$

（5）变迁利用率： $\forall t \in T$ 的利用率 $U(t)$ 等于使 t 可实施的所有标识的稳定概率之和，即

$$U(t)=\sum_{M\in E} P[M] \tag{5.6}$$

其中， E 为使 t 可实施的所有可达标识集合。

（6）变迁托肯流速： $\forall t \in T$ 的托肯流速是指单位时间内流入 t 的后置位置 p 的平均托肯数。

$$R(t,p)=W(t,s)\times U(t)\times \lambda \tag{5.7}$$

通过画出随机 Petri 网的可达树，可以得到模型的可达标识图，如表 5.6 所示。

表 5.6　X 冷链物流公司配送流程随机 Petri 网模型可达标识图

状态	P_1	P_2	P_3	P_4	P_5	P_6	P_7	P_8	P_9	P_{10}	P_{11}	P_{12}	P_{13}	P_{14}	P_{15}	P_{16}	P_{17}	P_{18}
M_0	1	0	0	0	0	0	0	0	0	0	0	0	0	0	0	0	0	0
M_1	0	1	0	0	0	1	0	0	0	0	0	0	0	0	0	0	0	0
M_2	0	0	1	0	0	1	0	0	0	0	0	0	0	0	0	0	0	0
M_3	0	0	0	1	0	1	0	0	0	0	0	0	0	0	0	0	0	0
M_4	0	0	1	0	0	0	1	0	0	0	0	0	0	0	0	0	0	0
M_5	0	0	0	0	1	1	0	0	0	0	0	0	0	0	0	0	0	0
M_6	0	0	0	0	0	0	1	0	0	0	0	0	0	0	0	0	0	0
M_7	0	0	1	0	0	0	0	1	0	0	0	0	0	0	0	0	0	0
M_8	0	0	0	0	0	1	0	0	0	0	0	0	0	0	0	0	0	0
M_9	0	0	0	0	0	0	0	1	0	0	0	0	0	0	0	0	0	0

续表

状态	P_1	P_2	P_3	P_4	P_5	P_6	P_7	P_8	P_9	P_{10}	P_{11}	P_{12}	P_{13}	P_{14}	P_{15}	P_{16}	P_{17}	P_{18}
M_{10}	0	0	1	0	0	0	0	0	0	1	0	0	0	0	0	0	0	0
M_{11}	0	0	0	0	1	0	0	1	0	0	0	0	0	0	0	0	0	0
M_{12}	0	0	0	1	0	0	0	0	0	1	0	0	0	0	0	0	0	0
M_{13}	0	0	1	0	0	0	0	0	0	1	0	0	0	0	0	0	0	0
M_{14}	0	0	0	0	1	0	0	0	0	1	0	0	0	0	0	0	0	0
M_{15}	0	0	0	1	0	0	0	0	0	1	0	0	0	0	0	0	0	0
M_{16}	0	0	0	0	1	0	0	0	0	1	0	0	0	0	0	0	0	0
M_{17}	0	1	0	0	0	0	1	0	0	0	0	0	0	0	0	0	0	0
M_{18}	0	1	0	0	0	0	0	1	0	0	0	0	0	0	0	0	0	0
M_{19}	0	1	0	0	0	0	0	0	0	1	0	0	0	0	0	0	0	0
M_{20}	0	1	0	0	0	0	0	0	0	1	0	0	0	0	0	0	0	0
M_{21}	0	0	0	0	0	0	0	0	0	0	0	1	0	0	0	0	0	1
M_{22}	0	0	0	0	0	0	0	0	0	0	0	0	1	0	0	0	1	0
M_{23}	0	0	0	0	0	0	0	0	0	0	0	0	0	1	0	0	1	0
M_{24}	0	0	0	0	0	0	0	0	0	0	0	0	0	1	0	0	0	0
M_{25}	0	0	0	0	0	0	0	0	0	0	0	0	0	0	1	0	0	0
M_{26}	0	0	0	0	0	0	0	0	0	0	0	0	0	0	0	1	0	0

根据可达标识图可以得到与所建的随机 Petri 网模型同构的马尔可夫链，如图5.11 所示。

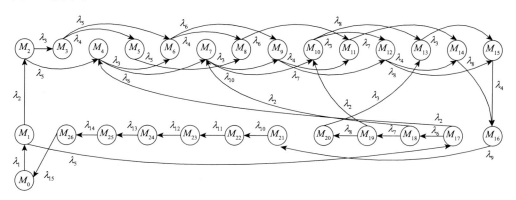

图 5.11　与所建的随机 Petri 网模型同构的马尔可夫链

根据马尔可夫链来构建转移速率矩阵 Q（$n \times n$ 阶），当从状态 M_i 到状态 M_j 有一条弧相连时，则弧上标注的速率为 Q 非对角线上的元素 q_{ij}（$1 \leqslant i, j \leqslant n$），如果没有弧相连，则 $q_{ij} = 0$；矩阵 Q 对角线上的元素 q_{ii} 等于从状态 M_i 输出的各条弧上标注速率之和的负值，由此可以得到模型的转移速率矩阵 Q。

根据式（5.1）可以计算出各状态的稳定概率：

$P(M_0) = 0.0154,$ $P(M_1) = 0.0154,$ $P(M_2) = 0.0092,$ $P(M_3) = 0.0021,$

$P(M_4) = 0.0302,$ $P(M_5) = 0.0021,$ $P(M_6) = 0.0091,$ $P(M_7) = 0.0104,$

$P(M_8) = 0.1016,$ $P(M_9) = 0.0037,$ $P(M_{10}) = 0.0008,$ $P(M_{11}) = 0.0835,$

$P(M_{12}) = 0.0006,$ $P(M_{13}) = 0.0017,$ $P(M_{14}) = 0.0290,$ $P(M_{15}) = 0.0009,$

$P(M_{16}) = 0.0461,$ $P(M_{17}) = 0.0128,$ $P(M_{18}) = 0.0019,$ $P(M_{19}) = 0.0003,$

$P(M_{20}) = 0.0005,$ $P(M_{21}) = 0.3075,$ $P(M_{22}) = 0.0923,$ $P(M_{23}) = 0.0308,$

$P(M_{24}) = 0.0231,$ $P(M_{25}) = 0.0461,$ $P(M_{26}) = 0.0461 \text{。}$

根据各状态的稳定概率，可以得到如下的时间性能指标。

（1）库所忙（即库所中有一个托肯）的概率为

$P[M(P_1) = 1] = P(M_0) = 0.0154,$

$P[M(P_2) = 1] = P(M_1) + P(M_{17}) + P(M_{18}) + P(M_{19}) + P(M_{20}) = 0.0309,$

$P[M(P_3) = 1] = P(M_2) + P(M_4) + P(M_7) + P(M_{10}) + P(M_{13}) = 0.0523,$

$P[M(P_4) = 1] = P(M_3) + P(M_6) + P(M_9) + P(M_{12}) + P(M_{15}) = 0.0164,$

$P[M(P_5) = 1] = P(M_5) + P(M_8) + P(M_{11}) + P(M_{14}) + P(M_{16}) = 0.2623,$

$P[M(P_6) = 1] = P(M_1) + P(M_2) + P(M_3) + P(M_5) = 0.0288,$

$P[M(P_7) = 1] = P(M_4) + P(M_6) + P(M_8) + P(M_{17}) = 0.1537,$

$P[M(P_8) = 1] = P(M_7) + P(M_9) + P(M_{11}) + P(M_{18}) = 0.0995,$

$P[M(P_9) = 1] = P(M_{10}) + P(M_{12}) + P(M_{14}) + P(M_{19}) = 0.0307,$

$P[M(P_{10}) = 1] = P(M_{13}) + P(M_{15}) + P(M_{16}) + P(M_{20}) = 0.0492,$

$P[M(P_{11}) = 1] = P(M_{21}) = 0.3075,$

$P[M(P_{12}) = 1] = P(M_{22}) = 0.0923,$

$P[M(P_{13}) = 1] = P(M_{23}) = 0.0308,$

$P[M(P_{14}) = 1] = P(M_{24}) = 0.0231,$

$P[M(P_{15}) = 1] = P(M_{25}) = 0.0461,$

$$P\left[M\left(P_{16}\right)=1\right]=P\left(M_{26}\right)=0.0461 \text{,}$$

$$P\left[M\left(P_{17}\right)=1\right]=P\left(M_{22}\right)+P\left(M_{23}\right)=0.1231 \text{,}$$

$$P\left[M\left(P_{18}\right)=1\right]=P\left(M_{21}\right)=0.3075 \text{。}$$

（2）各库所的平均托肯数为

$$\bar{N}=\bar{u}_2+\bar{u}_3+\cdots+\bar{u}_{18}=P\left[M\left(P_2\right)=1\right]+P\left[M\left(P_3\right)=1\right]+\cdots+P\left[M\left(P_{18}\right)=1\right]=1.7003$$

（3）单位时间进入系统中的托肯数为

$$R\left(T_1,P_3\right)=W\left(T_1,P_3\right)\times U\left(T_1\right)\times \lambda_1=0.1846$$

冷链物流的配送时间是衡量冷链流程的重要指标，其平均执行时间指的是在一般稳定状态下，按照客户的订单要求将货物安全送到客户指定地点所需要的平均时间，其中包括订单的审核处理、货物分拣、出库、运输及货物交接等各环节花费的时间。利用 Little 规则和平衡原理，计算非零回归的马尔可夫链。子系统的流入流出速率应该平衡（相等），Little 规则为 $\bar{N}=\lambda T$，其中，$\bar{N}$ 为队列平均长度，λ 为队列到达的平均速率，T 为队列的平均延时时间。

据此我们可以得到如下结论。

冷链配送的平均延时时间为 $T=\bar{N}/R\left(T_1,P_3\right)=9.21$ 单位时间，该时间反映了整个冷链物流配送组织的效率。

随机 Petri 网的运行效率分析：冷链配送的运行效率分析能够反映配送流程中各环节人力、设备等资源的利用率和各环节之间的衔接程度，是冷链运行绩效的一个重要指标。假设 E_1 为订单处理效率，E_2 为货物分拣效率，E_3 为货物发运效率，E_4 为货物交接效率，由上述稳定状态概率可以得到：

$$P\left(E_1\right)=P\left[M\left(P_2\right)=1\right]+P\left[M\left(P_6\right)=1\right]=0.0597$$

$$P\left(E_2\right)=P\left[M\left(P_8\right)=1\right]=0.0995$$

$$P\left(E_3\right)=P\left[M\left(P_{10}\right)=1\right]+P\left[M\left(P_{11}\right)=1\right]+P\left[M\left(P_{12}\right)=1\right]=0.449$$

$$P\left(E_4\right)=P\left[M\left(P_{13}\right)=1\right]+P\left[M\left(P_{14}\right)=1\right]+P\left[M\left(P_{15}\right)=1\right]=0.1$$

其中，货物分拣环节占总的配送环节的比率为 $\dfrac{P\left(E_2\right)}{\sum\limits_{i=1}^{4}P\left(E_i\right)}=0.1405$，货物发运和交接环节占总的配送环节的比率为 $\dfrac{P\left(E_3\right)+P\left(E_4\right)}{\sum\limits_{i=1}^{4}P\left(E_i\right)}=0.7752$。

从以上的模型性能分析数据可以看出，在货物分拣完毕之后将货物移至暂存区存放，再等配送车辆到来，然后将货物搬运至月台再进行装车环节，以及后续的运输环节和到达超市商场之后的排队等待卸货环节繁忙的概率比较大，这些环节占用的时间也较多。所以本章接下来的思路就是对这些环节进行分析，寻找原因并进行优化改进。

5.4 生鲜农产品冷链物流配送流程优化及优化前后模型对比分析

5.4.1 冷链物流配送流程优化

通过性能分析和实践总结可以找出冷链物流配送流程中的不合理或者占用时间较多的环节，针对这些环节，接下来将从流程结构和行动效率两个方面去优化，旨在提高流程运作的效率，缩短冷链配送的时间，以达到提高服务质量，降低冷链配送成本的目标。结合冷链配送的实践，拟从以下方面对 X 冷链物流公司的冷链配送流程进行优化改进。

（1）在冷链货物分拣完毕要将货物移至暂存区，待配送车辆到来之后，再移至月台进行装车，这是一系列的串行环节，必须在前序步骤完成之后才能进行下一步骤，这些操作无疑延长了作业时间，浪费了冷链配送中心的库存资源。将冷链货物移至暂存区的原因是为了防止集中统一出库可能带来的通道拥堵，所以采取分批出库的方式，将货物在暂存区存放以缓解出库压力。基于此可以对客户订单进行集中分类汇总，将配送到同一地点或者距离相隔较近的超市或者卖场的货物进行共同配送或者拼车作业；将对时间需求不急切的订单统一进行配送，这样就可以直接在拣货完成后进行装车，无须将货物在暂存区存放。这就需要与客户加强沟通，协调好发货时间，以消除货物在暂存区存放这一环节，提高冷链物流配送的运行效率。

（2）对于货物装卸、搬运及分拣等无法避免的作业环节，可以从提高机械化作业程度或者对员工进行激励等角度出发以达到提高作业效率的目的。例如，装卸操作可以采用叉车，搬运可以采用活动的流水线，等等，具备资金实力的企业可以采用自动化立体库来进行货物的堆码、进出库，使用流利条、自动导引车（automated guided vehicle，AGV）来进行货物搬运操作，采用机械臂进行货物拣取。由于机械化前期的固定资产投入较高，所以中小冷链物流企业一般无力承担，当企业无力承担时可以通过激励员工提高人工拣货、搬运、进出库等的效率，但是从长远来看，冷链物流公司仍要朝着机械化方向发展以提高作业效率。

（3）货物在装车出库之后的运输环节一般耗用时间较长，但是该环节必不可少，因此只能通过优化提高作业效率。运输是货物离开冷藏库，进行车载冷藏最长的时间，存在路途中不确定性环境带来的风险。因此，需要安排合适的配送车辆和司机，并考虑气候因素，将风险降到最低。要通过科学的调度方案，结合专业的车辆路径规划及配备了全球定位系统的冷链车辆，让送货路线更合理，并结合城市居民的出行时段等现实问题以达到避开城市拥堵，缩短运输时间的目的。

（4）货物在到达超市或者商场之后一般需要排队等待很长时间才能完成卸货、验货等程序，此处容易造成时间和资源的浪费。排队等待的原因在于超市、商场等的收货时间一般比较集中，前来配送的车辆众多造成拥堵排队。对此，冷链物流公司可以和超市、商场进行协商，结合超市、商场自身情况为每个物流公司制定合适送货的时间档，如某个物流公司只在规定的时间内送货，并且超市、商场可以为规模较大的物流公司开辟绿色通道，在物流公司信誉有保证的情况下，只当面验收货物的数量，货物的质量则由物流公司的信誉来保证，如果货物质量出现问题可以事后进行交涉，这样就可以缩减货物交接环节的时间。

在上述改进优化方法之外，冷链物流公司可以通过信息化建设，以数字信息传递的方式来代替纸质传递信息的方式，以达到便捷高效的目的，与下游的超市、商场和上游的供应商等最大限度地共享信息，冷链物流企业在进出货时，相关信息在利益相关者之间及时传递，避免层层通知带来的烦琐和信息失真。冷链物流企业可以在上下游企业间建立信息化平台，记录货物的进出和流向等，让超市、商场等有针对性地进行订货，供应商及时进行补货。这些步骤虽然对冷链配送流程效率的提高不大，但是可以提高信息传递的速度和准确性，并节省人力，降低冷链企业的成本。

5.4.2　优化前后模型对比分析

基于以上优化措施，可以得到优化后的冷链物流配送随机 Petri 网模型图（图5.12）。

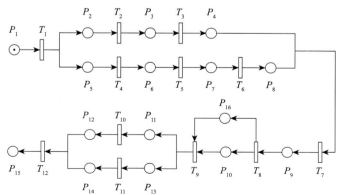

图 5.12　优化后的冷链物流配送流程随机 Petri 网模型图

优化后的冷链物流配送随机 Petri 网模型各元素含义见表 5.7。

表 5.7　优化后的冷链物流配送流程随机 Petri 网模型各元素含义

库所	业务环节含义	变迁	业务环节含义
P_1	接到出货订单	T_1	订单审核分类
P_2	车辆组订单审核完成	T_2	制作车辆调度单
P_3	车辆调度单制作完成	T_3	安排车辆并预冷
P_4	预冷完成	T_4	制作货物分拣单
P_5	仓储部订单审核完成	T_5	拣货作业
P_6	货物分拣单制作完成	T_6	搬至月台
P_7	拣货完成	T_7	货物装车
P_8	月台	T_8	货物清单交由司机并运输
P_9	装车完毕	T_9	开始收货准备
P_{10}	到达商铺	T_{10}	卸货
P_{11}	收货员到达	T_{11}	验货
P_{12}	卸货完成	T_{12}	签收、上交单据
P_{13}	验货员到达		
P_{14}	验货完成		
P_{15}	签收完成、单据上交		
P_{16}	通知商铺收货员做好准备		

优化后的冷链物流配送随机 Petri 网模型各变迁发生的时延 τ 如表 5.8 所示。

表 5.8　优化后的冷链物流配送流程随机 Petri 网模型各变迁发生的时延

变迁发生时延	单位时间/分钟	变迁发生时延	单位时间/分钟	变迁发生时延	单位时间/分钟
τ_1	20	τ_6	20	τ_{11}	10
τ_2	20	τ_7	30	τ_{12}	30
τ_3	30	τ_8	100	τ_{13}	30
τ_4	20	τ_9	10	—	—
τ_5	50	τ_{10}	20	—	—

根据各变迁发生的时延可以得到优化后模型各变迁的发生率，如表 5.9 所示。

表 5.9　优化后的冷链物流配送流程随机 Petri 网模型各变迁的发生率

变迁发生率	次数/单位时间/（次/分钟）	变迁发生率	次数/单位时间/（次/分钟）	变迁发生率	次数/单位时间/（次/分钟）
λ_1	3	λ_6	3	λ_{11}	6
λ_2	3	λ_7	2	λ_{12}	2
λ_3	2	λ_8	0.6	λ_{13}	2
λ_4	3	λ_9	6	—	—
λ_5	1.2	λ_{10}	3	—	—

通过与优化前随机 Petri 模型对比可以看出，配送流程中合并了冷链配送车辆的安排和预冷环节，取消了暂存区存放，配送车辆在途运输时间缩短，到达超市后无须再排队等候卸货，优化前流程是先卸货再进行验货步骤，优化后流程中卸货、验货同步进行，以上优化措施在供应链上下游的充分沟通协商和相关技术提升基础上均能得到实现。

根据优化后的随机 Petri 网模型，要对其结构和性能进行再分析。依据 Petri 网基本理论，可以得到模型优化后随机 Petri 网模型的关联矩阵 C：

$$
C=\begin{bmatrix}
-1 & & & & & & & & & & & & & & \\
1 & -1 & & & & & & & & & & & & & \\
 & 1 & -1 & & & & & & & & & & & & \\
 & & 1 & & -1 & & & & & & & & & & \\
1 & & & & -1 & & & & & & & & & & \\
 & & & 1 & -1 & & & & & & & & & & \\
 & & & & 1 & -1 & & & & & & & & & \\
 & & & & & 1 & -1 & & & & & & & & \\
 & & & & & & 1 & -1 & & & & & & & \\
 & & & & & & & 1 & -1 & & & & & & \\
 & & & & & & & & 1 & -1 & & & & & \\
 & & & & & & & & & 1 & -1 & & & & \\
 & & & & & & & & & & 1 & -1 & & & \\
 & & & & & & & & & & & 1 & -1 & & \\
 & & & & & & & & & & & & 1 & & \\
 & & & & & & & & & & & & 1 & & \\
\end{bmatrix}
$$

由 $C^{\mathrm{T}} \times X = 0$ 可以得到此方程的解，P 不变量为

$$X_1^{\mathrm{T}} = (1,0,0,0,1,1,1,1,0,0,0,0,0,0,0,1)$$
$$X_2^{\mathrm{T}} = (1,1,1,1,0,0,0,0,1,1,0,0,1,1,1,0)$$
$$X_3^{\mathrm{T}} = (1,1,1,1,0,0,0,0,1,1,1,1,0,0,1,0)$$
$$X_4^{\mathrm{T}} = (1,1,1,1,0,0,0,0,1,0,0,0,0,0,0,1)$$

依据前述理论可以看出，P 不变量覆盖了所有库所，即改进后的 Petri 网模型是有界的，根据活性和可达性的定义可知，改进后的 Petri 网模型具有活性和可达性，所以优化后的随机 Petri 网模型也是正确的。

通过随机 Petri 网模型的可达树可以得到该模型的可达标识图，如表 5.10 所示。

表 5.10　优化后冷链物流配送模型的可达标识图

状态	P_1	P_2	P_3	P_4	P_5	P_6	P_7	P_8	P_9	P_{10}	P_{11}	P_{12}	P_{13}	P_{14}	P_{15}	P_{16}
M_0	1	0	0	0	0	0	0	0	0	0	0	0	0	0	0	0
M_1	0	1	0	0	1	0	0	0	0	0	0	0	0	0	0	0
M_2	0	0	1	0	1	0	0	0	0	0	0	0	0	0	0	0
M_3	0	0	0	1	1	0	0	0	0	0	0	0	0	0	0	0
M_4	0	0	1	0	0	1	0	0	0	0	0	0	0	0	0	0
M_5	0	0	0	1	0	1	0	0	0	0	0	0	0	0	0	0
M_6	0	0	0	1	0	0	1	0	0	0	0	0	0	0	0	0
M_7	0	0	0	1	0	0	0	1	0	0	0	0	0	0	0	0
M_8	0	1	0	0	0	1	0	0	0	0	0	0	0	0	0	0
M_9	0	1	0	0	0	0	1	0	0	0	0	0	0	0	0	0
M_{10}	0	0	1	0	0	0	1	0	0	0	0	0	0	0	0	0
M_{11}	0	1	0	0	0	0	0	1	0	0	0	0	0	0	0	0
M_{12}	0	0	1	0	0	0	0	1	0	0	0	0	0	0	0	0
M_{13}	0	0	0	0	0	0	0	0	1	0	0	0	0	0	0	0
M_{14}	0	0	0	0	0	0	0	0	0	1	0	0	0	0	0	1
M_{15}	0	0	0	0	0	0	0	0	0	0	1	0	1	0	0	0
M_{16}	0	0	0	0	0	0	0	0	0	0	0	1	1	0	0	0
M_{17}	0	0	0	0	0	0	0	0	0	0	1	0	0	1	0	0
M_{18}	0	0	0	0	0	0	0	0	0	0	0	1	0	1	0	0
M_{19}	0	0	0	0	0	0	0	0	0	0	0	0	0	0	1	0

根据上述随机 Petri 模型的可达标识图可以得到与优化后随机 Petri 网模型同构的马尔可夫链，如图 5.13 所示。

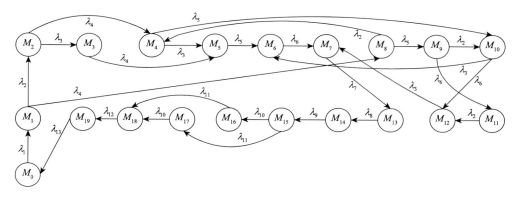

图 5.13 与优化后随机 Petri 网模型同构的马尔可夫链

（1）根据优化后模型的转移速率矩阵 Q 和随机 Petri 网性能分析的方法求得各稳定状态概率：

$P(M_0) = 0.0584$, $P(M_1) = 0.0292$, $P(M_2) = 0.0175$, $P(M_3) = 0.0117$,

$P(M_4) = 0.0360$, $P(M_5) = 0.0891$, $P(M_6) = 0.0431$, $P(M_7) = 0.0876$,

$P(M_8) = 0.0208$, $P(M_9) = 0.0042$, $P(M_{10}) = 0.0111$, $P(M_{11}) = 0.0042$,

$P(M_{12}) = 0.0230$, $P(M_{13}) = 0.2919$, $P(M_{14}) = 0.0292$, $P(M_{15}) = 0.0195$,

$P(M_{16}) = 0.0097$, $P(M_{17}) = 0.0389$, $P(M_{18}) = 0.0876$, $P(M_{19}) = 0.0876$ 。

（2）库所忙的概率为

$P[M(P_1) = 1] = 0.0584$, $P[M(P_2) = 1] = 0.0584$, $P[M(P_3) = 1] = 0.0876$,

$P[M(P_4) = 1] = 0.2315$, $P[M(P_5) = 1] = 0.0584$, $P[M(P_6) = 1] = 0.1459$,

$P[M(P_7) = 1] = 0.0584$, $P[M(P_8) = 1] = 0.1148$, $P[M(P_9) = 1] = 0.2919$,

$P[M(P_{10}) = 1] = 0.0292$, $P[M(P_{11}) = 1] = 0.0584$, $P[M(P_{12}) = 1] = 0.0973$,

$P[M(P_{13}) = 1] = 0.0292$, $P[M(P_{14}) = 1] = 0.1265$, $P[M(P_{15}) = 1] = 0.0876$,

$P[M(P_{16}) = 1] = 0.0292$ 。

（3）各库所的平均托肯数为

$$\overline{N} = \overline{u}_2 + \overline{u}_3 + \cdots + \overline{u}_{16} = P[M(P_2) = 1] + P[M(P_3) = 1] + \cdots + P[M(P_{16}) = 1] = 1.5043$$

（4）单位时间进入系统中的托肯数为

$$R(T_1, P_3) = W(T_1, P_3) \times U(T_1) \times \lambda_1 = 0.1752$$

（5）冷链的平均延时时间为 $T = \overline{N} / R(T_1, P_3) = 8.59$ 单位时间。

（6）各环节运行效率分析：

订单处理效率 $P(E_1) = P[M(P_2) = 1] + P[M(P_5) = 1] = 0.1168$;

货物分拣效率 $P(E_2) = P[M(P_7) = 1] = 0.0584$;

货物发运效率 $P(E_3) = P\big[M(P_8)=1\big] + P\big[M(P_9)=1\big] + P\big[M(P_{10})=1\big] = 0.4359$；

货物交接效率 $P(E_4) = P\big[M(P_{12})=1\big] + P\big[M(P_{13})=1\big] = 0.1265$。

其中，货物分拣环节占总的配送环节的比率为 0.0791，货物发运和交接环节占总的配送环节的比率为 0.7625。

通过上述性能分析和优化前后的随机 Petri 网模型的对比分析可以发现：冷链的平均延时时间 T 由 9.21 单位时间变为优化后的 8.59 单位时间，货物分拣环节占比由 0.1405 变为 0.0791，货物发运和交接环节占比由 0.7752 变为 0.7625，由此可以看出整个冷链配送环节的时间在缩短，货物分拣、发运、交接环节的效率在提高，冷链配送流程性能得到了提升。

第6章 生鲜农产品冷链物流配送路径优化

在现实生鲜农产品冷链物流运输过程中，生鲜农产品配送商为提高车辆装载率，保障产品的鲜活度，防止生鲜农产品串味，往往将冷链配送车辆进行多隔室独立分区，以满足不同温度、湿度等要求的生鲜农产品的同车配送。因此多隔室生鲜农产品冷链物流配送路径优化问题亟须解决。在研究生鲜农产品冷链物流配送过程中，除了考虑商品自身特性以外，还须注意终端客户取货时间。生鲜农产品冷链物流配送面向的终端客户在年龄层、职业性质等方面存在差异，如有学生族、上班族和家庭主妇等，不同的消费群体对取货的时间段有不同的要求。因此，结合产品自身特性和服务对象来看，研究带时间窗的生鲜农产品冷链物流配送路径问题，有助于降低货物损耗率、提高配送时效性、提升客户满意度，为完善冷链物流配送体系提供重要参考。此外，全球气候变暖越来越严重，它主要由二氧化碳排放引起，对人类和地球上的其他生命构成越来越大的威胁（Huang et al.，2019），因此，碳排放也成为生鲜农产品冷链物流配送需考虑的因素。

6.1 经典生鲜农产品冷链物流配送路径优化

针对生鲜农产品多隔室冷链配送中的车辆路径优化问题，以配送成本最小为目标函数，建立多隔室生鲜农产品冷链物流配送路径优化问题的数学模型，并采用 PSO 算法对其进行求解。然后通过实例验证该算法在求解配送路径优化问题时的优越性和稳定性，以期降低生鲜农产品配送成本，并为生鲜农产品多隔室冷链配送问题提供理论指导。

6.1.1　经典生鲜农产品冷链物流配送路径优化问题描述与建模

假定由一个配送中心与多个顾客组成的生鲜农产品冷链物流配送系统，每个顾客有多种生鲜农产品需求。考虑到生鲜农产品种类差别，在冷链配送中不同类别的生鲜农产品的温度、湿度要求不同，因此假定每类生鲜农产品在配送中需要独立的隔室保存。为了使不同种类生鲜农产品冷链物流配送同时得到满足，可使用多隔室冷链物流配送车辆将多种生鲜农产品分别装入同一配送车不同的隔室中，按照一定的配送路线进行一次性配送，如图 6.1 所示。

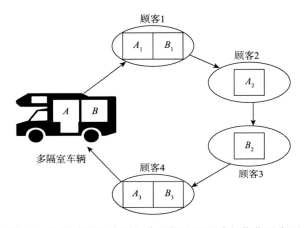

图 6.1　生鲜农产品多隔室冷链物流配送路径优化示意图

图 6.1 中，多隔室车辆由配送中心出发，装载生鲜农产品 A 和 B 为顾客进行配送。顾客 1 对生鲜农产品 A 和 B 的需求分别为 A_1 和 B_1、顾客 2 为 A_2 和 0、顾客 3 为 0 和 B_2、顾客 4 为 A_3 和 B_3。多隔室车辆按照箭头所示路径进行一次配送，其中需满足 $A_1 + A_2 + A_3$ 小于等于多隔室车辆对生鲜农产品 A 的装载量；$B_1 + B_2 + B_3$ 小于等于多隔室车辆对生鲜农产品 B 的装载量；生鲜农产品 A 与 B 装载量之和小于等于多隔室车辆限定装载总量。

当顾客较多、生鲜农产品需求量较大时，为满足顾客需求，配送中心将通过多辆多隔室车辆为顾客采取多条配送路径配送生鲜农产品，如图 6.2 所示。在每条路径中，多隔室配送车辆都从配送中心出发，在完成配送任务后最终返回配送中心。

生鲜农产品冷链物流配送路径优化问题描述如下（陈久梅等，2018）：在多种类产品需求配送中，多隔室车辆 K、顾客 V、产品 P、边 E 和配送中心 $\{0\}$ 构成配送系统 $G = (N, E)$，其中，$N = V \cup \{0\}$，$E = \left\{ (i, j) \mid i, j \in N \right\}$。车容量为 Q，车

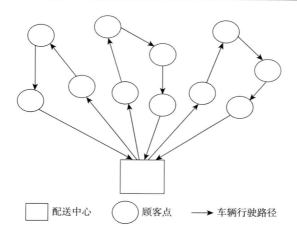

$\square$ 配送中心　○ 顾客点　→ 车辆行驶路径

图 6.2　生鲜农产品冷链物流优化车辆路径

辆有 p 个隔室，其容量为 Q_p，顾客 i 对产品 p 的非负需求量为 d_{ip}，车辆在边 (i,j) 上的行驶成本为 c_{ij}。

假设条件如下：

a. 只有一个配送中心，车辆从配送中心出发后必回到配送中心；

b. 一辆车只进行一次配送，车辆隔室与产品一一对应；

c. 一个顾客只接受一辆车的服务，顾客需求的产品种类数等于车辆隔室数；

d. 顾客对同种产品的需求量之和不超过配送该产品的车辆隔室容量。

当给定决策变量 x_{ij} 取 1 时表示配送系统中边 (i,j) 被使用一次，其他情况为 0；当 y_{ij} 取 1 时表示配送系统中边 (i,j) 被使用两次，其他情况为 0。此外，引入以下集合符号：

$X(R:T)$ 为生鲜农产品冷链物流配送系统中被使用一次的边的数量之和，这些边满足一个端点在 R 中，另一个端点在 T 中，$R \subseteq N, T \subseteq N$；

$Y(R:T)$ 为生鲜农产品冷链物流配送系统中被使用两次的边的数量之和，这些边满足一个端点在 R 中，另一个端点在 T 中，$R \subseteq N, T \subseteq N$；

$X(G')$ 为生鲜农产品冷链物流配送系统中被使用一次的边的数量之和，这些边满足两个端点均在 G' 中，$G' \subseteq G$；

$K(V')$ 为配送顾客集 V' 需求产品 P 的最大隔室数，$K(V') = \max \left\{ \left\lceil \dfrac{\sum_{i \in V'} d_{ip}}{Q_p} \right\rceil \right\}$，

$V' \subseteq V, p \in P$，$\lceil \cdot \rceil$ 为不小于 "•" 的最小整数，即 $K(V')$ 为服务顾客集 V' 需要的最小车辆数。

生鲜农产品冷链物流配送路径优化模型的目标函数及约束条件如下：

$$\min \sum_{i \in N} \sum_{j \in N} \left(x_{ij} + y_{ij} \right) c_{ij} \tag{6.1}$$

$$\text{s.t.} \quad X\left(\{i\} : N \setminus \{i\}\right) + 2Y\left(\{i\} : \{0\}\right) = 2 \quad \forall i \in V \tag{6.2}$$

$$|V'| - X(V') \geqslant K(V') \quad \forall V' \subseteq V \tag{6.3}$$

$$x_{ij} \in \{0,1\} \quad \forall i, j \in N \tag{6.4}$$

$$y_{ij} \in \{0,1\} \quad \forall i, j \in N \tag{6.5}$$

式（6.1）表示模型的目标函数，即最小化车辆行驶成本；约束（6.2）表示顾客点有两条被使用一次的边与之相连或有一条被使用两次的边与之相连；约束（6.3）表示车辆服务顾客对单种产品的需求量之和不超过隔室容量，且可消除子回路；约束（6.4）和约束（6.5）表示模型的决策变量。

6.1.2　经典生鲜农产品冷链物流配送路径优化问题求解算法设计

PSO 算法是基于迭代模式的全局优化进化算法，它通过初始化随机粒子，利用迭代更新粒子的位置和速度来搜索最优值。在每次迭代中，各粒子都以自身经历的历史最优位置和群体经历的历史最优位置为基础对自身所处的位置与速度进行更新。

上述基于位置和速度更新方式的 PSO 算法适用于连续优化问题。针对生鲜农产品冷链物流配送路径优化问题这样的离散优化问题，将根据 PSO 算法粒子的位置和速度受个体历史最优及种群历史最优位置的影响，在 PSO 算法总体框架下，引入邻域搜索算法及路径重连，实现粒子位置的更新。求解生鲜农产品冷链物流配送路径优化问题的 PSO 算法具体过程如图 6.3 所示。

1. 初始解生成

初始解的生成分两步完成，先采用扫描法生成顾客集，再通过贪婪算法生成初始配送路径。具体如下：首先，随机选择一个顾客点，连接该点与配送中心，以配送中心为圆心，该点与配送中心连线为轴沿顺时针方向旋转扫描，每个被扫描到的点均加入该顾客集，直到若加入某个顾客点时产品需求之和超过车辆隔室容量为止，如图 6.4 所示。其次，选择未加入的顾客点，重复上述操作，直到所有顾客点都被分配到对应的顾客集中为止。再次，在各顾客集中，先将配送中心与任意一个顾客点连接形成一条从配送中心出发，经过该顾客点后回到配送中心的路径，再随机选择顾客集中另一顾客点插入路径中任意可插入的位置，计算插入新顾客点后的目标函数值，选择其值最小的位置进行插入。最后，重复上述操作，直到顾客集中所有顾客点都插入并形成路径。

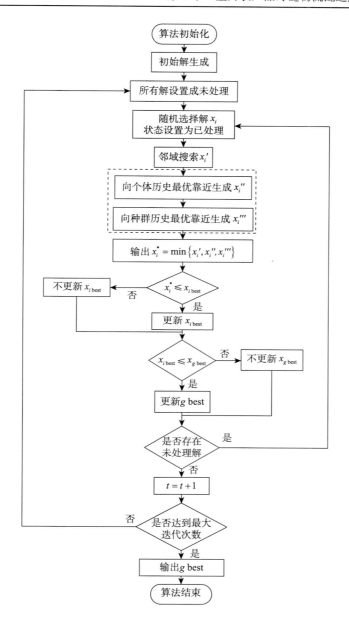

图 6.3　PSO 算法流程图

虚线框为路径重连（path relinking，PR）

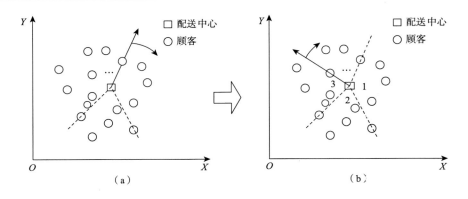

图 6.4　初始解生成的扫描过程

2. 邻域搜索

在求解生鲜农产品冷链物流配送路径优化问题中，邻域解生成采用以顾客为对象的单个顾客位置的移动和两个顾客之间的交换操作及以边为对象的 2-opt 方式产生。

单个顾客位置的移动是指将某个顾客节点从当前位置移除，并插入同一路径或者另一个路径的新位置。两个顾客间交换是指将不同路径上的两个顾客节点位置互换。顾客移动和顾客交换，若相关位置在同一路径上，由于只是车辆访问顾客的先后顺序有改变，路径上的顾客没变，故各产品的需求量之和仍不会超过隔室容量；若相关位置不在同一路径上，则路径上顾客点发生了变化，需要计算并判断各路径上产品需求量之和是否仍满足隔室容量约束。顾客移动和顾客交换的操作相对简单，此处不再详细阐述。

2-opt 是断开任意两条不相邻的边，将断开后形成的端点进行互连，以生成当前解的邻域解。操作过程中需要分别考虑断开的两条边在同一路径（图 6.5）和不同路径（图 6.6）的情况。

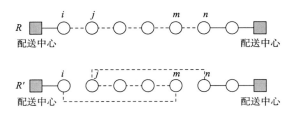

图 6.5　同一路径 2-opt 示意图

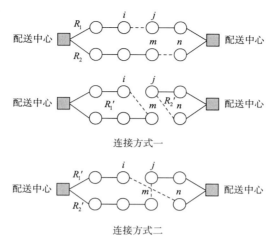

图 6.6　不同路径 2-opt 示意图

在图 6.5 中，不相邻边 (i, j)、(m, n) 在同一路径 R 中，将两条边断开后得到 i、j、m、n 四个端点，然后考虑到车辆行驶路径是从配送中心出发，访问系列顾客点后回到配送中心。所以，虽然有四个端点，但只能有一种连接方式，即将 i 与 m、j 与 n 相连，形成新的路径 R'。由于新路径中没有新的顾客点加入，故该路径顾客点没有发生变化，各产品的装载量仍是满足约束的。

图 6.6 中，不相邻边 (i, j)、(m, n) 分别在路径 R_1、R_2 中，将两条边断开后得到 i、j、m、n 四个端点，有两种连接方式：在连接方式一中，将 i 与 m、j 与 n 相连；在连接方式二中，将 i 与 n、j 与 m 相连，分别形成新路径 R_1'、R_2'。由于新路径 R_1'、R_2' 中顾客点均发生了变化，需要重新计算并判断新路径是否为可行路径。

3. 路径重连

路径重连（Glover et al.，2000）是通过建立当前解与导向解之间的连接路径，以快速获得新解的一种高效启发式搜索策略。该策略的主要思想如下：沿着当前解到导向解的一条路径进行搜索，在搜索过程中逐步将导向解的属性引入当前解中，从而产生新的邻域解，使邻域解同时继承导向解与当前解的不同优良基因。路径重连避免了局部搜索算法的集中性和陷入局部最优，从而增强了解的多样性。下面举例进行说明，如图 6.7 所示（陈久梅等，2019）。在图 6.7 的左侧，当前解向导向解靠近时，先随机选择导向解的一条路径 $0 \rightarrow 1 \rightarrow 2 \rightarrow 0$，在当前解中将所涉及的点 1、2 从原所在路径中删除，并将路径 $0 \rightarrow 1 \rightarrow 2 \rightarrow 0$ 直接加在当前解中，其余路径不变，形成新解。这样生成的新解就在当前解的基础上，拥有导向解中路径 0→1→2→0 的属性。图 6.7 右侧为路径重连编码示意图。

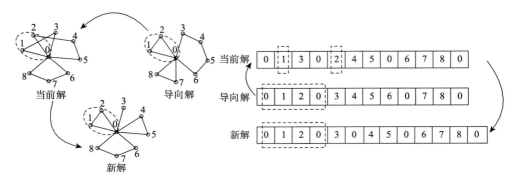

图 6.7　路径重连示意图

6.1.3　经典生鲜农产品冷链物流配送路径优化问题算例分析

目前国内外对生鲜农产品冷链物流配送路径优化的研究处于探索阶段，尚缺乏公认的国际算例。为了验证 PSO 算法求解生鲜农产品冷链物流配送路径优化问题的有效性，拟借鉴 Reed 等（2014）的方法对来源于路径优化问题国际标准算例库中 14 个算例（https://neo.lcc.uma.es/vrp/vrp-instances/）用两种方式进行改编，改编后产生 28 个 MCVRP 算例。然后在同样参数环境下将 Reed 等（2014）文章中的算法与算法结果进行对比分析，证明 PSO 算法求解多隔室车辆路径问题的有效性。

改编方法如下：将路径优化问题标准算例中车辆的单一隔室按 3：1 拆分为两个隔室，将顾客点的需求，根据顾客点坐标位置按一定比例拆分为冷藏、冷冻两种产品需求，即当顾客点坐标满足时，顾客点需求按 2：1 进行拆分；当顾客点坐标在其他区域中时，顾客点需求按 3：1 进行拆分（记为 S_2）或按 4：1 进行拆分（记为 S_3）。

算法采用 Microsoft Visual Studio 2017 编程，参数设置如下：种群规模 $N = 50$，最大迭代次数为 1000，随机运行 10 次，结果保留两位小数。

1. 与已有文献的比较

Reed 等（2014）在对单隔室车辆分开单独配送与多隔室同时配送进行对比分析基础上，提供了当采用多隔室车辆配送时，蚁群系统（ant colony system，ACS）求解两种改编方式下算例 VRPNC$_1$ 的解。在此，将 Reed 等（2014）文章中的最好解网络图（图6.8 和图6.9）与 PSO 算法得到的最好解网络图（图6.10 和图6.11）进行对比分析。

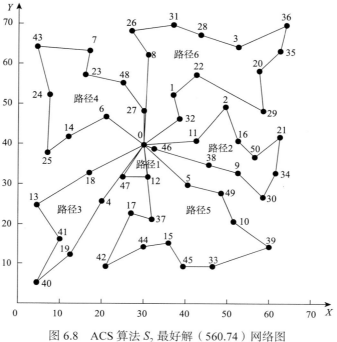

图 6.8　ACS 算法 S_2 最好解（560.74）网络图

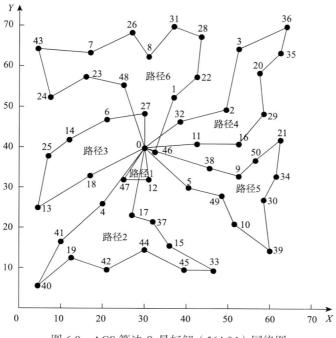

图 6.9　ACS 算法 S_3 最好解（564.04）网络图

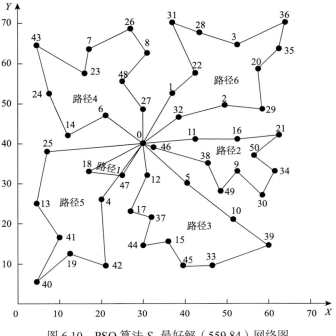

图 6.10 PSO 算法 S_2 最好解（559.84）网络图

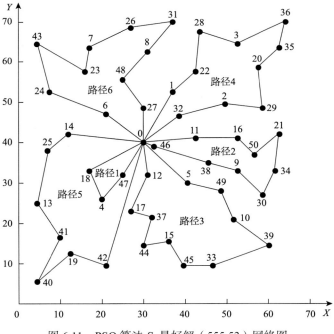

图 6.11 PSO 算法 S_3 最好解（555.53）网络图

通过对比 PSO 算法与 Reed 等（2014）的 ACS 算法最好解的网络结构图可以发现，无论是在 S_2 情形下还是在 S_3 情形下，PSO 算法的路径目标函数值均小于 Reed 等（2014）的 ACS 算法最好解，这表明所提出的 PSO 算法比 Reed 等（2014）提出的 ACS 算法的求解效果更好。进一步对比观察图 6.8~图 6.11 发现：设计的 PSO 算法得到的配送路径中的顾客点分布更均匀，而且无重叠和交汇的路线，车辆行驶路径更合理。进一步，将上述解的各项指标进行详细对比，见表 6.1。

表 6.1　PSO 和 Reed 等（2014）的 ACS 求解算例 VRPNC$_1$ 最好解对比

路径	S_2 改编方式								S_3 改编方式							
	路径长度		顾客点数		产品1的装载量		产品2的装载量		路径长度		顾客点数		产品1的装载量		产品2的装载量	
	ACS	PSO	ACS	PSO	ACS	PSO	ACS	PSO	ACS	PSO	ACS	PSO	ACS	PSO	ACS	PSO
路径1	23.05	32.26	2.00	2.00	38.42	44.00	15.58	22.00	23.05	39.63	2.00	3.00	15.58	25.00	38.42	50.00
路径2	92.05	91.35	10.00	10.00	118.50	109.50	39.50	36.50	76.09	82.88	6.00	9.00	41.00	32.00	95.00	96.00
路径3	93.03	102.36	6.00	10.00	77.33	103.42	38.67	36.58	103.25	104.01	9.00	11.00	41.08	41.08	101.92	116.92
路径4	98.45	108.17	9.00	10.00	114.00	115.50	38.00	38.50	104.37	106.24	10.00	10.00	37.25	36.00	111.75	108.00
路径5	121.55	110.17	11.00	7.00	103.83	79.67	38.17	36.33	126.10	109.68	12.00	7.00	36.75	38.58	110.25	89.42
路径6	131.89	115.52	12.00	11.00	116.25	116.25	38.75	38.75	130.74	113.09	11.00	10.00	37.00	36.00	111.00	108.00
和	560.02	**559.83**	50	50	568.33	568.34	208.67	208.66	563.60	**555.53**	50.00	50.00	208.66	208.66	568.34	568.34
平均值	93.34	**93.31**	8.33	8.33	94.72	94.72	34.78	34.78	93.93	**92.59**	8.33	8.33	34.78	34.78	94.72	94.72
方差	38.08	**31.02**	3.72	**3.39**	31.48	**28.24**	9.42	**6.35**	39.82	**28.03**	3.72	**2.94**	9.61	**5.67**	28.35	**23.98**
极差	108.84	**83.26**	10	9	80.08	**72.25**	23.92	**16.75**	107.69	**73.46**	10.00	**8.00**	25.5	**16.08**	73.33	**66.92**

注：在统计数据中，两者较优者加粗

表 6.1 给出了两种算法求解得到的路径长度、每条路径上的顾客点数、每条路径上产品的装载量明细，并计算得到了相应的统计指标。从表 6.1 可知，PSO 除了相同的顾客点数、产品装载量之和与平均值相同的情况外，其他各指标优于 ACS。其中，"和"对应模型中的目标函数值，因此，PSO 求解得到的解优于 ACS；方差及极差均较小，表明在 PSO 的解中，各条路径上的顾客点数、路径长度及产品装载量相对更均匀，可以较好地解决部分车辆配送任务过重、部分车辆配送任务过轻的问题。

2. 算法收敛性分析

图 6.12 给出了 PSO 算法求解 S_2VRPNC$_1$ 算例随机运行 5 次（分别记为 S_2VRPNC$_{1.1}$、S_2VRPNC$_{1.2}$、S_2VRPNC$_{1.3}$、S_2VRPNC$_{1.4}$ 和 S_2VRPNC$_{1.5}$）种群最好解的目标函数值随迭代次数的变化趋势。从图 6.12 可知，当 PSO 算法在迭代次数超过 500 次后，各条曲线基本趋于平缓，逐步收敛于 559.84、571.41、570.83、565.16 和 577.11，这表明 PSO 算法求解 MCVRP 可以较好避免早熟，收敛性较好。

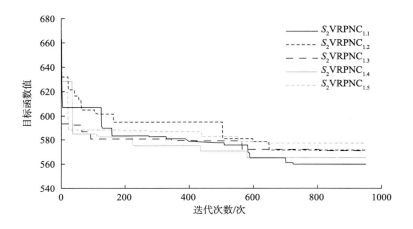

图 6.12　目标函数值随迭代次数的变化趋势

3. 算例求解结果

Reed 等（2014）仅给出了原始算例 VRPNC$_1$ 改编生成 MCVRP 算例的解。我们针对原始 14 个算例，对按两种改编方式生成的 28 个算例均进行了求解，结果见表 6.2。

表 6.2　28 个 MCVRP 算例求解结果

原始算例	顾客点数	S_2 改编方式					S_3 改编方式				
		最好解	最差解	平均解	方差	方差/平均解	最好解	最差解	平均解	方差	方差/平均解
VRPNC$_1$	50	559.84	589.39	576.76	7.84	1.36%	555.53	594.26	577.38	12.82	2.22%
VRPNC$_2$	75	948.17	969.28	957.51	6.70	0.70%	987.51	1005.98	993.99	5.57	0.56%
VRPNC$_3$	100	953.41	1000.42	975.77	13.56	1.39%	952.23	1000.38	982.56	14.93	1.52%
VRPNC$_4$	150	1250.79	1304.21	1279.64	14.33	1.12%	1308.55	1337.85	1322.88	10.58	0.80%

原始算例	顾客点数	S_2 改编方式					S_3 改编方式				
		最好解	最差解	平均解	方差	方差/平均解	最好解	最差解	平均解	方差	方差/平均解
VRPNC$_5$	199	1647.03	1698.86	1676.85	16.94	1.01%	1686.20	1723.30	1708.26	11.79	0.69%
VRPNC$_6$	50	566.86	585.19	576.76	6.11	1.06%	563.86	588.41	574.12	8.21	1.43%
VRPNC$_7$	75	948.17	969.28	957.51	6.70	0.70%	987.51	1005.98	993.99	5.57	0.56%
VRPNC$_8$	100	953.41	1000.42	975.77	13.56	1.39%	952.23	1000.38	982.56	14.93	1.52%
VRPNC$_9$	150	1250.79	1304.21	1279.64	14.33	1.12%	1308.55	1337.85	1322.88	10.58	0.80%
VRPNC$_{10}$	199	1647.03	1698.86	1676.85	16.94	1.01%	1668.35	1727.67	1699.42	17.33	1.02%
VRPNC$_{11}$	120	1315.26	1377.37	1341.26	20.39	1.52%	1359.96	1418.60	1397.13	18.86	1.35%
VRPNC$_{12}$	100	916.47	1000.63	968.91	25.39	2.62%	1035.94	1068.65	1055.63	9.18	0.87%
VRPNC$_{13}$	120	1283.53	1389.95	1342.25	31.27	2.33%	1348.71	1435.58	1387.69	28.86	2.08%
VRPNC$_{14}$	100	928.67	986.61	968.86	17.54	1.81%	1027.94	1072.05	1048.72	15.63	1.49%

表 6.2 给出了各算例随机运行 10 次得到的最好解、最差解、平均解、方差及方差/平均解的详细数据，可以看出不同顾客点数的算例，PSO 算法均能有效求解，从方差/平均解的角度来看，其值均在 3.00%以下，表明算法的稳定性较好。

6.2　带时间窗的生鲜农产品冷链物流配送路径优化

本节构建带时间窗的生鲜农产品冷链物流配送路径优化问题的数学模型，并设计 HPSO 算法进行求解。HPSO 算法集成了 SA 过程，SA 具有以一定概率接受劣解的特性，有助于 PSO 有效地突破局部最优。本节最后利用 Solomon 算例的求解结果比较 HPSO 算法和 PSO 算法的性能。

6.2.1　带时间窗的生鲜农产品冷链物流配送路径优化问题描述与建模

1. 问题描述

带时间窗的生鲜农产品冷链物流配送路径优化问题描述如下：一个配送中心

有一系列同类车辆，每辆车都有多个固定大小但不一定相同的隔室。每个隔室只存放一种产品，不同类型的产品须放入不同的隔室。每个顾客仅接受一辆车的一次服务。车辆到达顾客或配送中心时开始服务的时间应在规定的时间窗内，并且提供服务过程也需一定服务时间。每条线路的起点和终点都是配送中心。行驶时间和行驶成本呈正比关系。目标是找到一组最优路线，在车厢容量和时间下以最小的行驶成本满足所有顾客的需求。

图 6.13 给出了带时间窗的生鲜农产品冷链物流配送路径优化问题示意图。它显示了一个配送系统，包括 1 个配送中心和 8 个顾客。一辆车分别在三个隔室中装载了产品 p_1、p_2 和 p_3。从配送中心 "0" 出发，在时间窗 $[e_1, l_1]$ 内，车辆将产品 p_1、p_2、p_3 配送给顾客 1；在时间窗 $[e_2, l_2]$ 内，将产品 p_1 和 p_2 配送给顾客 2；在时间窗 $[e_3, l_3]$ 内，将产品 p_2 和 p_3 配送给顾客 3；然后车辆返回配送中心 "0"。同理，另一辆车从配送中心 "0" 出发，在相应的时间窗内，完成对顾客 4~顾客 8 的相应产品配送，然后返回配送中心 "0"。

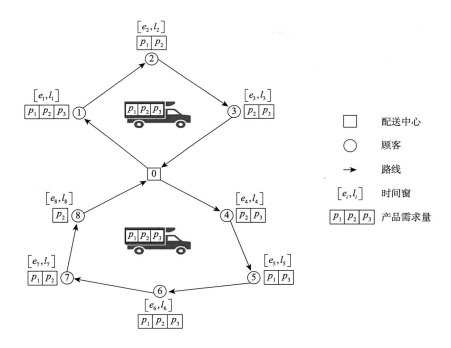

图 6.13　带时间窗的生鲜农产品冷链物流配送路径优化问题示意图

2. 数学建模

本节数学模型中使用的集合、参数和决策变量相关的符号如表 6.3 所示。

表 6.3　数学模型的符号

	变量	描述
集合	$N = \{0,1,2,\cdots,n\}$	节点集合，0 是配送中心，$1,2,\cdots,n$ 是顾客
	$N' = N \setminus \{0\}$	顾客集
	$A = \{(i,j) \mid i,j \in N, i \neq j\}$	边集
	$K = \{1,2,\cdots,k\}$	车辆集
	$P = \{1,2,\cdots,p\}$	产品集
参数	Q_p	隔室容量 p
	d_{ip}	顾客 i 对产品 p 的需求量
	c_{ij}	车辆在边 (i,j) 上的行驶成本
	t_{ij}	车辆在边 (i,j) 上的行驶时间
	e_i	节点 i 最早开始接受服务的时间
	l_i	节点 i 最晚开始接受服务的时间
	s_i	节点 i 的服务时间
	b_i	节点 i 开始服务的时间
	Z	目标函数值
	M	足够大的数
决策变量	x_{ik}	如果节点 i 由车辆 k 服务，则 x_{ik} 为 0，否则为 1
	y_{ij}	边 (i,j) 被访问，则 y_{ij} 为 0，否则为 1

结合表 6.3 相关符号说明，带时间窗的生鲜农产品冷链物流配送路径优化可建模如下。

目标函数：

$$\min Z = \sum_{i \in N} \sum_{j \in N} c_{ij} y_{ij} \tag{6.6}$$

约束条件：

$$\sum_{k \in K} x_{ik} = 1, \quad \forall i \in N' \tag{6.7}$$

$$x_{ik} \leqslant x_{0k} \, \forall i \in N', k \in K \tag{6.8}$$

$$\sum_{i \in N} y_{ij} = \sum_{i \in N} y_{ji}, \quad \forall j \in N \tag{6.9}$$

$$\sum_{i \in N} x_{ik} y_{ij} = x_{jk}, \ \forall j \in N, k \in K \tag{6.10}$$

$$\sum_{i \in V} x_{ik} d_{ip} \leqslant Q_P, \ \forall p \in P, k \in K \tag{6.11}$$

$$\sum_{i \in S} \sum_{j \in S} y_{ij} \leqslant |S| - 1, \ |S| \geqslant 2, \forall s \subseteq N' \tag{6.12}$$

$$b_i + \left(s_i + t_{ij}\right) y_{ij} - M\left(1 - y_{ij}\right) \leqslant b_j, \forall i, j \in N \tag{6.13}$$

$$e_i \leqslant b_i \leqslant l_i, \forall i \in N \tag{6.14}$$

$$x_{ik} \in \{0,1\}, \forall i \in N, k \in K \tag{6.15}$$

$$y_{ij} \in \{0,1\}, \forall i, j \in N \tag{6.16}$$

目标函数（6.6）表示总行驶成本最小。约束条件（6.7）确保每个顾客只被一辆车提供配送服务。约束条件（6.8）表示当车辆 k 访问顾客 i 时，必须访问配送中心 "0"；如果车辆 k 不访问配送中心 "0"，则不会访问任何顾客。约束条件（6.9）确保每条路线的连续性，即访问节点 j 的车辆必须离开节点 j。约束条件（6.10）表示如果车辆从节点 i 行驶到节点 j，则节点 i、j 由同一车辆访问。约束条件（6.11）表示隔室的装载量不得超过容量。约束条件（6.12）为经典的消除子回路。约束条件（6.13）确保下一个节点 j 的开始时间不得早于同一路径上一节点 i 的开始服务时间 b_i 加上其服务时间 s_i 及旅行时间 t_{ij} 之和，$b_0 = 0$，$s_0 = 0$。约束条件（6.14）确保配送必须在给定时间窗内开始。约束条件（6.15）和约束条件（6.16）定义决策变量。

6.2.2 带时间窗的生鲜农产品冷链物流配送路径优化问题求解算法设计

由于带时间窗的生鲜农产品冷链物流配送路径优化问题为离散优化问题，难以运用求解连续优化问题的基本 PSO 算法进行求解。受局部搜索和路径重连策略的启发，对当前粒子应用局部搜索来表达惯性行为的影响，将路径从当前粒子重新连接到其个体历史最好解来表达个体认知行为的影响，并应用从当前粒子重新连接到群体种群历史最好解来表达社会学习行为的影响。此外，考虑到 PSO 算法存在早熟收敛的不足，在求解方法中加入 SA，帮助 PSO 算法跳出局部最优，这种方法被称为 HPSO。HPSO 流程图如图 6.14 所示。

在图 6.14 中，如果去掉 SA，HPSO 算法就变成了 PSO 算法。HPSO 组成部分包括图 6.14 中的虚线 SA 块，以及 SA 温度冷却参数 λ 的参数设置和退火温度 L 的初始化。每次迭代后，L 的逐渐衰减表示为 λL。PSO 和 HPSO 的关键区别在于当新解 p_i^* 比当前解 p_i 更差时，HPSO 算法将执行虚线 SA 块，而 PSO 则直接跳过

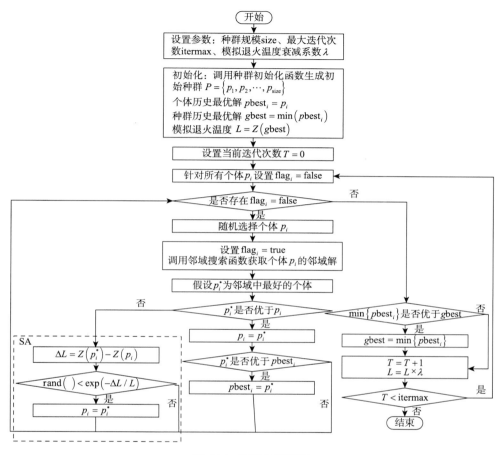

图 6.14　HPSO 流程图

执行下一步。

1. 初始解的生成

6.1.2 小节的 PSO 和本节的 HPSO 生成初始解的步骤均为两步，且都是通过随机扫描和贪婪算法生成初始解。在第一步中，与 PSO 一样，随机选择顾客做一条以配送中心为端点并穿过该顾客点的射线。同时，创建从配送中心通过顾客点并返回配送中心的路径。在第二步中，使射线顺时针旋转，在碰到下一个顾客点时判断加入该顾客点后，是否满足容量和时间窗约束。如果满足，则采用贪婪算法，将该顾客插入当前路径。否则，创建从配送中心点通过此顾客并返回配送中心点的新路径。第二步循环直到所有顾客都在路径上。

2. 邻域解的生成

基于初始解，采用邻域搜索来寻找邻域解。在 6.1.2 小节中已具体说明了邻域搜索的过程，在此不再赘述。结合带时间窗的生鲜农产品冷链物流配送路径优化问题，下面详细介绍 HPSO 在局部搜索及路径重连时的具体设计。

1）局部搜索

下面提到的车辆容量约束和时间窗的检查分别基于约束条件（6.13）与约束条件（6.16）。车辆容量的检查是确定新路径上顾客的总需求是否超过车辆的容量，其中，时间窗的检查更加复杂，只要原路径中有一个节点发生变化，车辆到达该节点之后的每个节点的时间都会发生变化，这可能导致解不可行。因此，需要检查车辆到达每个节点的时间是否在该节点的时间窗内。本节仍采用顾客移动、顾客交换和 2-opt 三个操作算子进行局部搜索。在三个操作算子部分，其过程与 PSO 相同，但在最后的检查环节，由于本节解决的问题带有时间窗约束，故在每个操作算子的检查部分需在 PSO 基础上增加时间窗检查条件，以确保在顾客交换、顾客移动和 2-opt 操作中新路径既能满足时间窗和容量等约束条件，又能不断优化目标函数。

2）路径重连

6.1.2 小节已经介绍了路径重连的基本思想。它通过在当前解和导向解之间建立路径重连，从而快速获得新解。导向解是从一些更好的解中选择的。新解包含导向解和当前解的某些属性。

在本节算法中，提出了基于路径的路径重连。这意味着将从导向解中选择一条路径进行重连。路径重连将完成以下两个步骤：第一步，从当前解中删除所选路径中的所有顾客。第二步，将所选路径直接加入便获得新解。路径重连示意图可参考图 6.7。第一步，对现有路径做删除操作，不需要考虑容量和时间窗的限制；第二步，路径重连不需要检查车辆容量约束和时间窗约束，这是因为添加到导向解的路径，原本是满足相关约束的，因此这条路径中的客户点没有变化，也不需要容量和时间窗的约束。

3. SA

由于 6.1.2 小节的 PSO 算法在迭代过程中速度慢，在优化过程中容易陷入局部最优，故本节 HPSO 在 PSO 的基础上，引入 SA 算法（Metropolis et al.，1953）。SA 是一种基于 Monte-Carlo 迭代求解解决策略的随机优化算法，利用了物理固体物质的退火过程。SA 从初始温度开始，随着温度不断降低，结合概率跳跃，在解空间中随机寻找目标函数的全局最优解，即局部最优解能够概率性地跳出并最终趋于全局最优，在寻优过程中以一定概率接受劣解。模拟退化的基本步骤如下。

步骤 1：初始化。初始温度 $L = Z(gbest)$，温度冷却参数 $\lambda = 1$，初始解 p，迭代总次数 T，当前迭代次数 $K=0$。

步骤 2：当 $K \leqslant T$ 时，循环步骤 3~步骤 6。

步骤 3：生成新解 p^*。

步骤 4：计算 $\Delta L = Z(p^*) - Z(p)$，其中，$Z(p)$ 是目标函数。

步骤 5：如果 $\Delta L < 0$，则接受 p^* 为新解，否则，生成一个随机数 $\text{rand}( ) \in [0,1]$，如果 $\text{rand}( ) < \exp(-\Delta L / L)$，则接受 p^* 为新解，否则，不接受 p^* 为新解。

步骤 6：如果满足终止条件，则输出当前解，结束。

步骤 7：$L = \lambda L$，转步骤 2。

6.2.3　带时间窗的生鲜农产品冷链物流配送路径优化问题算例分析

为了比较所提出的 HPSO 和 PSO 求解带时间窗的生鲜农产品冷链物流配送路径优化问题的性能，参考 Wang 等（2017）、Marinakis 等（2017）的研究，确定算法参数如下：最大迭代次数设置为 1000，粒子群种群设置为 50，初始温度设置为 100，SA 的迭代次数和温度冷却参数分别设置为 10 和 0.9，结果是通过 10 次随机运行获得的。

1. 测试算例

带时间窗的生鲜农产品冷链物流配送路径优化问题目前没有国际公认算例。我们采用 Reed 等（2014）提出的算例改编方法，将 Solomon（1987）算例改编为带时间窗的生鲜农产品冷链物流配送路径优化问题算例。根据客户位置分布，每组算例分为聚类分布 C 类、分散分布 R 类及部分分散和部分聚类分布 RC 类。根据客户时间窗口大小，将每个类进一步细分为较窄的时间窗口"1"类，以及更宽的时间窗口"2"类。因此，Solomon 实例细分为 $C_1 / C_2 / R_1 / R_2 / \text{RC}_1 / \text{RC}_2$ 六类。在此选取每个类别前四个算例进行测试。

2. 计算结果

PSO 和 HPSO 算法求解结果见表 6.4~表 6.6。3 个表中包括 10 次随机运行得到的最好解、最差解、平均解和标准方差，还包括运行完成 1000 次迭代的平均求解时间。

表 6.4 PSO 和 HPSO 求解 25 个客户点算例之比例

算例	PSO					HPSO					HPSO-PSO				
	最好解	最差解	平均解	标准方差	平均求解时间/秒	最好解	最差解	平均解	标准方差	平均求解时间/秒	最好解	最差解	平均解	标准方差	平均求解时间/秒
C_{101}	191.81	191.81	191.81	0.00	245.24	191.81	191.81	191.81	0.00	318.58	0.00	0.00	0.00	0.00	73.34
C_{102}	190.74	191.81	191.06	0.84	307.14	190.74	191.81	190.95	0.30	328.62	0.00	0.00	−0.11	−0.54	21.48
C_{103}	190.74	198.42	194.81	2.17	209.30	190.74	198.42	194.22	2.56	342.81	0.00	0.00	−0.59	0.39	133.51
C_{104}	190.74	191.92	190.97	0.31	278.24	190.74	195.22	191.48	1.56	225.59	0.00	3.30	0.51	1.25	−52.65
C_{201}	215.54	215.54	215.54	0.00	176.75	215.54	215.54	215.54	0.00	324.96	0.00	0.00	0.00	0.00	148.21
C_{202}	223.31	223.31	223.31	0.00	153.29	223.31	223.31	223.31	0.00	277.50	0.00	0.00	0.00	0.00	124.21
C_{203}	223.31	223.31	223.31	0.00	163.82	223.31	224.97	223.48	0.15	294.32	0.00	1.66	0.17	0.15	130.50
C_{204}	223.35	232.63	225.12	3.37	162.28	223.35	232.83	225.92	3.78	300.46	0.00	0.20	0.80	0.41	138.18
R_{101}	618.33	627.13	621.91	3.92	305.59	618.33	619.17	618.41	0.13	330.14	0.00	−7.96	−3.50	−3.79	24.55
R_{102}	548.11	551.93	549.14	1.15	272.03	548.11	557.12	549.01	2.68	308.24	0.00	5.19	−0.13	1.53	36.21
R_{103}	455.70	464.83	460.26	4.48	257.46	455.70	466.05	459.47	4.66	279.81	0.00	1.22	−0.79	0.18	22.35
R_{104}	417.96	423.49	419.07	2.50	224.15	417.96	441.68	424.62	9.64	253.40	0.00	18.19	5.55	7.14	29.25
R_{201}	506.52	533.91	524.79	8.27	205.84	464.38	529.78	490.34	21.21	245.64	−42.14	−4.13	−34.45	12.94	39.80
R_{202}	415.31	444.87	424.73	7.16	200.16	412.18	429.05	417.17	6.06	236.51	−3.13	−15.82	−7.56	1.10	36.35
R_{203}	403.40	427.27	415.56	7.74	195.38	394.70	430.10	408.63	10.84	224.67	−8.70	2.83	−6.93	3.10	29.29
R_{204}	367.49	389.44	371.79	7.22	181.07	360.48	374.68	366.59	4.55	212.87	−7.01	−14.76	−5.20	−2.67	31.80
RC_{101}	515.03	537.49	534.16	6.65	306.23	462.16	476.96	474.00	5.64	296.59	−52.87	−60.53	−60.16	−1.01	−9.64

续表

算例	PSO					HPSO					HPSO-PSO				
	最好解	最差解	平均解	标准方差	平均求解时间/秒	最好解	最差解	平均解	标准方差	平均求解时间/秒	最好解	最差解	平均解	标准方差	平均求解时间/秒
RC_{102}	451.54	451.74	451.56	0.18	318.52	401.79	451.54	436.62	22.91	289.17	-49.75	-0.20	-14.94	22.73	-29.35
RC_{103}	388.17	389.65	388.46	0.15	290.98	388.17	389.65	388.32	0.10	250.52	0.00	0.00	-0.14	-0.05	-40.46
RC_{104}	362.36	362.67	362.40	0.12	291.07	361.61	362.36	361.91	0.29	261.76	-0.75	-0.31	-0.49	0.17	-29.31
RC_{201}	361.24	361.24	361.24	0.00	251.87	361.24	361.24	361.24	0.00	331.90	0.00	0.00	0.00	0.00	80.03
RC_{202}	376.12	413.40	379.85	11.07	221.80	376.12	413.40	383.57	14.79	268.60	0.00	0.00	3.72	3.72	46.80
RC_{203}	328.44	366.71	352.72	14.40	259.02	328.44	360.09	350.01	11.96	292.84	0.00	-6.62	-2.71	-2.44	33.82
RC_{204}	329.89	329.89	329.89	0.00	170.49	329.89	329.89	329.89	0.00	251.46	0.00	0.00	0.00	0.00	80.97

表 6.5　PSO 和 HPSO 求解 50 个客户点算例之比较

算例	PSO					HPSO					HPSO-PSO				
	最好解	最差解	平均解	标准方差	平均求解时间/秒	最好解	最差解	平均解	标准方差	平均求解时间/秒	最好解	最差解	平均解	标准方差	平均求解时间/秒
C_{101}	418.42	418.42	418.42	0.00	364.35	418.42	419.19	418.50	0.16	423.44	0.00	0.77	0.08	0.16	59.09
C_{102}	418.11	430.02	421.33	4.78	531.23	417.34	431.41	420.58	5.01	431.88	-0.77	1.39	-0.75	0.23	-99.35
C_{103}	416.88	434.63	420.46	5.57	519.17	416.06	442.31	424.93	9.82	366.97	-0.82	7.68	4.47	4.25	-152.20
C_{104}	360.51	427.72	390.95	26.57	505.19	360.83	461.17	408.86	27.25	497.35	0.32	33.45	17.91	0.68	-7.84
C_{201}	373.55	388.14	379.90	6.77	477.27	373.55	388.14	376.92	5.73	299.21	0.00	0.00	-2.98	-1.04	-178.06
C_{202}	388.52	441.26	418.05	24.35	433.89	366.78	388.52	372.64	8.18	285.46	-21.74	-52.74	-45.41	-16.17	-148.43
C_{203}	366.82	374.18	370.93	2.98	435.99	371.81	376.90	372.56	1.53	286.56	4.99	2.72	1.63	-1.45	-149.43

续表

算例	PSO					HPSO					HPSO-PSO				
	最好解	最差解	平均解	标准方差	平均求解时间/秒	最好解	最差解	平均解	标准方差	平均求解时间/秒	最好解	最差解	平均解	标准方差	平均求解时间/秒
C_{204}	365.86	411.77	379.21	12.64	430.57	365.86	401.50	375.24	10.49	283.64	0.00	-10.27	-3.97	-2.15	-146.93
R_{101}	1048.04	1057.54	1052.98	3.08	593.75	1046.70	1066.76	1053.24	5.32	478.43	-1.34	9.22	0.26	2.24	-115.32
R_{102}	912.24	924.37	916.17	3.82	641.80	911.44	997.17	923.96	25.57	443.21	-0.80	72.80	7.79	21.75	-198.59
R_{103}	783.45	798.88	786.35	4.36	519.69	775.65	820.08	784.89	12.41	407.66	-7.80	21.20	-1.46	8.05	-112.03
R_{104}	651.45	657.72	653.48	2.01	189.83	642.13	661.44	647.68	7.66	410.39	-9.32	3.72	-5.80	5.65	220.56
R_{201}	802.07	845.03	816.50	10.88	391.37	808.53	854.37	823.74	12.92	389.26	6.46	9.34	7.24	2.04	-2.11
R_{202}	714.19	772.25	735.30	14.52	385.42	714.19	771.23	736.59	18.50	344.50	0.00	-1.02	1.29	3.98	-40.92
R_{203}	615.08	673.72	647.06	21.18	354.84	620.59	675.02	639.52	16.54	452.96	5.51	1.30	-7.54	-4.64	98.12
R_{204}	511.40	546.25	519.35	12.91	315.28	515.12	544.80	527.90	10.69	390.42	3.72	-1.45	8.55	-2.22	75.14
RC_{101}	968.80	982.97	976.81	3.44	615.51	958.59	973.79	965.57	6.03	440.11	-10.21	-9.18	-11.24	2.59	-175.40
RC_{102}	887.07	904.79	894.27	4.84	545.13	886.47	901.82	891.44	4.66	422.86	-0.60	-2.97	-2.83	-0.18	-122.27
RC_{103}	833.68	844.12	836.85	3.74	535.04	823.98	972.06	846.46	42.64	406.89	-9.70	127.94	9.61	38.90	-128.15
RC_{104}	646.09	688.60	675.40	10.78	371.55	639.28	719.64	672.29	21.04	376.56	-6.81	31.04	-3.11	10.26	5.01
RC_{201}	686.31	764.68	725.55	39.00	493.88	686.31	756.72	693.35	21.00	340.85	0.00	-7.96	-32.20	-18.00	-153.03
RC_{202}	684.20	781.68	708.43	28.90	522.23	615.04	725.06	643.61	35.44	328.94	-69.16	-56.62	-64.82	6.54	-193.29
RC_{203}	596.01	696.43	650.48	43.59	399.84	559.68	675.21	600.77	33.79	319.58	-36.33	-21.22	-49.71	-9.80	-80.26
RC_{204}	516.81	523.66	521.38	2.22	331.35	471.82	521.21	481.36	19.18	300.20	-44.99	-2.45	-40.02	16.96	-31.15

表 6.6　PSO 和 HPSO 求解 100 个客户点算例之比较

算例	PSO					HPSO					HPSO-PSO				
	最好解	最差解	平均解	标准方差	平均求解时间/秒	最好解	最差解	平均解	标准方差	平均求解时间/秒	最好解	最差解	平均解	标准方差	平均求解时间/秒
C_{101}	956.49	980.57	968.11	8.50	1011.05	944.32	1008.16	960.38	18.31	805.29	-12.17	27.59	-7.73	9.81	-205.76
C_{102}	952.65	981.06	962.20	10.38	980.63	952.65	1014.79	968.78	16.03	753.60	0.00	33.73	6.58	5.65	-227.03
C_{103}	963.26	1017.97	972.23	16.35	957.16	963.26	1046.89	979.34	25.90	732.16	0.00	28.92	7.11	9.55	-225.00
C_{104}	941.07	966.45	948.97	7.13	912.60	934.46	978.39	947.91	13.78	702.99	-6.61	11.94	-1.06	6.65	-209.61
C_{201}	609.22	610.89	609.39	0.12	822.80	609.22	610.89	609.73	0.23	657.06	0.00	0.00	0.34	0.11	-165.74
C_{202}	640.24	675.27	646.58	12.69	826.13	591.56	672.37	634.30	27.96	639.72	-48.68	-2.90	-12.28	15.27	-186.41
C_{203}	630.99	736.57	662.20	34.91	776.06	605.21	748.91	665.37	42.40	626.05	-25.78	12.34	3.17	7.49	-150.01
C_{204}	671.22	712.90	687.72	13.59	758.56	666.75	762.20	687.81	29.86	599.68	-4.47	49.30	0.09	16.27	-158.88
R_{101}	1660.63	1715.88	1684.46	18.79	1272.79	1692.29	1916.84	1733.48	64.62	1032.37	31.66	200.96	49.02	45.83	-240.42
R_{102}	1526.03	1569.85	1535.68	13.23	1205.03	1541.15	1796.69	1574.51	76.13	973.87	15.12	226.84	38.83	62.90	-231.16
R_{103}	1288.22	1314.70	1295.57	7.24	1087.65	1255.60	1421.54	1316.38	54.03	866.33	-32.62	106.84	20.81	46.79	-221.32
R_{104}	1052.25	1058.86	1055.96	2.41	994.93	1036.32	1093.27	1049.42	19.29	799.24	-15.93	34.41	-6.54	16.88	-195.69
R_{201}	1175.71	1254.02	1211.01	19.91	843.12	1191.36	1282.87	1211.55	27.18	679.68	15.65	28.85	0.54	7.27	-163.44
R_{202}	1106.84	1189.07	1124.96	23.06	817.23	1084.14	1160.48	1104.07	22.31	675.69	-22.70	-28.59	-20.89	-0.75	-141.54
R_{203}	921.28	947.90	927.49	8.11	781.06	902.62	993.83	920.46	26.32	641.54	-18.66	45.93	-7.03	18.21	-139.52
R_{204}	782.75	855.47	823.57	24.49	768.46	797.09	858.06	809.45	18.25	619.19	14.34	2.59	-14.12	-6.24	-149.27
RC_{101}	1711.29	1823.66	1745.00	37.12	877.45	1702.69	1817.71	1734.31	32.62	957.71	-8.60	-5.95	-10.69	-4.50	80.26

算例	PSO					HPSO					HPSO-PSO				
	最好解	最差解	平均解	标准方差	平均求解时间/秒	最好解	最差解	平均解	标准方差	平均求解时间/秒	最好解	最差解	平均解	标准方差	平均求解时间/秒
RC$_{102}$	1572.96	1655.62	1596.55	20.73	914.41	1581.29	1762.09	1635.07	47.29	921.41	8.33	106.47	38.52	26.56	7.00
RC$_{103}$	1363.25	1497.43	1430.34	34.38	756.43	1376.89	1594.12	1445.86	62.37	850.37	13.64	96.69	15.52	27.99	93.94
RC$_{104}$	1244.43	1336.93	1286.16	29.79	701.04	1229.81	1347.32	1268.14	37.26	789.13	-14.62	10.39	-18.02	7.47	88.09
RC$_{201}$	1311.41	1463.03	1359.92	41.07	810.28	1282.35	1519.85	1344.57	80.19	655.43	-29.06	56.82	-15.35	39.12	-154.85
RC$_{202}$	1163.48	1327.96	1204.64	50.26	620.58	1108.01	1292.33	1150.00	55.70	768.26	-55.47	-35.63	-54.64	5.44	147.68
RC$_{203}$	980.71	1135.07	1031.19	50.80	626.83	1014.43	1162.27	1040.02	42.56	661.75	33.72	27.20	8.83	-8.24	34.92
RC$_{204}$	854.84	897.54	871.27	11.97	738.65	834.73	917.86	851.42	23.96	568.79	-20.11	20.32	-19.85	11.99	-169.86

　　表 6.4 显示，针对 25 个客户的小规模算例 PSO 和 HPSO 都能在相对较短的时间内求得相对满意解。特别对于 C_{101} / C_{201} / C_{202} / RC_{201} / RC_{204}，两种算法随机运行 10 次都能得到最好解。从最好解的角度来看，在 24 个算例中，两种算法得到了 17 个相同解，HPSO 在其余 7 个算例中优于 PSO。从最差解的角度来看，在 24 个算例中，两种算法得到了 9 个相同解，HPSO 在其余 15 个算例中的 8 个算例中优于 PSO。从平均解的角度来看，在 24 个算例中，两种算法得到了 5 个相同解，HPSO 在其余 19 个算例中有 14 个优于 PSO。从标准方差的角度来看，在 24 个算例中，两种算法得到了 5 个相同解，HPS 在其余 19 个算例中有 7 个实例的解优于 PSO。另外，从平均求解时间的角度来看，在 24 个算例中，HPSO 有 5 个比 PSO 更高效。因此，对于 25 个客户的小规模算例，HPSO 在最优解和平均解方面优于 PSO，但在标准方差和求解时间方面，PSO 优于 HPSO。

　　表 6.5 显示，虽然算例中的客户点数从 25 个增加到 50 个，但 PSO 和 HPSO 算法仍可在相对较短的时间内获得相对满意解。例如，C_{101} / C_{201} / C_{204} / R_{202} / RC_{201}，两种算法都求得了最好解，而对于其余 19 个算例中的 14 个，HPSO 的求解结果优于 PSO。然而，从最差解的角度来看，HPSO 有 13 个算例的表现劣于 PSO。从平均解的角度来看，HPSO 有 14 个算例优于 PSO。从标准方差的角度来看，PSO 有 15 个算例优于 HPSO。此外，就平均求解时间而言，HPSO 有 19 个算例优于 PSO。因此，对于 50 个客户的中等规模算例来说，HPSO 在最好解、平均解和平均求解时间方面优于 PSO，但在最差解、标准方差方面劣于 PSO。

　　表 6.6 显示，对于 100 个客户的大规模算例，这两种算法仍然可以在合理的时间内求解出满意解。从最好解的角度来看，两种算法有 3 个算例得到了相同解，在其余 21 个实例中，HPSO 有 14 个算例的求解结果优于 PSO。从最差解的角度来看，PSO 有 19 个算例的求解结果优于 HPSO。从平均解的角度来看，HPSO 有 12 个算例优于 PSO。从标准方差的角度来看，HPSO 仅有 4 个算例比 PSO 优。在平均求解时间方面，HPSO 有 18 个算例比 PSO 效率更高。因此，对于大规模算例，HPSO 在获得的最好解和平均求解时间方面具有整体优势，但在最差解和标准方差方面仍有待改进。

　　取 25 个客户中 17 个具有相同最好解的算例进一步分析 PSO 和 HPSO 的求解效果，如表 6.7 所示。"#B" 列代表在 10 次随机运行中获得最好解的次数，"总迭代次数"列表示在每次运行 "#B" 时获得最好解时的第一次迭代的总和。"平均迭代次数"列表示获得最好解的平均迭代次数。表 6.7 显示，对于这 17 个算例，尽管 PSO 和 HPSO 在 10 次随机运行中求得相同的最好解，但 HPSO 在 10 次运行中的 8 次中获得了最好解，而 PSO 平均值在 10 次运行中获得了 7 次。此外，PSO 平均值在 181 次迭代中找到首个最好解，而 HPSO 155 次迭代就找到它。因此，对于具有相同最佳解决方案的算例,HPSO 在获得最好解的运行次数和获得最好解的平均迭代次数方面仍然优于 PSO。请注意,从表 6.5 和表 6.6 可以看出,对于 50 个客户算例和 100 个客户算例,HPSO 的最好解总体上比 PSO 好得多。因此,对于 50 位客户和 100 位客户算例中具有相同最好解的少数算例,不再进行进一步比较。

表 6.7   PSO 和 HPSO 比较中 17 种算例具有相同的最佳解决方案

算例	PSO			HPSO		
	#B	总迭代次数/次	平均迭代次数/次	#B	总迭代次数/次	平均迭代次数/次
C_{101}	10	10	1	10	10	1
C_{102}	7	240	34	8	266	33
C_{103}	1	625	625	3	883	294
C_{104}	8	2623	328	6	1166	194
C_{201}	10	10	1	10	43	4
C_{202}	10	10	1	10	10	1
C_{203}	10	2991	299	9	1876	208
C_{204}	7	546	78	7	730	104
R_{101}	3	1298	433	9	2009	223
R_{102}	7	2682	383	9	2403	267
R_{103}	5	876	175	6	2434	406
R_{104}	8	2311	289	6	1069	178
RC_{103}	8	1699	212	9	816	91
RC_{201}	10	232	23	10	311	31
RC_{202}	9	345	38	8	191	24
RC_{203}	1	106	106	1	519	519
RC_{204}	10	593	59	10	556	56
平均值	7		181	8		155

6.3   考虑碳排放的生鲜农产品冷链物流配送路径优化

近年来,有关节能减排的国际会议相继召开,温室气体减排成为世界各国越来越关注的热点问题。Piecyk 和 McKinnon（2010）研究指出交通运输占全球碳排放的 14%，且道路碳排放占整个运输部门碳排放的 70%。生鲜农产品冷链物流因其运输特性，会排放大量的二氧化碳。现有研究大多数基于碳排放的经典路径优化及其拓展，但考虑碳排放和冷链的研究较少，虽然部分学者对考虑碳排放的生鲜农产品冷链物流展开了相关研究，但在配送路径优化研究中，忽略了客户的需求多样性及不同产品对温度的要求不同的特点。现有关于碳排放的生鲜农产品冷链物流研究问题大多基于单车厢，缺乏对多隔室车辆配送路径优化的研究。因此，本节将研究碳排放影响下的生鲜农产品冷链物流配送路径优化问题。

为求解本节问题，设计了一种改进的 VNS 算法。VNS 算法作为一种启发式算法，最早由 Mladenović 和 Hansen（1997）提出，VNS 的基本思路是在搜索过程中系统地改变邻域结构，以扩大搜索范围并且有效避免陷入局部最优。受到 VNS 在车辆路径问题中成功应用的启发，将路径重连思想引入 VNS 中，以更优解决生鲜农产品冷链物流配送路径优化问题。

6.3.1　考虑碳排放的生鲜农产品冷链物流配送路径优化问题描述与建模

1. 问题描述

考虑碳排放的生鲜农产品冷链物流配送路径优化问题可描述如下（Chen et al.，2020）：在某一配送区域内，有一个配送中心和多个客户点，配送中心有多个同质车辆，每辆车有容量大小固定的多个隔室，不同隔室的容量可以不同，每个客户有多种需求，不同产品需放在不同隔室中进行配送，同时每个客户点的需求需在一次配送中满足，假设配送中心与客户点之间距离已知，客户需求在车辆配送前已确定，车辆从配送中心出发并最终回到配送中心，车辆行驶成本与行驶距离有关，需求解的问题是，在满足每个隔室容量约束和客户点时间窗约束条件下确定车辆配送路径，使包括固定成本、行驶成本、制冷成本和碳排放成本的总成本最小。

2. 符号说明

符号说明参见表 6.3，此处补充有关碳排放的相关参数及决策变量，具体如表 6.8 所示。

表 6.8   模型符号

符号	描述
参数	
r_{ij}	车辆从节点 i 到节点 j 之间的距离
FC	固定成本
TC	行驶成本
RC	制冷成本
CC	碳排放成本
决策变量	
x_{ijk}	若节点 i 在节点 j 之前被车 k 访问，则为 1，否则为 0
u_{ijkp}	若产品 p 装在车辆 k 中并经过边 (i,j)，则为 1，否则为 0

3. 考虑碳排放费用的成本分析

总成本包括固定成本、行驶成本、制冷成本及碳排放成本。

1）固定成本（FC）

车辆的固定成本通常是恒定的，与客户数量和配送距离无关。主要包括折旧费或租金、配送员薪资人工成本等。固定成本可按式（6.17）计算：

$$FC = w_1 \sum_{k \in K} \sum_{j \in N'} x_{0jk} \qquad (6.17)$$

其中，w_1 为每辆车的固定成本；x_{0jk} 为决策变量。如果车 k 从配送中心出发，为节点 j 提供配送服务，则 $x_{0jk} = 1$，否则为 0。

2）行驶成本（TC）

行驶成本是指每辆车在配送活动中产生的可变成本，主要包括油耗、维修和其他费用。主要影响因素有距离、冷藏能力和排量、驾驶员水平等。为了简化问题，只考虑距离对行驶成本的影响。车辆的行驶成本通常与车辆行驶距离成正比。行驶成本可按式（6.18）计算：

$$TC = w_2 \sum_{k \in K} \sum_{(i,j) \in A} r_{ij} x_{ijk} \qquad (6.18)$$

其中，w_2 为车辆单位距离的行驶成本；r_{ij} 为从节点 i 到节点 j 的距离；x_{ijk} 为决策变量，如果节点 i 在节点 j 之前被车 k 访问，则 $x_{ijk} = 1$，否则为 0。

3）制冷成本（RC）

制冷成本是指制冷的能源及制冷设备费用。制冷成本包括三部分：运输时（RC_1）、等待时（RC_2）和服务时（RC_3）的费用。RC_1 和 RC_2 为隔室保持低温产生的制冷成本。在服务期间，当车门打开时，室外温度突然升高，为保持隔室温度不变而产生制冷成本 RC_3。制冷成本可按式（6.19）计算（Zhang et al., 2019）：

$$RC = RC_1 + RC_2 + RC_3 \qquad (6.19)$$

其中，

$$RC_1 = w_{31} \sum_{k \in K} \sum_{i \in N} \sum_{j \in N} x_{ijk} t_{ij}$$

$$RC_2 = w_{31} \sum_{k \in K} \sum_{j \in N'} \sum_{i \in N} \max\left(\left(e_j - \left(b_i + s_i + t_{ij}\right)\right) x_{ijk}, 0\right)$$

$$RC_3 = w_{32} \sum_{i \in N'} s_i$$

其中，w_{31} 为在运输途中和等待时的单位时间制冷成本；w_{32} 为在卸货过程中的单位时间制冷成本。

4）碳排放成本（CC）

通常，计算物流的碳排放成本主要有两种方法：碳税和碳交易机制。其中，碳税方法比较直观，计算方便，即物流的碳排放成本等于碳税率乘以碳排放总量。在此采用碳税方法来计算冷藏车辆的碳排放成本。碳排放成本包括燃料和制冷剂消耗产生的碳排放。燃料消耗与车辆负载和行驶距离有关，制冷剂消耗与时间有关。单位距离负载的燃料消耗可按式（6.20）计算（Chen et al., 2019）：

$$F_{ij} = F_0 + \frac{F^* - F_0}{\sum_{p \in P} Q_p} \sum_{p \in P} \sum_{k \in K} u_{ijkp} \qquad (6.20)$$

其中，F_0 为没有负载时单位距离的燃料消耗；F^* 为满载时单位距离的燃料消耗。

碳排放成本包括三个部分：车辆运营时（CC_1）、车辆运输和等待过程中的制冷设备（CC_2）、车辆卸货过程中的制冷设备（CC_3）。卸载前后的平均负载作为卸载过程中的车辆负载。碳排放成本可按式（6.21）计算：

$$CC = CC_1 + CC_2 + CC_3 \qquad (6.21)$$

其中，

$$CC_1 = w_4 \sum_{k \in K} \sum_{(i,j) \in A} e F_{ij} r_{ij} x_{ijk}$$

$$CC_2 = w_4 \sum_{k \in K} \sum_{j \in N'} \sum_{i \in N} e E_1 \left(\sum_{p \in P} u_{ijkp}\right)\left(t_{ij} + \sum_{h \in N} \max\left(\left(e_j - \left(b_h + s_h + t_{hj}\right)\right) x_{hjk}, 0\right)\right)$$

$$CC_3 = w_4 \sum_{k \in K} \sum_{j \in N'} \sum_{i \in N} e E_2 \left(\sum_{p \in P}\left(u_{ijkp} - \frac{d_{jp}}{2}\right) x_{ijk}\right) s_j$$

其中，w_4 为单位碳税；e 为排放系数；E_1 为制冷设备在运输和等待时单位负载及单位时间的燃料消耗；E_2 为单位负载的燃料消耗和制冷设备在卸货过程中单位负载及单位时间的燃料消耗。

4. 模型建立

生鲜农产品冷链物流配送路径优化的数学模型如下：

$$\text{Min } Z = FC + TC + RC + CC \tag{6.22}$$

约束条件：

$$\sum_{k \in K} \sum_{i \in N} x_{ijk} = 1, \quad \forall j \in N' \tag{6.23}$$

$$\sum_{i \in N} x_{ijk} = \sum_{h \in N} x_{jhk}, \quad \forall j \in N, \ \forall k \in K \tag{6.24}$$

$$\sum_{j \in N'} \sum_{i \in N} d_{jp} x_{ijk} \leqslant Q_P, \quad \forall p \in P, \ \forall k \in K \tag{6.25}$$

$$\sum_{i \in N} u_{ijkp} x_{ijk} = \sum_{h \in N} \left(u_{jhkp} + d_{jp} \right) x_{jhk}, \quad \forall j \in N', \ \forall p \in P, \ \forall k \in K \tag{6.26}$$

$$\left(b_i + s_i + t_{ij} \right) x_{ijk} \leqslant b_j, \quad \forall i \in N, \ \forall j \in N, \ \forall k \in K \tag{6.27}$$

$$e_i \leqslant b_i \leqslant l_i, \quad \forall i \in N \tag{6.28}$$

$$\sum_{j \in S} \sum_{i \in S} x_{ijk} \leqslant |S| - 1, \quad S \subseteq N', \ \forall k \in K \tag{6.29}$$

$$x_{ijk} \in \{0,1\}, \quad \forall (i,j) \in A, \ \forall k \in K \tag{6.30}$$

$$u_{ijkp} \geqslant 0, \quad \forall (i,j) \in A, \ \forall p \in P, \ \forall k \in K \tag{6.31}$$

$$b_i \geqslant 0, \quad \forall i \in N \tag{6.32}$$

在上述模型中，目标函数由四部分构成，其中，第一部分表示固定成本，第二部分表示行驶成本，第三部分表示制冷成本，第四部分表示碳排放成本。约束（6.23）表示每个客户只能被一辆车访问且仅被访问一次。约束（6.24）表示车辆到达某客户后必须离开该客户；如果车辆离开配送中心，则必须回到配送中心。约束（6.25）表示隔室的容量限制。约束（6.26）表示车辆到达客户节点时的负载等于离开客户节点时的负载加上客户的需求。约束（6.27）确保下一个节点的开始服务时间不能早于上一个节点的开始服务时间加上上一个节点的服务时间及从上一个节点到下一个节点的行驶时间。约束（6.28）表示必须在给定时间窗内为客户提供服务。约束（6.29）表示子回路消除。约束（6.30）~约束（6.32）表示模型中变量的定义域。

6.3.2　考虑碳排放的生鲜农产品冷链物流配送路径优化问题求解算法设计

VNS 的基本思想是通过系统改变邻域，从一个解跳到另一个解，不断改善现有解，以得到更好的解。与禁忌搜索、SA 等传统的元启发式算法相比，VNS 不但结构简单、容易实现，而且与求解问题无关，适用于各种优化问题。为了提高求解效果，在基本 VNS 的框架下，在其抖动阶段，引入路径重连策略；在其邻域搜索阶段，采用路径内和路径间的交换、移动、2-opt 算子来实现。VNS 的邻域结构如表 6.9 所示。

表 6.9　VNS 的邻域结构

步骤	符号	操作
抖动	SN_1	以局部最好解为导向解的路径重连
	SN_2	以全局最好解为导向解的路径重连
邻域搜索	LN_1	交换
	LN_2	移动
	LN_3	2-opt

改进 VNS 算法的伪代码如算法 6.1 所示。

算法 6.1　改进变邻域搜索算法

1. 生成初始解 x
2. 定义抖动算子 SN_k（$k=1,2$）和邻域搜索算子 LN_l（$l=1,2,3$）
3. 当未达到终止条件时，执行：
4. 　　令 $k=1$
5. 　　当 $k \leqslant 2$ 时，执行：
6. 　　　　抖动算子 $SN_k(x)$ 生成 x'
7. 　　　　令 $l=1$
8. 　　　　当 $l \leqslant 3$ 时，执行：
9. 　　　　　　邻域搜索算子 $LN_l(x')$ 生成 x''
10. 　　　　　　如果 $Z(x_i'') < Z(x_i')$，其中 $Z(\ )$ 为目标函数，则：
11. 　　　　　　　　令 $x_i' = x_i''$
12. 　　　　　　　　$l=1$
13. 　　　　　　否则：
14. 　　　　　　　　$l=l+1$
15. 　　　　如果 $Z(x_i') < Z(x_i)$，则：
16. 　　　　　　令 $x_i = x_i'$
17. 　　　　　　令 $k=1$
18. 　　　　否则：
19. 　　　　　　令 $k=k+1$
20. 结束

1. 编码和解码

使用自然数编码方式对染色体进行编码。每个染色体是一个完整的 $1 \sim n$ 排列，其中，n 代表客户的数量。将满足车辆隔室容量约束和节点时间窗约束的节点，作为路径中的客户节点，并在客户链开头和末尾添加 0 以形成路径。例如，有 10 个客户，一条染色体是 8 1 6 7 2 10 3 5 9 4。假设根据容量和时间窗的约束，客户 8、客户 1 和客户 6 在路径 1，客户 7、客户 2、客户 10 和客户 3 在路径 2，客户 5、客户 9 和客户 4 在路径 3。染色体的解码方法可采用上述方法，即路径 1：$0 \rightarrow 8 \rightarrow 1 \rightarrow 6 \rightarrow 0$、路径 2：$0 \rightarrow 7 \rightarrow 2 \rightarrow 10 \rightarrow 3 \rightarrow 0$、路径 3：$0 \rightarrow 5 \rightarrow 9 \rightarrow 4 \rightarrow 0$。

2. 初始解生成

参考 6.1 节中初始解生成的两个步骤，但此处在判断能否将客户添加到当前路径时，需同时考虑隔室容量和时间窗约束。根据式（6.27）和式（6.30），当扫描遇到未处理的客户时，式（6.27）和式（6.30）可以从两个方面判断是否能够将客户添加到当前路径：如果不违反隔室容量约束和时间窗约束，则使用贪婪算法将未处理的客户插入当前路径。更新当前路径并更新客户状态为已处理。循环上述步骤，直到所有客户状态为已处理。

3. 抖动

抖动是 VNS 的关键阶段。它可以改变搜索的方向，实现搜索空间多样化，避免陷入局部最优，将路径重连用于抖动阶段。路径重连思想见 6.1 节。其中，导向解的选择至关重要，受 PSO 算法的启发，本节采用个体最好解和种群最好解作为导向解。移动为路径重连的另一个重要部分，因为移动决定了导向解中的哪些属性引入当前解中。属性包括解中的节点、边和路径，新解共享当前解和导向解中的一些属性。本节与 6.2 节相同，将解的路径视为路径重连的属性。抖动的伪代码在算法 6.2 中描述。

算法 6.2　抖动

1. **输入**：当前解 x，个体最好解 x_{pbest}，种群最好解 x_{gbest}，抖动算子序号 k

2. 根据序号 k 选择抖动算子：

3. 　　当 $k = 1$ 时：

4. 　　　　以个体最好解 x_{pbest} 为导向解执行路径重连生成 x'

5. 　　当 $k = 2$ 时：

6. 　　　　以种群最好解 x_{gbest} 为导向解执行路径重连生成 x'

7. **输出**：x'

4. 邻域搜索

邻域搜索是算法设计的重要组成部分，在生鲜农产品冷链物流中 VNS 的每次迭代，都会应用一系列邻域操作来生成新的解。在此考虑三个邻域操作：交换、移动和 2-opt（见 6.1 节）。邻域搜索的伪代码如算法 6.3 所示。

算法 6.3　邻域搜索

1. **输入**：抖动解 x'，邻域搜索算子序号 l

2. 根据序号 l 选择邻域搜索算子：

3.　　当 $l = 1$ 时：

4.　　　　使用交换操作对抖动解 x' 进行邻域搜索生成 x''

5.　　当 $l = 2$ 时：

6.　　　　使用移动操作对抖动解 x' 进行邻域搜索生成 x''

7.　　当 $l = 3$ 时：

8.　　　　使用 2-opt 操作对抖动解 x' 进行邻域搜索生成 x''

9. **输出**：x''

这三个操作可以应用于同一路径或不同路径之间。这两种情况的主要区别在于，前者不需要判断隔室容量约束，而后者则需要判断隔室容量约束。交换、移动操作参考 6.1 节，2-opt 操作参见 6.2 节。

6.3.3　考虑碳排放的生鲜农产品冷链物流配送路径优化问题算例分析

对于上述 VNS 算法，在此使用 Microsoft Visual Studio 2017 编程，并在 Intel（R）Core（TM）i7-8750hCPU@2.20GHz p 环境下运行。调整算法参数，将 VRPTW 标准算例（见 6.2 节）的结果、生鲜农产品冷链物流调整算例（见 6.2 节）的结果及实际算例的结果与现有文献中算法的结果进行对比。

1. 实际算例

对于现实情况，采用生鲜农产品冷链物流业内领先的零售公司的配送业务数据。表 6.10 显示了 40 千米内 20 家门店的相关数据，包括配送中心和每家商店、产品需求、时间窗和服务时间。需注意，为了简化，纬度和经度也转换为 X / Y 坐标。此外，配送中心为该地区配备了 10 辆车，每辆车的最大载重为 9 吨。配送中心的开放时间为上午 5：00。

表 6.10 配送中心及 20 个客户相关数据

序号	经度	纬度	X 坐标	Y 坐标	需求/吨	最早开始接受服务的时间	最晚开始接受服务的时间	服务时间/分钟
0	122.02	37.07	0.00	0.00		5：00	12：00	
1	122.06	36.94	5.09	−14.05	1.5	6：00	8：00	20
2	122.07	37.20	5.64	13.55	0.5	7：30	9：00	10
3	121.83	37.10	−16.64	1.99	1.5	6：00	8：00	30
4	122.10	37.22	9.12	15.22	1.5	6：30	8：20	25
5	122.07	37.25	5.39	18.82	2	6：40	8：30	30
6	121.90	37.05	−10.40	−1.83	2	7：00	9：00	30
7	122.08	37.18	6.89	11.60	1.8	7：20	9：00	30
8	122.08	37.20	6.62	13.28	1	7：30	9：00	20
9	122.18	37.03	14.70	−4.28	1	7：00	8：30	25
10	122.11	37.10	8.63	2.50	1	7：30	9：30	20
11	122.08	37.18	6.86	11.63	1	7：30	9：30	20
12	122.26	37.19	22.37	10.95	0.5	7：30	9：00	15
13	122.07	37.20	5.88	15.05	0.5	7：30	9：30	15
14	122.04	37.19	2.03	13.14	1.5	7：30	9：00	20
15	122.07	37.20	5.71	13.74	2	6：50	8：30	40
16	122.04	37.21	2.79	14.67	1.5	7：00	8：40	15
17	122.03	37.20	1.92	13.65	1.5	7：00	8：40	20
18	122.07	37.20	5.74	13.71	0.5	7：00	9：00	10
19	122.06	37.18	4.87	11.76	2.5	6：30	8：30	40
20	122.10	37.20	9.07	13.37	1	7：50	9：00	20

2. Taguchi-based 参数调优

对于启发式搜索算法，参数的选择对算法的性能有很大的影响。由于 VNS 是一种启发式算法，VNS 的参数根据 Taguchi（Azadeh et al., 2017; Mamaghani et al., 2018）进行调整。在参数调整实验中，应先确定参数及其不同级别。VNS 中的参数为种群规模和迭代次数，它们的不同级别如表 6.11 所示。

表 6.11 用于调整的不同参数级别

因素	级别 1	级别 2	级别 3	级别 4
迭代次数/次	500	800	1000	1200
种群规模	30	50	80	

在 Taguchi 设计实验中，信号与噪声比（signal-to-noise ratio, $S \backslash N$）是稳健性的度量，用于使无法控制的因子（噪声因子）的效应最小化来确认减小产品或过程中的变异性的控制因子。控制因子是可以受到控制的设计和过程参数。噪声因

子在生产或产品使用过程中无法受到控制,但在实验期间可以受到控制。在 Taguchi 设计实验中,对噪声因子进行操作以强制产生变异,然后从结果中找出使过程或产品健壮(即对来自噪声因子的变异具有抵抗力)的最优控制因子设置。$S \backslash N$ 值较大的控制因子设置较优。

Solomon 的 VRPTW 算例 C_1、C_2,R_1、R_2,RC_1、RC_2,使用不同的参数组合随机运行 50 次。根据平均最好解和平均计算时间,得到 Taguchi 设计的 $S \backslash N$ 如图 6.15 和图 6.16 所示。

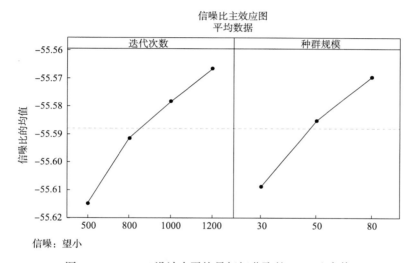

图 6.15　Taguchi 设计中平均最好解获取的 $S \backslash N$ 比率值

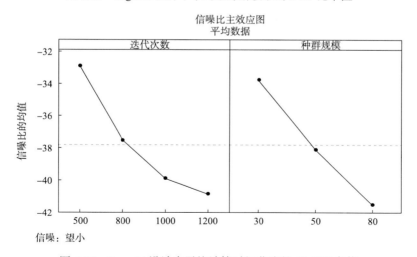

图 6.16　Taguchi 设计中平均计算时间获取的 $S \backslash N$ 比率值

根据 $S \backslash N$ 比率的特点，应采用每个参数的最大值（Mamaghani et al.，2018）。从平均最好解（图 6.15）的角度来看，1200 迭代时间和 80 种群规模是参数的最佳组合。另外，从平均计算时间（图 6.16）来看，500 迭代时间和 30 种群规模是参数的最佳组合。此外，根据图 6.15 和图 6.16 中的 $S \backslash N$ 比率范围，可以看出参数对解的质量的影响不大，但对求解时间的影响很大。因此，选择图 6.15 和图 6.16 中最大 $S \backslash N$ 比率的参数，即种群规模设置为 30，迭代次数设置为 500。

3. 与现有研究的对比

1）标准算例对比

通过求解标准算例，将结果与已知的最好解和 Gong 等（2011）提出的 S-PSO-VRPTW 进行了对比。已知最好解来自网站 http://web.cba.neu.edu/~msolomon/problems.htm。比较结果的详细数据见表 6.12~表 6.14。3 个表中的 GAP 等于算法获得的最好解与已知的最好解之间的差额除以已知最好解。"Δ"是 VNS 和 S-PSO-VRPTW 的结果之间的差额。

表 6.12 客户规模为 50 的 Solomon 算例 R_1 和 R_2 对比

算例	已知最好解		S-PSO-VRPTW			VNS			VNS-（S-PSO-VRPTW）		
	作者	最好解	最好解	平均解	GAP	最好解	平均解	GAP	Δ 最好解	Δ 平均解	Δ GAP
R_{101}	KDMSS	1044	1100.7	1060	5.43%	1046.7	1055.33	0.26%	−54	−4.67	−5.17%
R_{102}	KDMSS	909	923.71	927.13	1.62%	911.44	921.6	0.27%	−12.27	−5.53	−1.35%
R_{103}	KDMSS	772.9	790.17	808.99	2.23%	780.77	810.1	1.02%	−9.4	1.11	−1.21%
R_{104}	KDMSS	625.4	631.58	638.83	0.99%	632.46	656.27	1.13%	0.88	17.44	0.14%
R_{105}	KDMSS	899.3	983.49	933.67	9.36%	934.59	945.84	3.92%	−48.9	12.17	−5.44%
R_{106}	KDMSS	793	865.93	851.17	9.20%	804.08	829.72	1.40%	−61.85	−21.45	−7.80%
R_{107}	KDMSS	711.1	737.1	751.77	3.66%	723.27	740.99	1.71%	−13.83	−10.78	−1.95%
R_{108}	CR+KLM	617.7	624.29	632.73	1.07%	623.54	631.41	0.95%	−0.75	−1.32	−0.12%
R_{109}	KDMSS	786.8	801.97	815.44	1.93%	794.34	798.53	0.96%	−7.63	−16.91	−0.97%
R_{110}	KDMSS	697	720.4	731.79	3.36%	723.98	736.98	3.87%	3.58	5.19	0.51%
R_{111}	CR+KLM	707.2	756.35	722.55	6.95%	713.09	737.39	0.83%	−43.26	14.84	−6.12%
R_{112}	CR+KLM	630.2	638.49	645.75	1.32%	637.71	669.24	1.19%	−0.78	23.49	−0.13%
R_{201}	CR+KLM	791.9	953.29	911.86	20.38%	809.12	829.84	2.17%	−144.17	−82.02	−18.21%
R_{202}	CR+KLM	698.5	815.23	833.9	16.71%	714.19	744.73	2.25%	−101.04	−89.17	−14.46%
R_{203}	IV+C	605.3	668.36	688.84	10.42%	619.77	671.63	2.39%	−48.59	−17.21	−8.03%

续表

算例	已知最好解		S-PSO-VRPTW			VNS			VNS-（S-PSO-VRPTW）		
	作者	最好解	最好解	平均解	GAP	最好解	平均解	GAP	Δ 最好解	Δ 平均解	Δ GAP
R_{204}	IV	506.4	518.57	525.78	2.40%	514.6	516.98	1.62%	−3.97	−8.80	−0.78%
R_{205}	IV+C	690.1	756.38	773.24	9.60%	705.67	739.54	2.26%	−50.71	−33.70	−7.34%
R_{206}	IV+C	632.4	661.55	676.25	4.61%	648.68	689.62	2.57%	−12.87	13.37	−2.04%
R_{207}			593.95	611.04		577.74	612.58		−16.21	1.54	
R_{208}			508.41	518.83		501.18	508.26		−7.23	−10.57	
R_{209}	IV+C	600.6	658.28	671.54	9.60%	617.49	644.94	2.81%	−40.79	−26.60	−6.79%
R_{210}	IV+C	645.6	670.99	682.7	3.93%	659.28	679.71	2.12%	−11.71	−2.99	−1.81%
R_{211}	IV+DLP	535.5	562.74	576.03	5.09%	563.67	601.23	5.26%	0.93	25.20	0.17%
平均			736.61	738.69	6.18%	706.84	729.24	1.95%	−11.71	−9.47	0.33%

表 6.13　客户规模为 50 的 Solomon 算例 C_1 和 C_2 对比

算例	已知最好解		S-PSO-VRPTW			VNS			VNS-（S-PSO-VRPTW）		
	作者	最好解	最好解	平均解	GAP	最好解	平均解	GAP	Δ 最好解	Δ 平均解	Δ GAP
C_{101}	KDMSS	362.4	363.25	363.25	0.23%	363.25	363.25	0.23%	0	0	0
C_{102}	KDMSS	361.4	362.17	373.64	0.21%	362.17	365.65	0.21%	0	−7.99	0
C_{103}	KDMSS	361.4	362.17	368.85	0.21%	362.17	368.27	0.21%	0	−0.58	0
C_{104}	KDMSS	358.0	358.88	362.88	0.25%	358.88	366.56	0.25%	0	3.68	0
C_{105}	KDMSS	362.4	363.25	363.25	0.23%	363.25	363.25	0.23%	0	0	0
C_{106}	KDMSS	362.4	363.25	363.25	0.23%	363.25	363.25	0.23%	0	0	0
C_{107}	KDMSS	362.4	363.25	374.87	0.23%	363.25	363.25	0.23%	0	−11.62	0
C_{108}	KDMSS	362.4	363.25	366.72	0.23%	363.25	364.44	0.23%	0	−2.28	0
C_{109}	KDMSS	362.4	363.25	365.17	0.23%	363.25	368.97	0.23%	0	3.80	0
C_{201}	CR+L	360.2	444.96	444.96	23.53%	361.46	363.46	0.44%	−83.16	−81.50	−23.09%
C_{202}	CR+KLM	360.2	403.81	407.25	12.11%	361.8	400.17	0.44%	−42.01	−7.08	−11.67%
C_{203}	CR+KLM	359.8	402.52	406.71	11.87%	367.42	394.54	2.12%	−35.1	−12.17	−9.75%
C_{204}	KLM	350.1	356.77	364.02	1.91%	370.38	371.64	5.79%	13.61	7.62	3.88%
C_{205}	CR+KLM	359.8	429.12	445.45	19.27%	361.41	372.11	0.45%	−67.71	−73.34	−18.82%
C_{206}	CR+KLM	359.8	412.5	437.66	14.65%	361.41	372.97	0.45%	−51.09	−64.69	−14.20%
C_{207}	CR+KLM	359.6	426.13	444.62	18.50%	361.21	415.08	0.45%	−64.92	−29.54	−18.05%
C_{208}	CR+KLM	350.5	352.29	353.56	0.51%	355.57	386.90	1.45%	3.28	33.34	0.94%
平均			381.81	388.59	6.14%	362.57	374.34	0.80%	−19.24	−14.26	−5.34%

表 6.14　客户规模为 50 的 Solomon 算例 RC₁ 和 RC₂ 的对比

算例	已知最好解		S-PSO-VRPTW			VNS			VNS-（S-PSO-VRPTW）		
	作者	最好解	最好解	平均解	GAP	最好解	平均解	GAP	Δ 最好解	Δ 平均解	Δ GAP
RC_{101}	KDMSS	944	945.58	946.66	0.17%	962.34	968.59	1.94%	16.76	21.93	1.77%
RC_{102}	KDMSS	822.5	823.97	827.89	0.18%	886.47	901.12	7.78%	62.50	73.23	7.60%
RC_{103}	KDMSS	710.9	712.91	714.67	0.28%	755.14	783.93	6.22%	42.23	69.26	5.94%
RC_{104}	KDMSS	545.8	546.51	547.95	0.13%	555.55	607	1.79%	9.04	59.05	1.66%
RC_{105}	KDMSS	855.3	856.97	860.5	0.20%	856.97	898.8	0.20%	0	38.30	0
RC_{106}	KDMSS	723.2	724.65	729.62	0.20%	822.61	853.14	13.75%	97.96	123.52	13.55%
RC_{107}	KDMSS	642.7	645.7	653.54	0.47%	671.59	765.24	4.50%	25.89	111.70	4.03%
RC_{108}	KDMSS	598.1	599.17	613.41	0.18%	599.17	635.48	0.18%	0	22.07	0
RC_{201}	L+KLM	684.8	838.76	855.61	22.48%	686.31	730.9	0.22%	−152.45	−124.71	−22.26%
RC_{202}	IV+C	613.6	867.26	889.5	41.34%	615.04	667.63	0.23%	−252.22	−221.87	−41.11%
RC_{203}	IV+C	555.3	674.44	680.46	21.46%	566.57	681.05	2.03%	−107.87	0.59	−19.43%
RC_{204}	DLP	444.2	479.22	485.44	7.88%	449.32	515.68	1.15%	−29.90	30.24	−6.73%
RC_{205}	IV+C	630.2	765.02	775.99	21.39%	672.98	739	6.79%	−92.04	−36.99	−14.60%
RC_{206}	IV+C	610	755.13	764.65	23.79%	611.7	685.15	0.28%	−143.43	−79.50	−23.51%
RC_{207}	C	558.6	655.81	677.21	17.40%	563.74	600.21	0.92%	−92.07	−77.00	−16.48%
RC_{208}			498.79	518.8		490.81	522.05		−7.98	3.25	0
平均			711.87	721.37	10.50%	672.89	722.19	3.20%	−38.97	0.82	−7.31%

从表 6.12 中可以看出，在求解客户分散的 R_1 和 R_2 算例时，S-PSO-VRPTW 获得的解与已知最好解之间的平均 GAP 为 6.18%，21 个算例中只有 1 个算例的 GAP 小于 1%。VNS 获得的解与已知最好解之间的平均 GPA 仅为 1.95%，在 21 个算例中，有 5 个算例的 GAP 不到 1%。从 VNS-（S-PSO-VRPTW）列中，除 R_{104}、R_{110} 和 R_{211} 外，在其余 20 个算例中 VNS 获得的最好解优于 S-PSO-VRPTW 获得的解。VNS 获得的平均最好解（706.84）小于 S-PSO-VRPTW 获得的平均最好解（736.61）。在 23 个算例中有 14 个算例，VNS 获得的平均解优于 S-PSO-VRPTW 获得的平均解。VNS 获得的平均解（729.24）小于 S-PSO-VRPTW 获得的平均解（738.69）。VNS 的 GPA 比 S-PSO-VRPTW 的 GAP 低 4.23%。总之，VNS 算法在求解客户分散的 R_1 和 R_2 算

例时，在最好解或平均解方面优于 S-PSO-VRPTW。

从表 6.13 可以看出，在求解客户聚类的 C_1 和 C_2 算例时，S-PSO-VRPTW 获得的最好解与已知最好解之间的平均 GPA 为 6.14%，其中 C_1 的 GPA 比 C_2 的 GPA 小得多。VNS 获得的最好解与已知最好解之间的平均 GAP 为 0.80%，14 个算例的 GAP 小于 0.50%，C_1 所有算例的 GAP 均小于等于 0.25%，非常接近已知最好解。从 VNS−（S-PSO-VRPTW）列知，C_2 8 个算例中的 6 个，从 VNS 获得的最好解优于从 S-PSO-VRPTW 获得的最好解。在 C 类 17 个算例中有 10 个算例从 VNS 获得的平均解优于从 S-PSO-VRPTW 获得的平均解。VNS 的平均 GPA 比 S-PSO-VRPTW 低 5.34%。总之，VNS 算法在求解客户聚类的 C_1 和 C_2 算例时的最好解或平均解方面优于 S-PSO-VRPTW。

从表 6.14 中可以看出，在求解客户聚类和客户分散的 RC_1 和 RC_2 算例时，S-PSO-VRPTW 获得的最好解与已知的最好解之间的平均 GAP 为 10.50%，其中 RC_1 的 GAP 较小，RC_2 的 GAP 较大。VNS 获得的最好解与已知最好解之间的平均 GPA 为 3.20%，远低于 10.50%。从 VNS−（S-PSO-VRPTW）列知，当求解 RC_1 时，S-PSO-VRPTW 优于 VNS，当求解 RC_2 时，VNS 优于 S-PSO-VRPTW。VNS 的平均 GPA 比 S-PSO-VRPTW 的平均 GPA 低 7.31%。RC_1 和 RC_2 的 16 个算例，最好解和平均 GAP 表明 VNS 优于 S-PSO-VRPTW。这表明 VNS 解的质量令人满意。

2）关于调整算例的对比

本章采用 Reed 等（2014）的方法，通过调整客户规模为 50 的 VRPTW 算例（Solomon，1987）生成生鲜农产品冷链物流配送路径优化算例。将 VNS 的结果与 PSO 和 HPSO（Chen et al.，2019）的结果进行比较。为了进行公平的比较，参数和目标函数调整为与文献相同。使用 Intel 酷睿 TMi7-6500U 处理器的计算机进行计算，求解如表 6.15 所示。

从表 6.15 中可以看出，与 Chen 等（2019）研究中的 PSO 和 HPSO 相比，VNS 获得了 4 个更好的最好解，5 个相同的最好解，9 个更好的最差解，5 个更好的平均解和 7 个较小的标准方差。VNS 的平均求解时间比 PSO 和 HPSO 的平均求解时间要好很多。当然，需注意运行环境与文献的不同，这会影响算法的平均求解时间。

4. 实际算例的解

实际算例相关参数如表 6.16 所示。

表 6.15 关于 MCVRPTW 算例的对比

算例	PSO					HPSO					VNS				
	最好解	最差解	平均解	标准方差	平均求解时间/秒	最好解	最差解	平均解	标准方差	平均求解时间/秒	最好解	最差解	平均解	标准方差	平均求解时间/秒
C_{101}	418.42	418.42	418.42	0.00	364.35	418.42	419.19	418.50	0.16	423.44	418.42	432.67	421.58	3.82	194.45*
C_{102}	418.11	430.02	421.33	4.78	531.23	417.34	431.41	420.58	5.01	431.88	418.42	431.76	426.64	5.10	170.46*
C_{103}	416.88	434.63	420.46	5.57	519.17	416.06	442.31	424.93	9.82	366.97	418.04	434.76	424.23	4.65*	145.87*
C_{104}	360.51	427.72	390.95	26.57	505.19	360.83	461.17	408.86	27.25	497.35	414.14	456.80	429.15	13.52*	142.64*
C_{201}	373.55	388.14	379.90	6.77	477.27	373.55	388.14	376.92	5.73	299.21	373.55	375.07*	374.77*	0.61*	193.33*
C_{202}	388.52	441.26	418.05	24.35	433.89	366.78	388.52	372.64	8.18	285.46	366.78	422.66	399.18	24.44	164.55*
C_{203}	366.82	374.18	370.93	2.98	435.99	371.81	376.90	372.56	1.53	286.56	367.42	429.08	390.33	17.85	154.93*
C_{204}	365.86	411.77	379.21	12.64	430.57	365.86	401.50	375.24	10.49	283.64	370.38	374.26*	371.37*	1.46*	157.62*
R_{101}	1048.04	1057.54	1052.98	3.08	593.75	1046.70	1066.76	1053.24	5.32	478.43	1048.04	1055.92*	1051.83*	3.14	217.68*
R_{102}	912.24	924.37	916.17	3.82	641.80	911.44	997.17	923.96	25.57	443.21	911.44	928.43	917.60	4.44	209.75*
R_{103}	783.45	798.88	786.35	4.36	519.69	775.65	820.08	784.89	12.41	407.66	780.77	814.28	797.98	11.56	191.23*
R_{104}	651.45	657.72	653.48	2.01	189.83	642.13	661.44	647.68	7.66	410.39	631.32*	660.23	651.32	8.68	130.41*
R_{201}	802.07	845.03	816.50	10.88	391.37	808.53	854.37	823.74	12.92	389.26	814.66	844.06*	820.83	8.52	157.65*
R_{202}	714.19	772.25	735.30	14.52	385.42	714.19	771.23	736.59	18.50	344.50	726.32	758.32*	740.41	10.35*	149.36*
R_{203}	615.08	673.72	647.06	21.18	354.84	620.59	675.02	639.52	16.54	452.96	635.21	693.55	660.18	18.10	145.70*
R_{204}	511.40	546.25	519.35	12.91	315.28	515.12	544.80	527.90	10.69	390.42	514.77	521.57*	517.22*	1.85*	146.60*

续表

算例	PSO					HPSO					VNS				
	最好解	最差解	平均解	标准方差	平均求解时间/秒	最好解	最差解	平均解	标准方差	平均求解时间/秒	最好解	最差解	平均解	标准方差	平均求解时间/秒
RC_{101}	968.80	982.97	976.81	3.44	615.51	958.59	973.79	965.57	6.03	440.11	974.68	986.39	978.69	3.71	221.56*
RC_{102}	887.07	904.79	894.27	4.84	545.13	886.47	901.82	891.44	4.66	422.86	886.47	899.03*	894.18	2.91*	177.34*
RC_{103}	833.68	844.12	836.85	3.74	535.04	823.98	972.06	846.46	42.64	406.89	820.28*	894.18	858.09	20.50	186.85*
RC_{104}	646.09	688.60	675.40	10.78	371.55	639.28	719.64	672.29	21.04	376.56	634.55*	668.74*	650.47*	14.98	186.78*
RC_{201}	686.31	764.68	725.55	39.00	493.88	686.31	756.72	693.35	21.00	340.85	686.31	776.13	707.91	30.92	150.90*
RC_{202}	684.20	781.68	708.43	28.90	522.23	615.04	725.06	643.61	35.44	328.94	618.93	708.67*	670.04	30.11	146.10*
RC_{203}	596.01	696.43	650.48	43.59	399.84	559.68	675.21	600.77	33.79	319.58	586.83	695.14	658.82	37.36	126.41*
RC_{204}	516.81	523.66	521.38	2.22	331.35	471.82	521.21	481.36	19.18	300.20	452.16*	552.00	488.12	36.87	75.29*

注: 在表 6.15 中, 如果有*, 则意味着 VNS 优于 PSO 和 HPSO

表 6.16　车辆和排放参数

符号	描述	值	单位
w_1	车辆的固定成本	300	元
w_2	行驶成本	5	元/千米
F_0	空载的单位距离油耗	16.5	升/100 千米
F^*	满载的单位距离油耗	25.5	升/100 千米
e	二氧化碳的排放系数	2.61	千克/升
E_1	运输和等待中制冷设备单位重量和单位时间油耗	0.25	升/（小时·吨）
E_2	卸货过程中制冷设备单位重量和单位时间油耗	0.33	升/（小时·吨）
w_{31}	运输和等待中的制冷成本	15	元/小时
w_{32}	卸货过程中的制冷成本	20	元/小时
w_4	单位碳税	2	元/千克
v	车辆速度	40	千米/小时

资料来源：Zhang 等（2019）

该公司现在使用固定路径进行配送。根据公司现有的固定路径和所确立的数学模型的约束，计算相关成本。公司目前路径、PSO、HPSO 和 VNS 获得路径之间的对比如表 6.17 所示。

表 6.17　公司目前路径、PSO、HPSO 和 VNS 获得路径之间的对比

求解算法	目前路径	PSO	HPSO	VNS
路径	0→6→15→0 0→19→5→14→18→0 0→4→12→0 0→1→3→7→10→0 0→9→8→13→2→20→0 0→16→17→11→0	0→3→6→19→11→0 0→1→9→12→10→0 0→17→16→5→13→14→0 0→4→15→2→18→8→20→7→0	0→17→3→6→0 0→1→9→12→10→0 0→19→15→2→18→13→16→14→0 0→5→4→20→8→11→7→0	0→1→9→12→20→7→11→0 0→19→15→18→2→8→10→0 0→4→5→13→16→17→14→0 0→3→6→0
FC	1800	1200	1200	1200
TC	1639.14	1069.36	1017.11	956.51
RC	395.79	300.26	303.52	284.70
CC	320.88	220.57	209.82	202.72
Z	4155.81	2790.19	2730.45	2643.93

从表 6.17 可以看出，与公司的实际运营相比，PSO、HPSO 和 VNS 都将车辆行驶路线从 6 条降到 4 条，直接降低了车辆的固定使用成本。VNS 获得的解在行驶成本、制冷成本和碳排放成本方面最低，总成本比公司实际运营成本低 36.38%。

参 考 文 献

鲍长生. 2007. 冷链物流运营管理研究[D]. 同济大学博士学位论文.

鲍春玲，张世斌. 2018. 考虑碳排放的冷链物流联合配送路径优化[J]. 工业工程与管理，23（5）：95-100.

曹倩，邵举平，孙延安. 2015. 基于改进遗传算法的生鲜农产品多目标配送路径优化[J]. 工业工程，（1）：71-76.

曹武军，郝涵星. 2018. 基于系统动力学的冷链物流配送效率因素分析及提升策略[J]. 科技管理研究，38（14）：217-223.

陈久梅. 2004. 第四方物流及其业务流程研究[J]. 科技进步与对策，（3）：109-110.

陈久梅，李英娟，胡婷，等. 2021. 开放式带时间窗车辆路径问题及变邻域搜索算法[J]. 计算机集成制造系统，27（10）：3014-3025.

陈久梅，张松毅，但斌. 2019. 求解多隔室车辆路径问题的改进粒子群优化算法[J]. 计算机集成制造系统，25（11）：2952-2962.

陈久梅，周楠，王勇. 2018. 生鲜农产品多隔室冷链配送车辆路径优化[J]. 系统工程，36（8）：106-113.

陈军，但斌. 2009. 基于实体损耗控制的生鲜农产品供应链协调[J]. 系统工程理论与实践，29（3）：54-62.

陈勇，陈明，王钧，等. 2019. 基于灰色关联分析法辨识中药生产过程关键工艺参数[J]. 中草药，50（3）：582-587.

陈云，陈丹婷. 2018. 基于 AHP-DEA 模型的 Y 冷链企业经营效益实证研究[J]. 企业改革与管理，（17）：52-54.

崔伟. 2010. 食品冷链物流服务商评价研究[D]. 大连交通大学硕士学位论文.

但斌，马崧萱，刘墨林，等. 2022-05-06. 考虑 3PL 保鲜努力的生鲜农产品供应链信息共享研究[J/OL]. 中国管理科学：1-16.

段凤华，符卓. 2015. 带碳排放约束的异型车辆路径问题及其禁忌搜索算法[J]. 铁道科学与工程学报，12（4）：941-948.

范厚明，杨翔，李荡，等. 2019. 基于生鲜品多中心联合配送的半开放式车辆路径问题[J]. 计算机集成制造系统，25（1）：256-266.

方文婷，艾时钟，王晴，等. 2019. 基于混合蚁群算法的冷链物流配送路径优化研究[J]. 中国管理科学，27（11）：107-115.

房士吉. 2010. 第三方物流服务商评价研究[D]. 大连理工大学硕士学位论文.

耿秀丽，谷玲玲. 2020. 基于改进 ER 的生鲜冷链物流服务质量评估方法[J]. 计算机应用研究，37（5）：1460-1464.

郭磊. 2010. 基于 Petri 网的冷链物流企业配送流程优化研究[D]. 北京交通大学硕士学位论文.

洪旖旎. 2012. 基于区间直觉模糊多属性决策的供电企业供应商选择[D]. 华北电力大学硕士学位论文.

侯杰玲，李林. 2015. B2C 电子商务生鲜农产品冷链物流服务质量评价研究[J]. 物流科技，38（6）：132-135.

胡滢. 2015. 基于绿色供应链的鲜蔬鲜果冷链物流效率分析[J]. 中国农业资源与区划，36（5）：172-176.

黄福华，蒋雪林. 2017. 生鲜农产品物流效率影响因素与提升模式研究[J]. 北京工商大学学报（社会科学版），32（2）：40-49.

蒋丽，丁斌，臧晓宁. 2009. 以工位为中心的生产物流配送优化[J]. 计算机集成制造系统，15（11）：2153-2159.

康凯，韩杰，普玮，等. 2019. 生鲜农产品冷链物流低碳配送路径优化研究[J]. 计算机工程与应用，55（2）：259-265.

李军涛，刘明月，刘朋飞. 2021. 生鲜农产品多车型冷链物流车辆路径优化[J]. 中国农业大学学报，26（7）：115-123.

李军涛，路梦梦，李都林，等. 2019. 模糊时间窗多目标冷链物流路径规划[J]. 中国农业大学学报，24（12）：128-135.

李焰，郭俐虹. 2010. 基于 Petri 网的物流配送系统模型研究[J]. 武汉理工大学学报，32（23）：72-75.

林闯. 2005. 随机 Petri 网和系统性能评价[M]. 2 版. 北京：清华大学出版社.

刘春玲，王俊峰，黎继子，等. 2019. 众包模式下冷链物流配送模型的仿真和优化分析[J]. 计算机集成制造系统，25（10）：2666-2675.

刘明，王思文. 2018. β 收敛、空间依赖与中国制造业发展[J]. 数量经济技术经济研究，35（2）：3-23.

刘若阳，申威，史稳健，等. 2020. 基于 TF-AHP-TOPSIS 的生鲜电商冷链物流服务商评价[J]. 现代商贸工业，（1）：43-47.

刘炎宝，王珂，杨智勇，等. 2019. 考虑碳排放与新鲜度的冷链物流配送路径优化[J]. 江西师范大学学报（自然科学版），43（2）：188-195.

马雪丽，王淑云，刘晓冰，等. 2017. 易腐食品二级供应链生产调度与配送路线的协同优化[J]. 工业工程与管理，22（2）：46-52，59.

孟钊. 2015. 基于随机时间 Petri 网的万翔航空冷链物流流程优化研究[D]. 中国民航大学硕士学位论文.

宁涛，苟涛，刘向东. 2022. 考虑低碳约束的生鲜农产品冷链物流策略仿真研究[J]. 系统仿真学报，34（4）：797-805.

戚远航，蔡延光，蔡颢，等. 2018. 带时间窗的车辆路径问题的离散蝙蝠算法[J]. 电子学报，46（3）：672-679.

秦瑶. 2012. 基于供应链的第三方冷链物流企业绩效评价研究[D]. 中南大学硕士学位论文.

邱斌. 2017. 基于突变级数法的生鲜电商冷链物流服务质量评价研究[D]. 北京交通大学硕士学位论文.

任腾，陈玥，向迎春，等. 2020. 考虑客户满意度的低碳冷链车辆路径优化[J]. 计算机集成制造系统，26（4）：1108-1117.

邵举平，曹倩，沈敏燕，等.2015. 生鲜农产品配送中带时窗的 VRP 模型与算法[J]. 工业工程与管理，20（1）：122-127，134.

沈留印. 2012. 制造企业物流服务外包驱动力分析与服务商选择研究[D]. 山东理工大学硕士学位论文.

沈世伟，许君臣，代树林，等. 2013. 基于熵值赋权法的节理岩体隧道爆破质量可拓学评价[J]. 土木工程学报，46（12）：118-126.

孙斌，王立杰. 2006. 基于粗糙集理论的权重确定方法研究[J]. 计算机工程与应用，（29）：216-217.

唐建荣，杜聪，李晓静. 2016. 中国物流业经济增长质量实证研究：基于绿色全要素生产率视角[J]. 软科学，30（11）：10-14.

唐建荣，杜娇娇，唐雨辰. 2018. 区域物流效率评价及收敛性研究[J]. 工业技术经济，37（6）：61-70.

唐芝兰. 2012. 区间直觉模糊数的排序方法[D]. 广西大学硕士学位论文.

滕泽伟，胡宗彪，蒋西艳. 2017. 中国服务业碳生产率变动的差异及收敛性研究[J]. 数量经济技术经济研究，34（3）：78-94.

汪慧玲，余实. 2010. 基于 DEA 的国有、全国性和地方性商业银行效率差异研究[J]. 学习与实践，（8）：18-24.

王国胤. 2001. Rough 集理论与知识获取[M]. 西安：西安交通大学出版社.

王恒，徐亚星，王振锋，等. 2019. 基于道路状况的生鲜农产品配送路径优化[J]. 系统仿真学报，31（1）：126-135.

王健. 2007. 物流企业作业流程再造研究[J]. 福州大学学报（哲学社会科学版），（4）：17-22，112.

王玖河，刘欢，高辉. 2021. 基于粗糙 PSO-BP 神经网络的冷链物流服务商选择研究[J]. 工业工程，24（2）：10-18.

王茜，吉清凯，胡祥培. 2016. 多车型多车槽 VRP 的混合导引反应式禁忌搜索算法[J]. 管理工程学报，30（3）：179-187.

王秀芬. 2011. 基于随机时间 Petri 网的第三方冷链物流流程优化研究[D]. 北京交通大学硕士学位论文.

王旭坪，董杰，韩涛，等. 2019. 考虑碳排放与时空距离的冷链配送路径优化研究[J]. 系统工程学报，34（4）：555-565.

王宇昕，余兴厚，黄玲. 2019. 长江经济带包容性绿色增长的测度与区域差异分析[J]. 贵州财经大学学报，37（3）：89-98.

王毓彬，雷怀英. 2018. 基于 AnyLogic 的果蔬冷链系统配送中心物流仿真[J]. 东南大学学报（哲学社会科学版），20（S2）：20-22，35.

吴汶书. 2013. 第三方冷链物流服务商选择的 ANP 模型[J]. 物流科技，36（9）：6-9.

吴瑶，马祖军，郑斌. 2018. 有新鲜度限制的易腐品生产–配送协同调度[J]. 计算机应用，38（4）：1181-1188.

吴哲辉. 2006. Petri 网导论[M]. 北京：机械工业出版社.

辛曼玉. 2011. 基于突变–可拓学的港口物流绩效双层评价模型[J]. 上海海事大学学报，32（4）：60-64.

徐兰，唐倩. 2022. 基于 GERT 网络的冷链物流质量管控关键环节识别与分析[J]. 工业工程与管理，27（1）：148-156.

徐泽水. 2007. 区间直觉模糊信息的集成方法及其在决策中的应用[J]. 控制与决策，（2）：215-219.

阎君. 2007. 食品冷链物流市场化研究[D]. 北京交通大学硕士学位论文.

杨博，赵刚. 2005. 冷藏：落后的链条及其重构[J]. 中国物流与采购，（14）：38-40.

姚丹. 2011. 基于广义随机 Petri 网的供应链物流模式构建[J]. 统计与决策，（15）：38-40.

姚源果，贺盛瑜. 2019. 基于交通大数据的农产品冷链物流配送路径优化研究[J]. 管理评论，31（4）：240-253.

叶勇，张惠珍. 2017. 求解带时间窗车辆路径问题的狼群算法[J]. 公路交通科技，34（10）：100-107.

叶缘海. 2017. 生鲜农产品冷链物流服务质量评价研究[D]. 福建农林大学硕士学位论文.

俞佳立，钱芝网. 2018. 长江经济带物流产业效率的时空演化及其影响因素[J]. 经济地理，38（8）：108-115.

原雅坤，陈久梅，但斌. 2020. 碳约束下冷链物流效率及其收敛性研究——以生鲜农产品为例[J]. 科技管理研究，40（14）：253-260.

张乳燕，贾利民，蔡国强. 2008. 基于时间 Petri 网的物流系统建模与仿真实例[J]. 物流技术，27（10）：83-84，103.

张如云，刘清. 2015. 考虑低碳的城市配送车辆路径优化模型研究[J]. 工业工程与管理，20（4）：29-34.

张玮珏. 2018. F 公司冷链配送流程改进研究[D]. 厦门大学硕士学位论文.

张文峰，梁凯豪. 2017. 生鲜农产品冷链物流网络节点和配送的优化[J]. 系统工程，（1）：119-123.

赵欣. 2017. 基于"互联网+"的生鲜电商第三方物流服务商选择模型研究[J]. 商业经济研究，
    （11）：88-90.

赵英霞，赵艳盈. 2016. 基于流通效率的中国农产品物流模式优化研究[J]. 哈尔滨商业大学学报
    （社会科学版），（2）：15-21.

赵志学，李夏苗，周鲜成，等. 2020. 考虑交通拥堵的冷链物流城市配送的 GVRP 研究[J]. 计算
    机工程与应用，56（1）：224-231.

周盛世，张艳萌，赵敏敏. 2016. 基于 AHP 和 TOPSIS 方法的第三方冷链物流企业评价研究[J]. 物
    流工程与管理，38（11）：65-67.

周向华，杨侃，蒋立伟，等. 2016. 基于突变级数法的中干河河流健康评价模型及应用[J]. 水电
    能源科学，34（7）：28-31.

Amorim P，Almada B L. 2014. The impact of food perishability issues in the vehicle routing
    problem[J]. Computers & Industrial Engineering，67：223-233.

Avella P，Boccia M，Sforza A. 2004. Solving a fuel delivery problem by heuristic and exact
    approaches[J]. European Journal of Operational Research，Elsevier，152（1）：170-179.

Azadeh A，Elahi S，Farahani M H，et al. 2017. A genetic algorithm-taguchi based approach to
    inventory routing problem of a single perishable product with transshipment[J]. Computers &
    Industrial Engineering，104：124-133.

Banker R D，Charnes A，Cooper W W. 1984. Some models for estimation technical and scale
    inefficiencies in data envelopment analysis[J]. Management Science，30（9）：1078-1092.

Charnes A，Cooper W W，Rhodes E. 1978. Measuring the efficiency of decision making units[J].
    European Journal of Operational Research，（3）：429-444.

Chen J，Dan B，Shi J. 2020. A variable neighborhood search approach for the multi-compartment
    vehicle routing problem with time windows considering carbon emission[J]. Journal of Cleaner
    Production，277：123932.

Chen J，Shi J. 2019. A multi-compartment vehicle routing problem with time windows for urban
    distribution—a comparison study on particle swarm optimization algorithms[J]. Computers &
    Industrial Engineering，133：95-106.

Chen L，Liu Y，Langevin A. 2019. A multi-compartment vehicle routing problem in cold-chain
    distribution[J]. Computer Operational Research，10：10-16.

Dantzig G B，Ramser J H. 1959. The truck dispatching problem[J]. Management Science，6（1）：80-91.

Devapriya P，Ferrell W，Geismar N. 2016. Integrated production and distribution scheduling with a
    perishable product[J]. European Journal of Operational Research，259：906-916.

Fathi M，Rodríguez V，Fontes D B M M，et al. 2016. A modified particle swarm optimisation
    algorithm to solve the part feeding problem at assembly lines[J]. International Journal of
    Production Research，54（3）：878-893.

Fried H O, Lovell C A K, Schmidt S S, et al. 2002. Accounting for environmental effects and statistical noise in data envelopment analysis[J]. Journal of Productivity Analysis, 17（1）: 157-174.

Glover F, Laguna M, Martí R. 2000. Fundamentals of scatter search and path relinking[J]. Control and Cybernetics, 29（3）: 653-684.

Gong Y J, Zhang J, Liu O, et al. 2011. Optimizing the vehicle routing problem with time windows: adiscrete particle swarm optimization approach[J]. IEEE Transactions on Systems, Man, and Cybernetics, Part C（Applications and Reviews）, 42（2）: 254-267.

Guiyuan H, Cho S H. 2019. Study on third party logistics selection of fresh aquatic products distribution under e-commerce environment[J]. International Journal of New Developments in Engineering and Society, 3（2）: 148-156.

Huang Y, Shen L, Liu H. 2019. Grey relational analysis, principal component analysis and forecasting of carbon emissions based on long short-term memory in China[J]. Journal of Cleaner Production, 209: 415-423.

Kaabi H. 2016. Hybrid Metaheuristic to Solve the Selective Multi-Compartment Vehicle Routing Problem with Time Windows[M]. New York: Springer International Publishing.

Kayakutlu G, Buyukozkan G. 2011. Asessing performance factors for a 3PL in a value chain[J]. International Journal of Production Economics, 131（2）: 441-452.

Keller G, Nuettgens M, Scheer A W. 1992. Semantic process modeling on the basis of 'event-driven process chains'[Z]. Publications of the Institute of Business Informatics. Saarland University.

Kennedy J, Eberhart R.1995. Particle swarm optimization[C]//Proceedings of IEEE International Conference on Neural Networks. Washington: IEEE Press: 1942-1948.

Land A H, Doig A G. 1960. Branch and bound algorithm[Z].

Liao H, Chang J, Zhang Z, et al. 2020. Third-party cold chain medicine logistics provider selection by a rough set-based gained and lost dominance score method[J]. International Journal of Fuzzy Systems, 22: 2055-2069.

Liu D. 2019. Study on supplier selection of fresh e-commerce enterprises based on entropy weight TOPSIS[J]. Management Science and Engineering, 8（1）: 1-6.

Liu L, Liu X, Liu G. 2018 .The risk management of perishable supply chain based on coloured Petri net modeling[J]. Information Processing in Agriculture, 5（1）: 47-59.

Mamaghani E J, Prins C, Chen H. 2018. A hybrid algorithm for collaborative transportation planning among carriers[J]. International Journal of Economics and Management Engineering, 12（3）: 383-391.

Marinakis Y, Marinaki M, Migdalas A. 2019. A multi-adaptive particle swarm optimization for the vehicle routing problem with time windows[J]. Information Sciences, 481: 311-329.

Marinakis Y, Migdalas A, Sifaleras A. 2017. A hybrid particle swarm optimization–variable neighborhood search algorithm for constrained shortest path problems[J]. European Journal of Operational Research, 261 (3): 819-834.

Metropolis N, Rosenbluth A, Rosenbluth M, et al. 1953. Simulated annealing[J]. Journal of Chemical Physics, 21: 1087-1092.

Mladenović N, Hansen P. 1997. Variable neighborhood search[J]. Computers & Operations Research, 24 (11): 1097-1100.

Muyldermans L, Pang G. 2010. On the benefits of co-collection: experiments with a multi-compartment vehicle routing algorithm[J]. Social Science Electronic Publishing, 206 (1): 93-103.

Nguyen N A T, Wang C N, Dang L T H, et al. 2022. Selection of cold chain logistics service providers based on a grey AHP and grey COPRAS framework: a case study in Vietnam[J]. Axioms, 11(4): 154.

Ouzayd F, Mansouri H, Tamir M, et al. 2018. Monitoring vaccine cold chain model with coloured Petri net[J]. International Journal of Advanced Computer Science and Applications, 9 (5): 433-438.

Pawlak Z. 1982. Rough sets[J]. International Journal of Computer & Information Sciences, 11 (5): 341-356.

Petri C A. 1962. Kommunikation mit Automaten[D]. PhD. thesis, Bonn, Institut fur Instrumentelle Mathematik.

Piecyk M I, McKinnon A C. 2010. Forecasting the carbon footprint of road freight transport in 2020[J]. International Journal of Production Economics, 128 (1): 31-42.

Reed M, Yiannakou A, Evering R. 2014. An ant colony algorithm for the multi-compartment vehicle routing problem[J]. Applied Soft Computing, 15: 169-176.

Singh R K, Gunasekaran A, Kumar P. 2018. Third party logistics (3PL) selection for cold chain management: a fuzzy AHP and fuzzy TOPSIS approach[J]. Annals of Operations Research, 267 (1): 531-553.

Solomon M M. 1987. Algorithms for the vehicle routing and scheduling problems with time window constraints[J]. Operations Research, 35 (2): 254-265.

Soysal M, Bloemhof-Ruwaard J M, van der Vorst J G A J. 2014. Modelling food logistics networks with emission considerations: the case of an international beef supply chain[J]. International Journal of Production Economics, 152: 57-70.

Tao N, Lu A, Dong D X. 2021. Optimization of cold chain distribution path of fresh agricultural products under carbon tax mechanism: a case study in China[J]. Journal of Intelligent & Fuzzy Systems, 40 (1): 1-10.

Tone K. 2001. A slacks-based measure of efficiency in data envelopment analysis[J]. European Journal of Operational Research，130（3）：498-509.

Viswanadham N，Raghavan N R S. 2000. Performance analysis and design of supply chains：a Petri net approach[J]. Journal of the Operational Research Society，51（10）：1158-1169.

Wang C N，Nguyen N A T，Dang T T，et al. 2021. A compromised decision-making approach to third-party logistics selection in sustainable supply chain using fuzzy AHP and fuzzy VIKOR methods[J]. Mathematics，9（8）：886.

Wang J，Jagannathan A K R，Zuo X，et al. 2017. Two-layer simulated annealing and tabu search heuristics for a vehicle routing problem with cross docks and split deliveries[J]. Computers & Industrial Engineering，112：84-98.

Wang L C. 1996. Object-oriented Petri nets for modelling and analysis of automated manufacturing systems[J]. Computer Integrated Manufacturing Systems，9（2）：111-125.

Wen C. 1983. Extension set and non-compatible problems[J]. Journal of Scientific Exploration，1：83-97.

Wu Q，Mu Y，Feng Y. 2015. Coordinating contracts for fresh product outsourcing logistics channels with power structures[J]. International Journal of Production Economics，160：94-105.

Zhang L Y，Tseng M L，Wang C H. 2019. Low-carbon cold chain logistics using ribonucleic acid-ant colony optimization algorithm[J]. Journal of Cleaner Production，233：169-180.

Zhu X，Zhang R，Chu F，et al. 2014. A flexsim-based optimization for the operation process of cold-chain logistics distribution centre[J]. Journal of Applied Research and Technology，12（2）：270-288.

Zuberek W M. 1991. Timed Petri nets definitions，properties，and applications[J]. Microelectronics Reliability，31（4）：627-644.

附录1：生鲜农产品冷链物流服务质量影响因素调查问卷

　　以下因素被认为是生鲜农产品冷链物流服务质量的重要影响因素，请您根据实际情况选择您的赞同程度。

序号	调查的问题	重要程度				
		非常重要（5分）	重要（4分）	一般重要（3分）	不重要（2分）	非常不重要（1分）
1	配送车辆是否统一、正规，如遇突发情况时应急运输设备是否完善					
2	在农产品配送过程中，有较为专业的冷藏冷冻设施设备					
3	有专业的包装袋或者包装箱对货品进行包装					
4	配送人员着工作服，熟悉冷链物流作业流程、操作规范					
5	能够追踪记录物流配送过程中产生的信息					
6	冷链物流服务站点覆盖广，便于顾客寄收货品					
7	能够在预期约定的时间内完成货品的配送					
8	在配送过程中保持货品的稳定和新鲜度等					
9	配送人员热情地为顾客服务					
10	退货流程操作方便快捷					
11	在提供配送服务时，产品、地址等信息准确					

续表

序号	调查的问题	重要程度				
		非常重要（5分）	重要（4分）	一般重要（3分）	不重要（2分）	非常不重要（1分）
12	对配送过程中货品的损坏或者变质有相应的补偿					
13	货品能够在顾客期望的时间内送达					
14	能够及时处理顾客订单					
15	能够及时处理顾客的反馈与投诉					
16	在配送过程中能够及时为顾客提供定位等物流信息					
17	能够准确告知顾客货品的送达时间					
18	在配送过程中，能够快速联系到物流服务员工					
19	物流服务价格合理					
20	当顾客意愿与预期不符时，产生的退货成本较低					
21	政府给予冷链物流服务体系的补助					
22	政府设计专员小组给予技术支持					
23	对农产品合格与否进行监控管理					

附录2：邮政物流服务质量调查问卷

序号	调查的问题	满意程度				
		非常满意 （5分）	比较满意 （4分）	一般满意 （3分）	略有不满 （2分）	极不满意 （1分）
1	在农产品配送过程中，有较为专业的冷藏冷冻设施设备					
2	有专业的包装袋或者包装箱对货品进行包装					
3	配送人员着工作服，熟悉冷链物流作业流程、操作规范					
4	能够追踪记录物流配送过程中产生的信息					
5	冷链物流服务站点覆盖广，便于顾客寄收货品					
6	能够在预期约定的时间内完成货品的配送					
7	在配送过程中保持货品的稳定和新鲜度等					
8	配送人员热情地为顾客服务					
9	在提供配送服务时，产品、地址等信息准确					
10	对配送过程中货品的损坏或者变质有相应的补偿					
11	能够及时处理顾客订单					
12	能够及时处理顾客的反馈与投诉					
13	在配送过程中能够及时为顾客提供定位等物流信息					
14	能够准确告知顾客货品的送达时间					
15	物流服务价格合理					

续表

序号	调查的问题	满意程度				
		非常满意 （5分）	比较满意 （4分）	一般满意 （3分）	略有不满 （2分）	极不满意 （1分）
16	当顾客意愿与预期不符时，产生的退货成本较低					
17	政府给予冷链物流服务体系的补助					
18	对农产品合格与否进行监控管理					